Responsabilidade Tributária de Grupos Econômicos

Responsabilidade Tributária de Grupos Econômicos

2020

Nórton Luís Benites

RESPONSABILIDADE TRIBUTÁRIA DE GRUPOS ECONÔMICOS
© Almedina, 2020

AUTOR: Nórton Luís Benites
DIAGRAMAÇÃO: Almedina
DESIGN DE CAPA: FBA
ISBN: 978-65-5627-005-0

Dados Internacionais de Catalogação na Publicação (CIP)
(Câmara Brasileira do Livro, SP, Brasil)

Benites, Nórton Luís
Responsabilidade tributária de grupos
econômicos / Nórton Luís Benites. -- São Paulo :
Almedina Brasil, 2020.

Bibliografia
ISBN 978-65-5627-005-0

1. Direito tributário 2. Direito tributário -
Brasil 3. Responsabilidade tributária
4. Responsabilidade tributária - Brasil
I. Título. .

20-34974   CDU-34:336.2.024(81)

Índices para catálogo sistemático:
1. Brasil : Responsabilidade tributária: Direito tributário 34:336.2.024(81)
Maria Alice Ferreira - Bibliotecária - CRB-8/7964

Este livro segue as regras do novo Acordo Ortográfico da Língua Portuguesa (1990).

Todos os direitos reservados. Nenhuma parte deste livro, protegido por copyright, pode ser reproduzida, armazenada ou transmitida de alguma forma ou por algum meio, seja eletrônico ou mecânico, inclusive fotocópia, gravação ou qualquer sistema de armazenagem de informações, sem a permissão expressa e por escrito da editora.

Maio, 2020

EDITORA: Almedina Brasil
Rua José Maria Lisboa, 860, Conj.131 e 132, Jardim Paulista | 01423-001 São Paulo | Brasil
editora@almedina.com.br
www.almedina.com.br

"O imposto não é uma questão apenas técnica, mas eminentemente política e filosófica, e sem dúvida a mais importante de todas. Sem impostos, a sociedade não pode ter um destino comum e a ação coletiva é impossível. Sempre foi assim. No cerne de cada transformação política importante, encontramos uma revolução fiscal." (Trecho do livro *O capital no Século XXI*, do economista francês Thomas Piketty, que vendeu mais de 2,5 milhões de cópias, em 40 línguas, desde 2013).[1/2]

---

[1] PIKETTY, Thomas. **O capital no século XXI**. Tradução de Monica Baumgarten de Bolle. – 1. ed. – Rio de Janeiro: Intrínseca, 2014, p. 480.

[2] Dados sobre a obra colhidos em: *THOMAS PIKETTY Is Back With a 1,200-Page Guide to Abolishing Billionaires*. Reportagem do *site* Bloomberg, de 12 set. 2019. Disponível em: https://www.bloomberg.com/news/articles/2019-09-12/piketty-is-back-with-1-200-page-guide-to-abolishing-billionaires. Acesso em: 09 out. 2019.

Dedico este trabalho à Maria Angélica Carrard Benites, minha namorada há 15 anos (apesar de estarmos casados!); à Olívia Carmela Carrard Benites e à Teodora Carrard Benites, minhas filhas, nas quais eu só penso entre o despertar e o adormecer diários; e à Maria Zilda Tavares Benites, costureira, minha mãe, que sempre esteve presente, inclusive nos momentos difíceis.

AGRADECIMENTOS

Inicialmente, agradeço às pessoas que colocaram livros nas minhas mãos em uma etapa de vida na qual eu não podia comprá-los: a meu pai, João Alberto Benites, zelador de edifícios, que recolhia livros descartados nos condomínios nos quais trabalhava e os levava para casa, onde, na infância, eu os lia; ao amigo Fábio Bernardi, que me emprestou livros de ficção na adolescência; e ao amigo Daniel de Souza Nonohay, juiz do trabalho, que me emprestou os livros jurídicos que precisei no primeiro ano da Faculdade de Direito.

Agradeço ao Professor Doutor Wilson Engelmann, Coordenador Executivo do Mestrado Profissional em Direito da Empresa e dos Negócios da UNISINOS, que colaborou de forma singular na minha iniciação no universo da pesquisa jurídica.

Agradeço ao Professor Doutor Éderson Garin Porto, meu estimado orientador neste Curso, pela segura tutoria prestada na vivência acadêmica e pelas sugestões formuladas ao presente estudo.

Agradeço ao Professor Doutor Marcelo De Nardi pelo ensinamento, ministrado em sua Disciplina deste Curso, de que o pesquisador deve se desafiar e buscar produzir trabalhos jurídicos autênticos.

Agradeço à Maria Angélica Carrard Benites, juíza federal, pela revisão deste texto.

Por fim, agradeço ao Tribunal Regional Federal da 4ª Região (TRF4) que me concedeu ingresso no Programa de Estímulo ao Aperfeiçoamento dos Magistrados de 1º e 2º Graus da 4ª Região (PEAM/TRF4), o qual colaborou com o desenvolvimento da presente experiência acadêmica.

NOTA DO AUTOR

Este livro é constituído pela dissertação elaborada no Mestrado Profissional em Direito da Empresa e dos Negócios, Programa da UNISINOS/RS, intitulada "Abordagem pragmática da responsabilidade tributária de grupos econômicos". Essa dissertação foi aprovada em 09.12.2019 pela Banca integrada pelos Professores Doutores Wilson Engelmann (Coordenador Executivo do Programa), Éderson Garin Porto (Orientador), Manoel Gustavo Neubarth Trindade (UNISINOS) e Andrei Pitten Velloso (UFRGS). Significa uma distinção ter sido avaliado por essa qualificada Banca. Como este livro é composto pela dissertação, que somente passou por pequenas adaptações, fez todo o sentido manter a dedicatória e os agradecimentos originais. Reitero-os plenamente.

Este trabalho tem como um de seus pilares a análise aos entendimentos do STJ sobre responsabilidade tributária de grupos econômicos. Na prestação jurisdicional, muito estudei os votos do Ministro Mauro Campbell Marques, do STJ, sobre diversos temas de Direito Tributário. Essas lições do mundo profissional vieram colaborar decisivamente com a presente vivência acadêmica. Muito obrigado, Ministro Mauro Campbell Marques, pelo honroso prefácio deste livro.

Consigno também meu reconhecimento à Almedina Brasil, que acreditou e está investindo na publicação deste trabalho. É verdadeiro laurel tornar-me autor dessa renomada Casa Editorial.

Agradeço, ainda, aos amigos Silvana A. Piccoli De Carli e Fábio Osvaldo De Carli pelo incentivo afetuoso à ideia de colocar no papel algumas reflexões jurídicas.

Por fim, e não menos relevante, espero que este trabalho seja útil aos Operadores de nosso Direito Tributário.

Novo Hamburgo, fevereiro de 2020.

APRESENTAÇÃO

Atribui-se ao cultuado filósofo Thomas Kuhn o estabelecimento de um marco na epistemologia com o desenvolvimento das ideias de "paradigma" e "quebra de paradigma". Numa apertada síntese, pode-se dizer que o paradigma científico, para o filósofo, está baseado num compartilhamento de consensos por uma determinada comunidade científica. A quebra de um paradigma e a emergência de novas teorias normalmente está associada a um período de insegurança profissional acentuada, impulsionando o surgimento de novo paradigma.

A excelente pesquisa desenvolvida por Nórton Luís Benites insere-se perfeitamente na descrição de Thomas Kuhn. O desafio proposto pelo pesquisador foi enfrentar um tema extremamente complexo e tormentoso na prática forense e que ainda se estrutura em paradigmas conceituais antigos e irrefletidos. O autor hauriu da experiência profissional a maturidade necessária para enfrentar o problema da responsabilidade tributária dos grupos econômicos e dedicou-se com invejável esmero na tarefa de investigação e sistematização de um modelo capaz de auxiliar os operadores do Direito a resolver problemas práticos.

Sobram adjetivos para qualificar a pesquisa. Trata-se de indispensável leitura para quem deseja aprofundar o estudo do tema da responsabilidade tributária dos grupos econômicos, pois o leitor encontrará no texto referência doutrinária de qualidade, pesquisa cuidadosa de precedentes e uma proposta ousada de oferecer solução para os casos práticos. Testemunhei o desenvolvimento do trabalho e posso assegurar que a obra de Nórton Luís Benites brinda a comunidade acadêmica com um texto imprescindível na biblioteca de todo o tributarista.

ÉDERSON GARIN PORTO
Doutor e Mestre (UFRGS). Professor do Mestrado
Profissional da Empresa e dos Negócios da Unisinos.

PREFÁCIO

Registro, inicialmente, a satisfação gerada pelo convite do eminente e culto Juiz Federal Nórton Luís Benites para prefaciar a presente obra, sobretudo pela ousadia de também ter tomado para análise acórdãos por mim relatados à elaboração da obra. A discussão acerca da responsabilidade tributária de grupos econômicos transcende o Direito Tributário e gera interesse em outros ramos da ciência jurídica, como no Direito Civil, Empresarial, Trabalhista e etc.

Ressalto a preocupação didática do autor, ao conceituar grupo econômico. A distinção entre *"grupo econômico de direito"* e *"grupo econômico de fato"* está estabelecida de maneira clara e precisa, com análise da respectiva legislação.

Trata-se de obra atualizada, que leva em consideração as alterações efetuadas no art. 50 do Código Civil, pela Lei 13.874/2019, especialmente a inclusão do § 4º, o qual dispõe que *"a mera existência de grupo econômico sem a presença dos requisitos de que trata o caput deste artigo não autoriza a desconsideração da personalidade da pessoa jurídica"*. Ao interpretar a novel legislação, o autor bem observa que: (a) para fins de responsabilização, não basta a mera existência do grupo econômico, sendo necessário a verificação de abuso da personalidade jurídica por meio de desvio de finalidade ou de confusão patrimonial; (b) a regra em comento pode gerar a responsabilização do grupo econômico de fato. Alinho-me a essa interpretação. A existência de grupo econômico, por si só, não é indício de fraude. Agindo de forma lícita e cumprindo os respectivos deveres, o grupo econômico pode usufruir de todos os benefícios previstos na legislação, especialmente no Direito Tributário, sujeitando-se apenas às ressalvas e limitações previstas na lei.

O tema relativo ao *"planejamento tributário"* também é tratado com muita atenção na presente obra. Os conceitos de elisão fiscal (*"economia fiscal dentro da lei"*) e evasão fiscal (*"quando o contribuinte desborda dos limites permitidos pelo direito"*) foram trabalhados de forma didática. Complementando, o autor, com base na doutrina de Heleno Taveira Tôrres, aborda a *"elusão"* tributária, colocando-a na "zona cinzenta" entre a licitude e a ilicitude. Em conclusão, bem observa que o quadro de licitude ou ilicitude pode ser analisado tanto na esfera administrativa quanto na judicial, levando-se em consideração o caso concreto, o contraditório e a atividade probatória desenvolvida pelas partes.

Ao iniciar o tópico específico da *"abordagem pragmática da responsabilidade tributária de grupos econômicos"*, o autor trata das *"doutrinas judiciais tributárias americanas"*, especialmente da *"Business Purpose Doctrine"*, também conhecida como doutrina da substância econômica. Atento ao princípio da legalidade, afirma com maestria que, no Brasil, não é possível que "alguma doutrina de cunho judicial afete os contornos da obrigação tributária". É preciso que a *"doutrina judicial"* esteja baseada na lei para que possa haver reconhecimento de ilicitude no negócio jurídico realizado pelo contribuinte.

A questão relativa à aplicação do incidente de desconsideração da personalidade jurídica, no âmbito das execuções fiscais, também foi enfrentada na presente obra. A despeito das posições em sentido contrário (sobretudo do enunciado de número 53 da ENFAM, citado na obra), o autor afirma que a instauração do incidente traz *"um maior cuidado, uma maior cautela no mecanismo de inclusão de terceiros no polo passivo das execuções fiscais"*, porquanto essa inclusão, atualmente, ocorre *"de maneira casuística, sem rito definido, com algum prejuízo ao contraditório e à ampla defesa, valores constitucionais"*. Trata-se de afirmação que sensibiliza qualquer operador do Direito Tributário, sobretudo magistrados que atuam no âmbito das execuções fiscais.

Enfim, a presente obra chega ao universo jurídico de modo distinto, com notória preocupação não apenas de retratar o cenário atual, no que se refere à responsabilidade de empresa integrante de grupo econômico, mas de propor novas reflexões acerca do tema.

MAURO CAMPBELL MARQUES
Ministro do Superior Tribunal de Justiça

LISTA DE SIGLAS

AgIntAREsp – Agravo Interno no Agravo em Recurso Especial
AgIntREsp – Agravo Interno no Recurso Especial
AgRegRE – Agravo Regimental no Recurso Extraordinário
AgRgAI – Agravo Regimental no Agravo de Instrumento
AgRgAREsp – Agravo Regimental no Agravo em Recurso Especial
AgRgEDclAREsp – Agravo Regimental nos Embargos de Declaração no Agravo em Recurso Especial
AgRgREsp – Agravo Regimental no Recurso Especial
AI – Agravo de Instrumento
AJUFE – Associação dos Juízes Federais do Brasil
ARESP – Agravo em Recurso Especial
BEPS – *Base Erosion and Profit Shifting*
CC – Código Civil
CDC – Código de Defesa do Consumidor
CPC – Código de Processo Civil
CPC/15 – Código de Processo Civil de 2015
CPC/73 – Código de Processo Civil de 1973
CRFB/88 – Constituição da República Federativa do Brasil de 1988
CTN – Código Tributário Nacional
EDclAgRgREsp – Embargos de Declaração no Agravo Regimental no Recurso Especial
EDclREsp – Embargos de Declaração no Recurso Especial
EDivREsp – Embargos de Divergência em Recurso Especial
EIRELI – Empresa Individual de Responsabilidade Limitada
EMAGIS/TRF4 – Escola da Magistratura do TRF da 4ª Região
ENFAM – Escola Nacional de Formação e Aperfeiçoamento de Magistrados
EPP – Empresa de Pequeno Porte
EUA – Estados Unidos da América
FONEF – Fórum Nacional de Execução Fiscal
IAI – Incidente de Arguição de Inconstitucionalidade
IDPJ – Incidente de Desconsideração da Personalidade Jurídica

LC – Lei Complementar
LEF – Lei de Execução Fiscal
ME – Microempresa
MEI – Microempreendedor Individual
MP – Medida Provisória
OCDE – Organização para a Cooperação e Desenvolvimento Econômico
OECD – *Organization for Economic Cooperation and Development*
RE – Recurso Extraordinário
REsp – Recurso Especial
RFB – Receita Federal do Brasil
SPE – Sociedade de Propósito Específico
STF – Supremo Tribunal Federal
STJ – Superior Tribunal de Justiça
TRF4 – Tribunal Regional Federal da 4ª Região

SUMÁRIO

1. INTRODUÇÃO   **23**

2. CONCEITOS JURÍDICOS RELEVANTES DE DIREITO EMPRESARIAL E DE DIREITO TRIBUTÁRIO   **27**
   - 2.1. Pessoas jurídicas e a relevância da responsabilidade limitada   27
   - 2.2. Sociedades   29
     - 2.2.1. Sociedades em geral   29
     - 2.2.2. Sociedades empresárias   30
     - 2.2.3. Sociedades empresárias e seus possíveis estados   36
   - 2.3. Grupos econômicos   38
   - 2.4. Desconsideração da personalidade jurídica   46
     - 2.4.1. Origem anglo-saxã   47
     - 2.4.2. Desconsideração da personalidade jurídica no Direito Brasileiro   49
     - 2.4.3. Desconsideração da personalidade jurídica no CTN   52
   - 2.5. Sujeição passiva tributária da empresa: contribuinte, responsabilidade tributária e solidariedade tributária   56
   - 2.6. Lançamento tributário   61
     - 2.6.1. Lançamento tributário: ponderações iniciais   61
     - 2.6.2. Lançamento tributário: breve definição   62
     - 2.6.3. Modalidades de lançamento tributário   64
     - 2.6.4. Revisão do lançamento tributário por dolo, fraude ou simulação   67
     - 2.6.5. Ponderações sobre dolo, fraude e simulação   68
   - 2.7. Planejamento tributário   74
     - 2.7.1. Planejamento tributário: ponderações iniciais   74
     - 2.7.2. Livre Iniciativa e Direito Privado   75
     - 2.7.3. Princípio da Legalidade e um primeiro contato com o propósito negocial   77

2.7.4.	Evasão, elisão e elusão	80
2.7.5.	Planejamento tributário: conclusões	84

3. PANORAMA ATUAL DA RESPONSABILIDADE TRIBUTÁRIA
DE GRUPOS ECONÔMICOS NO BRASIL ... 87
3.1 Responsabilidade tributária de grupos econômicos: STJ ... 87
    3.1.1. Ponderações iniciais ... 87
    3.1.2. Metodologia da pesquisa jurisprudencial realizada ... 88
    3.1.3. Exame dos julgados do STJ ... 91
    3.1.4. Entendimentos fixados pelo STJ ... 105
3.2. A posição da Doutrina Tributária sobre o tema ... 111
3.3. Ponderações sobre esse panorama ... 114

4. ABORDAGEM PRAGMÁTICA DA RESPONSABILIDADE TRIBUTÁRIA
DE GRUPOS ECONÔMICOS ... 119
4.1. Propósito negocial ... 119
    4.1.1. Propósito negocial: ponderações iniciais ... 119
    4.1.2. Sobre a *Common Law* Estadunidense ... 120
    4.1.3. *The Business Purpose Doctrine* ... 121
    4.1.4. *The Business Purpose Doctrine* no Brasil? ... 124
    4.1.5. Revisão do lançamento tributário por dolo, fraude ou simulação
    e a Norma Geral Antielisiva ... 125
4.2. OCDE e o projeto "Erosão de base tributária e desvio de lucros" ... 130
4.3. Por que buscar uma abordagem pragmática? ... 131
4.4. Proposta de uma abordagem pragmática da responsabilidade
tributária de grupos econômicos ... 134
4.5. A questão da responsabilidade tributária de grupos econômicos
pela exação de contribuições previdenciárias estabelecida
no art. 30, IX, da Lei 8.212/91 ... 140
4.6. Protocolo de avaliação da responsabilidade tributária
de grupos econômicos ... 148
    4.6.1. Protocolo: ponderações iniciais ... 148
    4.6.2. Proposta de um protocolo de avaliação da responsabilidade
    tributária de grupos econômicos ... 153
4.7. IDPJ na execução fiscal com relação a grupos econômicos ... 157
    4.7.1. IDPJ: Por que falar disso? ... 157
    4.7.2. Inserção de terceiros no polo passivo da execução fiscal
    no regime processual anterior ao CPC/15 ... 157
    4.7.3. IDPJ do CPC/15 ... 159
    4.7.4. O IDPJ seria aplicável à ação da LEF? ... 161

SUMÁRIO

4.7.5. IDPJ na hipótese de grupo econômico   168
4.7.6. Outros posicionamentos relevantes sobre o IDPJ   170

CONCLUSÕES   179
REFERÊNCIAS   193

LISTA DE FIGURAS
Figura 1 – Fluxograma da responsabilização tributária de grupos econômicos   156

LISTA DE QUADROS
Quadro 1 – Ponto de vista da autoridade fiscal   151
Quadro 2 – Ponto de vista do procurador da fazenda pública   151
Quadro 3 – Ponto de vista do advogado tributarista   152
Quadro 4 – Ponto de vista do magistrado com competência tributária   152

1
Introdução

A "responsabilidade tributária das pessoas jurídicas" cuida-se de tema complexo, rico, de muitas nuances, e que vem se mantendo no centro das discussões tributárias brasileiras ao longo do tempo. Sempre esteve, e continua estando, na pauta das discussões dos Tributaristas.

O exame da responsabilidade tributária geralmente envolve discussões sobre o direito de propriedade, a sua função social, a liberdade econômica e o custeio do estado social e democrático de direito, dentre outros assuntos relevantes de matizes constitucionais.

Um de seus aspectos mais enfrentados nos últimos tempos é o da possibilidade de redirecionamento da execução fiscal, ajuizada inicialmente contra a pessoa jurídica, em desfavor de seus sócios e administradores. Por anos, discutiu-se a desconsideração da personalidade jurídica das empresas para que seus sócios e administradores fossem responsabilizados solidariamente pelos créditos tributários, o que tem disciplina nos arts. 134 e 135 do Código Tributário Nacional (CTN), de 1966. Não se discutia a "existência" dessa possibilidade, prevista em norma com natureza de lei complementar, mas "como" ela devia se dar. A discussão foi aplacada com a edição da Súmula 435,[3] do Superior Tribunal de Justiça (STJ), de 2010,

---

[3] "Súmula 435 – Presume-se dissolvida irregularmente a empresa que deixar de funcionar no seu domicílio fiscal, sem comunicação aos órgãos competentes, legitimando o redirecionamento da execução fiscal para o sócio-gerente". (STJ, Súmula 435, PRIMEIRA SEÇÃO, Sessão de 14.04.2010, DJe 13.05.2010). Disponível em: http://www.stj.jus.br/sites/portalp/Inicio . Acesso em: 05 dez. 2019.

mas, ainda hoje, muitos processos do cotidiano dos foros continuam a tratar de diversos aspectos desse assunto.

Neste trabalho, focar-se-á outro tema da responsabilidade tributária das pessoas jurídicas, o qual vem ganhando relevância e atenção dos operadores do Direito Tributário brasileiro. Trata-se da questão da responsabilidade tributária do grupo econômico integrado pela pessoa jurídica originariamente devedora, ou, em menos palavras, da "responsabilidade tributária de grupos econômicos". O cotidiano dos foros vem revelando casos nos quais a personalidade jurídica da empresa devedora original é desconsiderada ou ultrapassada para que a responsabilidade tributária seja estendida a outra empresa integrante de seu grupo econômico.

Os Fiscos municipais, estaduais e federal começaram a aplicar essa extensão de responsabilidade tributária. Os administradores e sócios das pessoas jurídicas sofreram o impacto dessa flexibilização dos contornos da responsabilidade limitada. Seus advogados foram à Doutrina, à Constituição da República Federativa do Brasil de 1988 (CRFB/88)[4] e à legislação tributária para construírem defesa a essa atuação fiscal. Levaram o tema às justiças comuns estaduais e federal. Tribunais de segunda instância o conheceram e passaram a construir um arcabouço jurídico a respeito de sua abordagem. Em primeiro e segundo graus de jurisdição, muitas decisões vêm sendo proferidas no sentido de admitir-se essa possibilidade de responsabilização tributária. Faz alguns anos que a questão chegou e vem sendo julgada pelo Superior Tribunal de Justiça, corte nacional que tem a missão de uniformizar a aplicação da norma infraconstitucional em nosso País.

Pretende-se, neste trabalho, percorrer esse caminho jurídico-processual da questão, conhecê-la melhor e perscrutar quais seriam os fundamentos jurídicos que amparariam essa responsabilidade tributária de empresas terceiras integrantes do grupo econômico da empresa contribuinte devedora.

Inicialmente, vai-se tratar de conceitos jurídicos relevantes de Direito Empresarial e de Direito Tributário (Capítulo 2), como os de responsabilidade limitada, sociedades empresárias, grupos econômicos, desconsideração da personalidade jurídica, sujeição passiva tributária da empresa,

---

[4] BRASIL. **Constituição da República Federativa do Brasil de 1988 (CRFB/88)**. Brasília, DF: Presidência da República, 1988. Disponível em: http://www4.planalto.gov.br/legislacao/. Acesso em: 05 dez. 2019.

INTRODUÇÃO

lançamento tributário e de planejamento tributário. Com isso, objetiva-se formar uma base conceitual sobre categorias jurídicas que integram o tema e que, por essa razão, são essenciais à sua melhor compreensão. Em seguida, abordar-se-á o atual panorama da responsabilidade tributária de grupos econômicos no Brasil (Capítulo 3) pela visão do Superior Tribunal de Justiça e da Doutrina Tributária nacional. Almeja-se compreender como o assunto é manejado atualmente por seus operadores pátrios, destacando-se os pontos positivos e elogiosos e verificando se há algum espaço para evolução de seu tratamento hermenêutico, isso sempre com base no substrato tributário da CRFB/88. Em fecho, intenciona-se propor uma abordagem pragmática da responsabilidade tributária de grupos econômicos (Capítulo 4) que considere e harmonize a (a) necessidade de a Administração coibir condutas fraudulentas de evasão tributária e o (b) regime constitucional de direitos e de garantias do Contribuinte. Sugerir-se-á um protocolo escrito com passos práticos de como se avaliar essa responsabilidade tributária de grupos econômicos de forma a colaborar com o cotidiano dos operadores do Direito Tributário. Ocupar-se-á, ainda, da questão da aplicação do Incidente de Desconsideração da Personalidade Jurídica (IDPJ) do CPC/15 na execução fiscal.

Por derradeiro, frise-se que este trabalho guarda a pretensão de ter natureza pragmática, no sentido de colaborar com a compreensão e com a resolução de questões que impactam o dia-a-dia dos operadores do Direito Tributário. Para isso, far-se-á uso da teoria. Entende-se que a resolução de problemas práticos se enriquece pelo uso da teoria.

2
Conceitos Jurídicos Relevantes de Direito Empresarial e de Direito Tributário

Examinar-se-ão, neste capítulo, conceitos relevantes de Direito Empresarial e de Direito Tributário que colaborarão para a melhor compreensão, no curso deste trabalho, do tema da responsabilidade tributária de grupos econômicos.

2.1. Pessoas jurídicas e a relevância da responsabilidade limitada

A criação do conceito de pessoa jurídica foi de elevada importância para a evolução da humanidade. Talvez esteja entre as maiores colaborações do Direito para com a Ordem Social. Ao longo de nossa história, as atividades humanas mais simples foram evoluindo, tornando-se ofícios, profissões e atingiram dimensões para além das pessoas e das comunidades locais. Transformaram-se em indústria, comércio e serviço. Geraram revoluções. Estabeleceram dicotomias poderosas, como a do capital *versus* trabalho. A vida em sociedade e o mercado de trocas exigiu algum instrumento jurídico que pudesse proteger as pessoas, e sua acumulação de patrimônio, no exercício cotidiano de suas atividades profissionais. A pessoa jurídica surgiu e possibilitou o desenvolvimento da atividade econômica para além das tribos ou das cidades medievais. Pessoas jurídicas, por exemplo, como a Companhia das Índias Orientais, participaram do financiamento de instalação das colônias europeias da América do Norte e do subcontinente indiano no Séc. XVII.[5]

---

[5] HARARI, Yuval Hoah. **Sapiens – Uma breve história da humanidade**. 19. ed. Porto Alegre, RS: L&PM, 2017, p. 335.

Com a pessoa jurídica, surgiu o conceito de responsabilidade limitada, que possui centenas de anos e baseia o desenvolvimento econômico até os dias atuais. Sem a limitação de responsabilidade, as pessoas físicas detentoras de bens não colocariam em risco seus recursos já poupados na atividade produtiva. A atividade de empreender é impulsionada pelo incentivo do lucro, mas, em paralelo, sempre está ameaçada pelo risco de prejuízo. O mecanismo da pessoa jurídica surgiu para instrumentalizar a limitação de responsabilidade do empresário e, assim, estabelecer garantias mínimas aos que têm coragem de empreender. A responsabilidade limitada ombreia-se ao lado do lucro para incentivar as pessoas físicas a constituírem sociedades, empreenderem, inovarem, criarem e, ao final, recompensarem-se com respectivos resultados.

A propósito, a recentíssima Lei da Liberdade Econômica[6] (Lei 13.874, de 20.09.2019) acrescentou o art. 49-A ao Código Civil (CC) brasileiro,[7] dispositivo o qual busca deixar mais evidente essa autonomia patrimonial existente entre pessoas jurídicas e pessoas físicas que a integram:

Art. 49-A. A pessoa jurídica não se confunde com os seus sócios, associados, instituidores ou administradores.

Parágrafo único. A autonomia patrimonial das pessoas jurídicas é um instrumento lícito de alocação e segregação de riscos, estabelecido pela lei com a finalidade de estimular empreendimentos, para a geração de empregos, tributo, renda e inovação em benefícios de todos.

Bruno Meyerhof Salama faz marcante reflexão sobre a evolução da responsabilidade limitada,

A difusão no uso de sociedade limitadas teve repercussões admiráveis. À medida que a pessoa jurídica ia sendo usada para fins distintos daqueles para os quais havia sido inicialmente concebida, o Estado e o sistema jurídico reagiam: ora na forma de novas leis, ora na forma de novas interpretações judiciais; e, em ambos os casos, no sentido de abrir caminho e facilitar a responsabilização de terceiros ligados à pessoa jurídica.

---

[6] BRASIL. Lei 13.874, de 20.09.2019. **Lei da Liberdade Econômica.** Brasília, DF: Presidência da República, 2019. Disponível em: http://www4.planalto.gov.br/legislacao/. Acesso em: 05 dez. 2019.

[7] BRASIL. Lei 10.406, de 10.01.2002. **Institui o Código Civil.** Brasília, DF: Presidência da República, 2002. Disponível em: http://www4.planalto.gov.br/legislacao/. Acesso em: 05 dez. 2019.

Acirrava-se, assim, em vários campos jurídicos, uma dinâmica em que proibições e condicionamentos legais geravam inovações estruturais pelos agentes privados, que com frequência utilizavam pessoas jurídicas para evitar, alterar, reduzir ou mesmo burlar os efeitos originalmente pretendidos pela cada vez mais intrusiva regulação estatal. As inovações dos agentes privados, por sua vez, impulsionavam o Estado a impor novos condicionantes, impulsionando outras inovações pelos agentes privados, e assim sucessivamente, em um jogo infinito de provocação e resposta que está em curso até hoje. Estabelecia-se assim uma verdadeira 'dialética' de provocação e resposta na esfera da atividade e responsabilidade empresarial.[8]

Demais disso, as pessoas jurídicas são de Direito Público, interno ou externo, e de Direito Privado: art. 40 do Código Civil. As pessoas jurídicas de Direito Privado são as associações, as sociedades, as fundações, as organizações religiosas, os partidos políticos e as empresas individuais de responsabilidade limitada, segundo o art. 44 do Código Civil. Para este trabalho, interessa, sobremaneira, o estudo da sociedade empresária, que é aquela pessoa jurídica constituída por empresários e que, geralmente, almeja a obtenção de lucro.

2.2. Sociedades
Tratar-se-á, neste item, do tema das sociedades, o que colaborará com o desenvolvimento do objeto deste trabalho.

2.2.1. *Sociedades em geral*
O Código Civil trata longamente do tema das sociedades, a partir de seu art. 981. Inicialmente, separa as sociedades em não-personificadas e personificadas (Livro II, Título II, Subtítulos I e II). Seriam não-personificadas a sociedade em comum não registrada (art. 986 e seguintes) e a sociedade em conta de participação (art. 991 e seguintes). De outro lado, seriam personificadas a sociedade simples (art. 997 e seguintes), a sociedade em nome coletivo (art. 1.039 e seguintes), a sociedade em comandita simples (art. 1.045 e seguintes), a sociedade limitada (art. 1.052 e seguintes), a sociedade anônima (arts. 1.088 e 1.089), a sociedade em comandita por ações (arts. 1.090 a 1.092) e a sociedade cooperativa (art. 1.093 e seguintes).

---

[8] SALAMA, Bruno Meyerhof. **O fim da responsabilidade limitada no Brasil**. São Paulo: Malheiros Editores Ltda., 2014, p. 31.

Dispõe o Código Civil que celebram "contrato de sociedade as pessoas que reciprocamente se obrigam a contribuir, com bens ou serviços, para o exercício de atividade econômica e a partilha, entre si, dos resultados" (art. 981).

Nem todas essas sociedades seriam empresárias. Reputa-se empresária "a sociedade que tem por objeto o exercício de atividade própria de empresário sujeito a registro (art. 967); e, simples, as demais" (art. 982). Numa espécie de conceito remissivo, o Código Civil considera empresária apenas a sociedade que tem por objeto a atividade típica da figura do empresário (arts. 982 e 967). O próprio Código Civil rege que se considera empresário "quem exerce profissionalmente atividade econômica organizada para a produção ou a circulação de bens ou de serviços" (art. 966).

2.2.2. *Sociedades empresárias*

O Direito Brasileiro contém cinco espécies ou tipos de sociedades empresárias, que seriam justamente as pontuadas no art. 983 do Código Civil (arts. 1.039 a 1.092): a sociedade em nome coletivo, a sociedade em comandita simples, a sociedade limitada, a sociedade anônima e a sociedade em comandita por ações.[9]

Cumpre trazer à lume o texto desse dispositivo do Código Civil:

> Art. 983. A sociedade empresária deve constituir-se segundo um dos tipos regulados nos arts. 1.039 a 1.092; a sociedade simples pode constituir-se de conformidade com um desses tipos, e, não o fazendo, subordina-se às normas que lhe são próprias.

As duas espécies mais relevantes e utilizadas são a sociedade limitada e a sociedade anônima.

A sociedade limitada está integralmente prevista no Código Civil, a partir de seu art. 1.052. Sua característica mais marcante ressoa de sua própria denominação: a responsabilidade de cada sócio é restrita à sua quota, desde que devidamente integralizada. O capital da sociedade é dividido por quotas, que podem ser diferentes para cada sócio, segundo o contrato

---

[9] GAGGINI, Fernando Schwarz. **Peculiaridades do direito societário**: os tipos societários *versus* a situação das sociedades. Revista de Direito Empresarial, Ano 4, vol. 13, jan.-fev., 2016, p. 146.

social. Uma vez integralizado o capital, os sócios deixam protegidos seus patrimônios pessoais. Sobre a origem da sociedade limitada,

A sociedade limitada representa a mais recente das formas societárias existentes no direito brasileiro.

Surgida na Alemanha em 1892, passou a Portugal (1901), a cujo modelo se filiou o Decreto nº 3.708, de 10 de janeiro de 1919, que a adotou no Brasil sob o nome de sociedade por cotas de responsabilidade limitada.

O Código Civil de 2002 regulou inteiramente a sociedade limitada, assim revogando o Decreto nº 3.708/1919.

A primeira mudança significativa, que se operou através do Código Civil, concerne à própria designação da sociedade, que deixou de chamar-se 'sociedade por cotas de responsabilidade limitada' para nomear-se simplesmente 'sociedade limitada'.

O Decreto nº 3.708/1919 era extremamente resumido (apenas 18 artigos) e tinha na lei das sociedades anônimas, que invocava expressamente, uma legislação supletiva das omissões do contrato social.

A regulação vigente é muito mais abrangente. Além disso, reporta-se às normas da sociedade simples, que exercerão o papel de legislação subsidiária (art. 1.053), enquanto a legislação das sociedades anônimas somente incidirá, supletivamente, quando o contrato social contiver cláusula expressa nesse sentido (art. 1.053, parágrafo único).

A sociedade limitada sofreu, pois, um acentuado deslocamento conceitual, transitando de uma posição de identificação com a sociedade anônima para uma aproximação com a sociedade simples.

A sociedade limitada, com o atual Código Civil, passou por substanciais alterações, que afetaram o seu funcionamento, o processo de relações entre os sócios e destes para com a sociedade, e ainda a administração social.[10]

Ainda sobre o tema da responsabilidade limitada, cumpre citar lição de Fran Martins:

Uma outra classificação das sociedades comerciais é feita tendo em vista a responsabilidade limitada assumida pelos sócios em relação às obrigações sociais. Deve-se considerar, entretanto, que qualquer que seja a espécie de sociedade comercial, o sócio tem como obrigação precípua responder, para

---

[10] BORBA, José Edwaldo Tavares. **Direito societário**. 16. ed. – São Paulo: Atlas, 2018, p. 116.

com a mesma, pela importância prometida para a formação do capital. Essa é uma obrigação *principal* do sócio e quando se fala em classificação das sociedades, tendo em consideração a responsabilidade assumida pelos sócios, deve-se compreender que essa responsabilidade é uma responsabilidade *subsidiária*, isto é, uma responsabilidade perante terceiros, pelos compromissos sociais, caso o patrimônio da sociedade seja insuficiente para satisfazer os compromissos assumidos por esta.[11]

A Lei da Liberdade Econômica (Lei 13.874, de 20.09.2019) alterou o Código Civil para possibilitar a existência de sociedade limitada unipessoal. Foram incluídos dois parágrafos ao art. 1.052, que disciplinam essa nova alternativa:

> Art. 1.052. Na sociedade limitada, a responsabilidade de cada sócio é restrita ao valor de suas quotas, mas todos respondem solidariamente pela integralização do capital social.
>
> § 1º A sociedade limitada pode ser constituída por 1 (uma) ou mais pessoas.
>
> § 2º Se for unipessoal, aplicar-se-ão ao documento de constituição do sócio único, no que couber, as disposições sobre o contrato social.

Essa alteração chama a atenção porque retira de uma sociedade de pessoas tradicional o elemento da pluralidade de sócios. Nessa hipótese, há um desdobramento da personalidade jurídica para que se dê uma segregação de patrimônio. Com isso, limita-se o risco econômico-financeiro do empreendimento. Criam-se limites para os riscos assumidos a partir do ativo separado. Essa possibilidade unipessoal já estava institucionalizada nas figuras do microempreendedor individual (MEI) e da empresa individual de responsabilidade limitada (EIRELI), que serão abordadas adiante.

De seu turno, a sociedade anônima é apenas rapidamente referida pelo Código Civil. Fica assentada claramente a responsabilidade limitada do sócio ao valor da ação adquirida ou subscrita: art. 1.088. Dispõe o Código Civil que a sociedade anônima é regulada por lei especial. Essa norma é a tradicional Lei 6.404, de 15.12.1976.[12] A sociedade anônima, geralmente,

---

[11] Martins, Fran. **Curso de direito comercial**. 41. ed. Rio de Janeiro: Ed. Forense, 2017, p. 174.
[12] BRASIL. Lei 6.404, de 15.12.1976. **Dispõe sobre as Sociedades por Ações**. Brasília, DF: Presidência da República, 1976. Disponível em: http://www4.planalto.gov.br/legislacao/. Acesso em: 05 dez. 2019.

alberga empreendimentos de grande porte, os quais possuem a nota da impessoalidade. A respeito,

> O Código Civil/2002 pretendeu fazer mera referência à existência da sociedade anônima, como tipo diferenciado, caracterizado pela divisão do capital social em ações, títulos de participação de livre circulação e dotados de valor uniforme, bem como pela absoluta limitação de responsabilidade do acionista, o sócio. Cuida-se de sociedade de capital, em que a *affectio societatis*, isto é, o consentimento de agregação externado continuamente pelos sócios, apresenta caráter objetivo, admitindo-se, de conformidade com a contribuição patrimonial conferida, uma pessoa no quadro social, pouco importando quais são suas qualidades individuais e a persistência de conhecimento pessoal e confiança recíproca. Seu nome não remete, inclusive, à identidade de qualquer dos sócios, surgindo um ente autônomo, uma pessoa jurídica com total independência patrimonial e funcional. A sociedade anônima constitui o tipo societário destinado à captação da poupança pública, possibilitando, por meio de contribuições parciais bastante modestas, a reunião de imensas quantidades de riqueza e a realização de empreendimentos vultosos. Concebida na Idade Moderna como instrumento do desenvolvimento da circulação e da produção de bens em grande escala, ela sempre ostenta natureza empresarial. Mesmo que o objeto social seja, concretamente, não empresário, a sociedade anônima, como decorrência da forma assumida, apresentar-se-á como empresária, suportando todos os decorrentes deveres e auferindo os benefícios peculiares a um regime jurídico diferenciado (art. 982, parágrafo único).[13]

As demais sociedades empresárias não vêm sendo muito utilizadas no Brasil.

A sociedade em nome coletivo é disciplinada a partir do art. 1.039 do Código Civil. Ela não é muito utilizada pelo fato de o patrimônio pessoal dos sócios, que devem ser pessoas físicas, ficar vinculado à atividade empresarial. Se a sociedade não pagar, toda a dívida poderá ser exigida dos sócios. No contrato social ou em convenção posterior, podem os sócios disciplinar de forma específica a responsabilidade de cada um. A sociedade somente pode ser gerida pelos sócios e deve ter uma firma que remeta às suas pessoas.

---

[13] BARBOSA FILHO, Marcelo Fortes e outros. **Código civil comentado**: doutrina e jurisprudência. Claudio Luiz Bueno de Godoy e outros. Cezar Peluso (coord.). 12. ed., rev. e atual. Barueri (SP): Manole, 2018. 2352 p., p. 1.029.

A sociedade em comandita simples é regulada a partir do art. 1.045 do Código Civil. Destaca-se por possuir duas categorias de sócios: os comanditados, que são as pessoas físicas gestoras e que se responsabilizam ilimitadamente pela sociedade; e os comanditários, que são os investidores do objeto social da empresa. Os primeiros são os verdadeiros empreendedores, que constroem o conceito da empresa, que buscam investimento e que fazem a sua gestão cotidiana. Os segundos, convencidos pela ideia dos empreendedores, aportam capital para que a empresa possa se realizar. Estes apenas respondem pelo valor de suas quotas. A responsabilidade ilimitada dos comanditados prejudica a utilização efetiva deste tipo de sociedade. Sua interessante origem data da Idade Média,

> A sociedade em comandita simples corresponde ao segundo dos tipos societários naturalmente empresariais regrados pelo Código Civil, tendo merecido, à semelhança do ressaltado quanto à sociedade em nome coletivo, atenção desproporcional a sua utilização prática. Nascida entre o final da Idade Média e o começo da Idade Moderna, na Europa Ocidental, com a finalidade de ser amealhada grande quantidade de capital necessária à realização de empreendimentos de altíssimo risco, consistentes em caravanas comerciais terrestres ou explorações marítimas, a comandita representou a primeira fórmula de limitação da responsabilidade dos sócios, tendo fornecido enorme contribuição para a evolução das formas de acumulação capitalista até a segunda metade do século XIX e, desde então, foi deixada de lado, confrontada pelas vantagens oferecidas pela total limitação de responsabilidade fornecida por uma inovação legislativa de rápida divulgação, a sociedade limitada.[14]

Por fim, a sociedade em comandita por ações é referida pelo Código Civil a partir de seu art. 1.090. Ela também é regulada pela lei das sociedades anônimas – Lei 6.404, de 15.12.1976, arts. 280-284. Tem o capital dividido em ações. Opera sob firma ou denominação. Responde subsidiária e ilimitadamente apenas o sócio que é gestor. Os demais acionistas respondem pelo valor das ações adquiridas.

---

[14] BARBOSA FILHO, Marcelo Fortes e outros. **Código civil comentado**: doutrina e jurisprudência. Claudio Luiz Bueno de Godoy e outros. Cezar Peluso (coord.). 12. ed., rev. e atual. Barueri (SP): Manole, 2018. 2352 p., p. 999.

Impende ainda referir que o jurista José Edwaldo Tavares Borba compreende que a sociedade simples, em sua dimensão *stricto sensu*, também poderia funcionar como uma entidade empresarial[15]. Nessa conjectura, seria, então, uma sexta espécie de sociedade empresária.

Igualmente é importante mencionar a existência de duas pessoas jurídicas que possuem natureza empresária e que não são consideradas sociedades típicas no Direito Privado brasileiro.

A primeira é a figura do microempreendedor individual (MEI), que é prevista no art. 18-A da Lei Complementar (LC) 123, de 14.12.2006.[16] Pode se constituir em MEI a pessoa física que se enquadrar no conceito de empresário do art. 966 do Código Civil, inclusive no ambiente rural:

> Art. 966. Considera-se empresário quem exerce profissionalmente atividade econômica organizada para a produção ou a circulação de bens ou de serviços.
>
> Parágrafo único. Não se considera empresário quem exerce profissão intelectual, de natureza científica, literária ou artística, ainda com o concurso de auxiliares ou colaboradores, salvo se o exercício da profissão constituir elemento de empresa.

O instituto do MEI foi criado pela LC 128, de 19.12.2008,[17] que introduziu alterações na referida LC 123/2006.

A segunda figura mencionada de pessoa jurídica empresária atípica é a empresa individual de responsabilidade limitada (EIRELI), que foi criada pela Lei 12.441, de 11.07.2011,[18] que inseriu no Código Civil o seu novo art. 980-A:

> Art. 980-A. A empresa individual de responsabilidade limitada será constituída por uma única pessoa titular da totalidade do capital social, devidamente

---

[15] BORBA, José Edwaldo Tavares. **Direito societário**. 16. ed. – São Paulo: Atlas, 2018, p. 95.

[16] BRASIL. Lei Complementar 123, de 14.12.2006. **Institui o Estatuto Nacional da Microempresa e da Empresa de Pequeno Porte**. Brasília, DF: Presidência da República, 2006. Disponível em: http://www4.planalto.gov.br/legislacao/. Acesso em: 05 dez. 2019.

[17] BRASIL. Lei Complementar 128, de 19.12.2008. Brasília, DF: Presidência da República, 2006. Disponível em: http://www4.planalto.gov.br/legislacao/. Acesso em: 05 dez. 2019.

[18] BRASIL. Lei 12.441, de 11.07.2011. Brasília, DF: Presidência da República, 2011. Disponível em: http://www4.planalto.gov.br/legislacao/. Acesso em: 05 dez. 2019.

integralizado, que não será inferior a 100 (cem) vezes o maior salário-mínimo vigente no País. (Incluído pela Lei nº 12.441, de 2011)

§ 1º O nome empresarial deverá ser formado pela inclusão da expressão 'EIRELI' após a firma ou a denominação social da empresa individual de responsabilidade limitada. (Incluído pela Lei nº 12.441, de 2011)

§ 2º A pessoa natural que constituir empresa individual de responsabilidade limitada somente poderá figurar em uma única empresa dessa modalidade. (Incluído pela Lei nº 12.441, de 2011)

§ 3º A empresa individual de responsabilidade limitada também poderá resultar da concentração das quotas de outra modalidade societária num único sócio, independentemente das razões que motivaram tal concentração. (Incluído pela Lei nº 12.441, de 2011)

§ 4º (VETADO). (Incluído pela Lei nº 12.441, de 2011)

§ 5º Poderá ser atribuída à empresa individual de responsabilidade limitada constituída para a prestação de serviços de qualquer natureza a remuneração decorrente da cessão de direitos patrimoniais de autor ou de imagem, nome, marca ou voz de que seja detentor o titular da pessoa jurídica, vinculados à atividade profissional. (Incluído pela Lei nº 12.441, de 2011)

§ 6º Aplicam-se à empresa individual de responsabilidade limitada, no que couber, as regras previstas para as sociedades limitadas. (Incluído pela Lei nº 12.441, de 2011).

Nota-se que tanto a MEI como a EIRELI são pessoas jurídicas unipessoais. São constituídas apenas por uma pessoa física ou por uma pessoa jurídica (no caso da EIRELI). Não possuem, portanto, na sua natureza a nota da pluralidade de sócios. Como na nova sociedade limitada unipessoal do art. 1.052, e seus parágrafos, do Código Civil, há um desdobramento da personalidade jurídica para que se dê uma segregação de patrimônio.

2.2.3. *Sociedades empresárias e seus possíveis estados*

A sociedade empresária, constituída numa daquelas cinco espécies disciplinadas no Código Civil, pode se apresentar em estados fático-jurídicos diferenciados. Esses estados podem dizer respeito, por exemplo, aos fatores do propósito da sociedade ou do seu porte. A ocorrência de tais estados ou situações pode fazer parecer que se esteja presenciando uma nova espécie de sociedade empresária, mas não é isso que se verifica. Somente existem as cinco espécies do Código Civil, que podem vivenciar estados fático-jurídicos diferenciados, que, de seu turno, são gerados por critérios de naturezas diversas.[19]

Um desses estados é o gerado pelo critério do porte da receita bruta da sociedade considerada, tema que é tratado na já referida LC 123/2006. Essa norma define os estados de "microempresa" (ME) e de "empresa de pequeno porte" (EPP), levando em conta diversos critérios, mas, especialmente, o montante de receita bruta anual. A caracterização em uma ou outra dessas modalidades poderá gerar para a sociedade vantagens fiscais e contábeis que induziriam diminuição em seus custos de transação, o que sempre é racionalmente desejável. Essa norma define que ME é a sociedade empresária que aufira receita bruta igual ou inferior a R$ 360.000,00 (trezentos e sessenta mil reais) por ano-calendário; e que EPP é a que perceba receita bruta superior a esse primeiro valor até o teto de R$ 4.800.000,00 (quatro milhões e oitocentos mil reais) por ano-calendário (art. 3º da LC 123/2006). Isso significa que não existem as espécies de sociedade ME ou EPP. Existem, sim, os estados ou situações de uma determinada sociedade empresária restar enquadrada como ME ou EPP.

Gize-se que o Direito Brasileiro, nessa linha, também prevê a existência de empresas de grande porte, que seriam aquelas com ativo total superior a R$ 240.000.000,00 (duzentos e quarenta milhões de reais) ou receita bruta anual superior a R$ 300.000.000,00 (trezentos milhões de reais). Isso está previsto na Lei 11.638, de 28.12.2007,[20] art. 3º.

Por outro lado, essa mesma conjuntura pode se dar sob o critério do propósito de constituição da sociedade. Nosso direito permite que as sociedades sejam criadas com um propósito negocial específico. Tal estado (ou situação) é chamado de "sociedade de propósito específico" (SPE). Nesse caso, também não se tem uma nova espécie de pessoa jurídica, mas uma situação que marca a existência de uma determinada sociedade, geralmente limitada ou anônima. A propósito da SPE,

> [...] trata-se de uma sociedade empresária comum, cuja única distinção é a situação peculiar a que está submetida, qual seja, ter destinação social

[19] GAGGINI, Fernando Schwarz. **Peculiaridades do direito societário**: os tipos societários *versus* a situação das sociedades. Revista de Direito Empresarial, Ano 4, vol. 13, jan.-fev., 2016, *passim*.

[20] BRASIL. Lei 11.638, de 28.12.2007. Brasília, DF: Presidência da República, 2007. Disponível em: http://www4.planalto.gov.br/legislacao/. Acesso em: 05 dez. 2019.

RESPONSABILIDADE TRIBUTÁRIA DE GRUPOS ECONÔMICOS

específica a uma determinada função ou empreendimento, como forma de utilizar da segregação patrimonial como mecanismo de diminuição do risco.

Isto porque, atribuindo uma determinada atividade a uma sociedade de destinação específica, isola-se referida atividade dentro da sociedade e elimina-se o contágio de outros riscos existentes nas demais sociedades envolvidas no negócio.

É o caso, amplamente utilizado, de empresas do ramo imobiliário que constituem SPE para a construção e exploração de um determinado empreendimento. Com o uso do expediente da SPE, que será titular do imóvel e centralizará os recebimentos e pagamentos da referida obra, obtém-se um isolamento patrimonial entre essa sociedade e a sociedade construtora, buscando, assim, evitar a contaminação pelos demais riscos da construtora e de seus outros empreendimentos.[21]

Como visto, o fenômeno econômico da pessoa jurídica e da sociedade empresária data de séculos. Mas ele tem sido insuficiente para conformar as necessidades contemporâneas de desenvolvimento produtivo e econômico das forças empresárias. Outra figura surgiu, qual seja, a do grupo econômico.

2.3. Grupos econômicos

No século passado, a economia global atingiu uma complexidade de atividades e uma dimensão financeira tão grandiosa que a figura de empresa se tornou insuficiente. As atividades empresariais tornaram-se efetivamente globais. Os produtos e serviços multiplicaram-se, assim como os meios de produzi-los e de prestá-los. As pessoas envolvidas nesse processo gigantesco passaram a ter, além de funções, culturas diferentes. Exsurgiu a necessidade de criação de alguma nova estrutura que pudesse lidar com os múltiplos elementos desse processo e que, de preferência, diminuísse custos de transação. As empresas passaram a se organizar e produzir em grupos econômicos. A respeito, doutrina o Professor Rubens Requião,

O mundo moderno, sobretudo após a última grande guerra (1939-1945), sofreu profundas transformações sociais e econômicas. No campo do direito comercial ocorreu uma verdadeira revolução, com o desenvolvimento das

---

[21] GAGGINI, Fernando Schwarz. **Peculiaridades do direito societário**: os tipos societários *versus* a situação das sociedades. Revista de Direito Empresarial, Ano 4, vol. 13, jan.-fev., 2016, p. 151.

idéias e técnicas dos grandes grupos societários, conseqüência da concentração econômica das empresas. Houve, em face da economia de escala, a necessidade de as empresas se aglutinarem, a fim de atenderem às necessidades do desenvolvimento tecnológico dos processos de produção e de pesquisa, bem como do domínio ou da supremacia dos mercados de produção e de consumo. Já se observou que as chamadas 'empresas multinacionais', impressionantes pelo seu poder e estrutura, nada são além de grupos de sociedades, sob a forma de *holdings* ou de *Konzern*.

[...]

Aflorado o fenômeno econômico e social e pesquisado em vários ângulos, haveria de causar a convocação dos juristas, para se formular um ordenamento jurídico da concentração econômica.

Coube aos juristas alemães estabelecer, pela primeira vez, no direito moderno, um sistema legal disciplinador dos grupos econômicos. A Lei alemã, de 1965, que regulou a sociedade anônima, abriu capítulo para essa disciplina. Seu sistema interessa sobremaneira ao direito brasileiro, porque foi nas suas raízes que se inspiraram os autores do projeto de reforma, que resultou na atual Lei n. 6.404, de 15 de dezembro de 1976.

No direto germânico o instituto é conhecido por *Konzern*, palavra de origem inglesa (*concern*) que significa relações, mas também negócio e organização comercial. Segundo Von Gierke constitui o *Konzern* um agrupamento de empresas, juridicamente independentes e economicamente sujeitas a direção única. De certa forma corresponde à *holding* do direito norte-americano, que constitui também sociedade que administra os negócios ou controla as sociedades a ela sujeitas.[22]

O Direito Empresarial brasileiro prevê legalmente a constituição de grupo econômico formal de empresas, o qual seria instituído por convenção pública e teria como objeto a evolução do desempenho coletivo das sociedades empresárias envolvidas. Contudo, atualmente, não é o grupo econômico de direito que viceja em nosso País; o modelo que ressaiu vitorioso foi o da coligação de empresas, sem convenção registrada, que se verifica por meio de controle acionário ou de quotas, o qual tem sido chamado de grupo econômico de fato.

---

[22] REQUIÃO, Rubens. **Curso de direito comercial**. Vol. 2: 20. ed. São Paulo: Saraiva, 1995, p. 215-217.

A Lei 6.404, de 15.12.1976, dispõe sobre as sociedades por ações. Em seu teor, foi prevista a figura do grupo econômico de direito, que se constitui de modo contratual e com registro do ato respectivo na junta comercial. Este modelo de grupo econômico está disciplinado no Capítulo XXI dessa Lei, que tem início em seu art. 265:

> Art. 265. A sociedade controladora e suas controladas podem constituir, nos termos deste Capítulo, grupo de sociedades, mediante convenção pela qual se obriguem a combinar recursos ou esforços para a realização dos respectivos objetos, ou a participar de atividades ou empreendimentos comuns.
>
> § 1º A sociedade controladora, ou de comando do grupo, deve ser brasileira, e exercer, direta ou indiretamente, e de modo permanente, o controle das sociedades filiadas, como titular de direitos de sócio ou acionista, ou mediante acordo com outros sócios ou acionistas.
>
> § 2º A participação recíproca das sociedades do grupo obedecerá ao disposto no artigo 244.

O grupo econômico de direito é considerado constituído a partir da data do arquivamento da convenção na junta comercial: art. 271 da Lei 6.404/76. Uma de suas principais características é garantir o direito de retirada do sócio minoritário dissidente da sociedade que pretende integrar o grupo em formação: art. 270. Suas ações ou quotas devem ser reembolsadas. Talvez esse seja o fator que tenha tornado impopular, no Direito Brasileiro, a formação de grupos econômicos de direito.

A par disso, têm-se os grupos econômicos de fato. A Lei 6.404/76 não trata dessa categoria jurídica de forma expressa, mas sua regulação pode ser extraída lógica e sistematicamente de seu Capítulo XX, que cuida das sociedades controladoras e controladas e que tem início no art. 243:

> Art. 243. O relatório anual da administração deve relacionar os investimentos da companhia em sociedades coligadas e controladas e mencionar as modificações ocorridas durante o exercício.
>
> § 1º São coligadas as sociedades nas quais a investidora tenha influência significativa. (Redação dada pela Lei nº 11.941, de 2009)
>
> § 2º Considera-se controlada a sociedade na qual a controladora, diretamente ou através de outras controladas, é titular de direitos de sócio que lhe assegurem, de modo permanente, preponderância nas deliberações sociais e o poder de eleger a maioria dos administradores.

CONCEITOS JURÍDICOS RELEVANTES DE DIREITO EMPRESARIAL E DE DIREITO...

§ 3º A companhia aberta divulgará as informações adicionais, sobre coligadas e controladas, que forem exigidas pela Comissão de Valores Mobiliários.

§ 4º Considera-se que há influência significativa quando a investidora detém ou exerce o poder de participar nas decisões das políticas financeira ou operacional da investida, sem controlá-la. (Incluído pela Lei nº 11.941, de 2009)

§ 5º É presumida influência significativa quando a investidora for titular de 20% (vinte por cento) ou mais do capital votante da investida, sem controlá-la. (Incluído pela Lei nº 11.941, de 2009)

O Código Civil brasileiro, de 2002, posterior à Lei 6.404/76, também tratou do fenômeno do grupo econômico de fato, nos seus arts. 1.097 a 1.101. Denominou-o de "sociedades coligadas", conformando um tratamento jurídico similar ao da Lei das Sociedades Anônimas. Parece-nos que se regula o controle societário eventualmente existente entre as sociedades empresárias diretamente reguladas pelo Código Civil, ficando o disciplinamento das sociedades anônimas reservado à Lei 6.404/76. Cumpre transcrever esses artigos:

Art. 1.097. Consideram-se coligadas as sociedades que, em suas relações de capital, são controladas, filiadas, ou de simples participação, na forma dos artigos seguintes.

Art. 1.098. É controlada:

I – a sociedade de cujo capital outra sociedade possua a maioria dos votos nas deliberações dos quotistas ou da assembléia geral e o poder de eleger a maioria dos administradores;

II – a sociedade cujo controle, referido no inciso antecedente, esteja em poder de outra, mediante ações ou quotas possuídas por sociedades ou sociedades por esta já controladas.

Art. 1.099. Diz-se coligada ou filiada a sociedade de cujo capital outra sociedade participa com dez por cento ou mais, do capital da outra, sem controlá-la.

Art. 1.100. É de simples participação a sociedade de cujo capital outra sociedade possua menos de dez por cento do capital com direito de voto.

Art. 1.101. Salvo disposição especial de lei, a sociedade não pode participar de outra, que seja sua sócia, por montante superior, segundo o balanço, ao das próprias reservas, excluída a reserva legal.

Parágrafo único. Aprovado o balanço em que se verifique ter sido excedido esse limite, a sociedade não poderá exercer o direito de voto correspondente às ações ou quotas em excesso, as quais devem ser alienadas nos cento e oitenta dias seguintes àquela aprovação.

Sobre grupos econômicos de direito e de fato, conceitua o Professor Rubens Requião,

São grupos de fato as sociedades que mantêm, entre si, laços empresariais através de participação acionária, sem necessidade de se organizarem juridicamente. Relacionam-se segundo o regime legal de sociedades isoladas, sob a forma de coligadas, controladoras e controladas, no sentido de não terem necessidade de maior estrutura organizacional.

Já os grupos de direito, entretanto, importam numa convenção, formalizada no Registro de Comércio, tendo por objeto uma organização composta de companhias mas com disciplina própria, sendo reconhecidas pelo direito. São por isso grupos de direito.[23]

O mercado brasileiro possui muitos grupos econômicos. E a quase totalidade deles está organizada de modo informal, constituindo grupos econômicos de fato pelo controle acionário ou de quotas. A respeito, cumpre averbar ponderação da Professora Viviane Muller Prado,

A não-utilização do instrumento para a formação de grupos de direito não significa que inexistem grupos societários no Brasil. Muito pelo contrário. As grandes empresas brasileiras organizam-se na forma grupal, mas a partir do poder de controle societário. A utilização da estrutura grupal para a organização das grandes empesas brasileiras fica evidenciada no periódico *Valor Grandes Grupos* de 2004. Este anuário demonstra que as 200 maiores empresas com atuação no País, nos vários segmentos de mercado, organizam-se em estruturas complexas plurissocietárias.[24]

Essa realidade sofre críticas. No grupo econômico de direito, os sócios minoritários ficam protegidos, podendo exercer sua opção de retirada. Também haveria mais proteção aos credores em geral, porque o Direito Brasileiro possui dispositivos de direito material que colocam o grupo econômico como responsável subsidiário ou solidário com relação às suas

---

[23] REQUIÃO, Rubens. **Curso de direito comercial**. Vol. 2: 20. ed. São Paulo: Saraiva, 1995, p. 217.
[24] PRADO, Viviane Muller. **Grupos societários: análise do modelo da Lei 6.404/1976**. Revista Direito GV, São Paulo, v. 1, n. 2, jun-dez/2005, p. 05-27, p. 13.

empresas integrantes. Para o grupo de direito, há disposição legal expressa que determina o dever de controle permanente por parte da sociedade controladora: art. 265, § 1º, da Lei 6.404/76 (transcrito acima). Logo, estando formalizada a situação grupal, essa responsabilização restaria facilitada. Há previsão legal de responsabilização de grupos econômicos no Direito do Trabalho, no Direito do Consumidor, no Direito Econômico, no Direito Tributário e, mais recentemente, no sistema brasileiro de Direito Civil e de Direito Empresarial composto no Código Civil de 2002.

A Consolidação das Leis do Trabalho (CLT) contém hipótese de responsabilização de grupo econômico desde a sua gênese, em 1943. Cumpre citar seu art. 2º, que passou por alteração em 2017, mas manteve a responsabilidade grupal:

> Art. 2º – Considera-se empregador a empresa, individual ou coletiva, que, assumindo os riscos da atividade econômica, admite, assalaria e dirige a prestação pessoal de serviço.
>
> § 1º – Equiparam-se ao empregador, para os efeitos exclusivos da relação de emprego, os profissionais liberais, as instituições de beneficência, as associações recreativas ou outras instituições sem fins lucrativos, que admitirem trabalhadores como empregados.
>
> **§ 2º – Sempre que uma ou mais empresas, tendo, embora, cada uma delas, personalidade jurídica própria, estiverem sob a direção, controle ou administração de outra, ou ainda quando, mesmo guardando cada uma sua autonomia, integrem grupo econômico, serão responsáveis solidariamente pelas obrigações decorrentes da relação de emprego. (Redação dada pela Lei nº 13.467, de 2017)**
>
> **§ 3º – Não caracteriza grupo econômico a mera identidade de sócios, sendo necessárias, para a configuração do grupo, a demonstração do interesse integrado, a efetiva comunhão de interesses e a atuação conjunta das empresas dele integrantes. (Incluído pela Lei nº 13.467, de 2017).** (Grifos nossos).

O Código de Defesa do Consumidor (CDC), instituído pela Lei 8.078, de 11.09.1990,[25] institui responsabilidade subsidiária de grupos econômicos

---

[25] BRASIL. Lei 8.078, de 11.09.1990. Institui o **Código de Defesa do Consumidor**. Brasília, DF: Presidência da República, 1990. Disponível em: http://www4.planalto.gov.br/legislacao/. Acesso em: 05 dez. 2019.

e responsabilidade solidária de consórcio de sociedades. Cumpre ter em conta o teor de seu art. 28:

> Art. 28. O juiz poderá desconsiderar a personalidade jurídica da sociedade quando, em detrimento do consumidor, houver abuso de direito, excesso de poder, infração da lei, fato ou ato ilícito ou violação dos estatutos ou contrato social. A desconsideração também será efetivada quando houver falência, estado de insolvência, encerramento ou inatividade da pessoa jurídica provocados por má administração.
>
> § 1° (Vetado).
>
> **§ 2° As sociedades integrantes dos grupos societários e as sociedades controladas, são subsidiariamente responsáveis pelas obrigações decorrentes deste código.**
>
> **§ 3° As sociedades consorciadas são solidariamente responsáveis pelas obrigações decorrentes deste código.**
>
> **§ 4° As sociedades coligadas só responderão por culpa.**
>
> § 5° Também poderá ser desconsiderada a pessoa jurídica sempre que sua personalidade for, de alguma forma, obstáculo ao ressarcimento de prejuízos causados aos consumidores. (Grifos nossos).

Essa disposição do Código de Defesa do Consumidor é rica. Estabeleceu modulações de responsabilidade conforme a espécie de vínculo empresarial existente entre as empresas fornecedoras. Sociedades integrantes do grupo societário e controladas responderiam subsidiariamente; sociedades consorciadas, solidariamente; e, por fim, coligadas responderiam apenas por culpa.

O Direito Tributário contém regra que prevê a responsabilidade tributária solidária de empresas integrantes de grupos econômicos no caso da exação de contribuições previdenciárias: art. 30, IX, da Lei 8.212/91,[26] Impende colacionar seu teor:

> Art. 30. A arrecadação e o recolhimento das contribuições ou de outras importâncias devidas à Seguridade Social obedecem às seguintes normas:
>
> [...]
>
> IX – as empresas que integram grupo econômico de qualquer natureza respondem entre si, solidariamente, pelas obrigações decorrentes desta Lei;
>
> [...].

---

[26] BRASIL. Lei 8.212, de 24.07.1991. Brasília, DF: Presidência da República, 1991. Disponível em: http://www4.planalto.gov.br/legislacao/. Acesso em: 05 dez. 2019.

A Lei 12.529, de 30.11.2011,[27] que estrutura o Sistema Brasileiro de Defesa da Concorrência, estatui responsabilidade solidária de grupos econômicos no que toca a infrações contra a ordem econômica. Transcreve-se seu art. 33:

Art. 33. Serão solidariamente responsáveis as empresas ou entidades integrantes de grupo econômico, de fato ou de direito, quando pelo menos uma delas praticar infração à ordem econômica.

Por fim, o Código Civil de 2002 passou a contar com dispositivo expresso dessa natureza por meio de alteração efetuada pela hodierna Lei da Liberdade Econômica (Lei 13.874, de 20.09.2019). Essa inovação foi inserida no muito conhecido art. 50 do Código Civil, que trata da desconsideração da personalidade jurídica, cujo novo teor deve ser integralmente colacionado:

Art. 50. Em caso de abuso da personalidade jurídica, caracterizado pelo desvio de finalidade ou pela confusão patrimonial, pode o juiz, a requerimento da parte, ou do Ministério Público, quando lhe couber intervir no processo, desconsiderá-la para que os efeitos de certas e determinadas relações de obrigações sejam estendidos aos bens particulares de administradores ou de sócios da pessoa jurídica beneficiados direta ou indiretamente pelo abuso.

§ 1º Para os fins do disposto neste artigo, desvio de finalidade é a utilização da pessoa jurídica com o propósito de lesar credores e para a prática de atos ilícitos de qualquer natureza.

§ 2º Entende-se por confusão patrimonial a ausência de separação de fato entre os patrimônios, caracterizada por:

I – cumprimento repetitivo pela sociedade de obrigações do sócio ou do administrador ou vice-versa;

II – transferência de ativos ou de passivos sem efetivas contraprestações, exceto os de valor proporcionalmente insignificante; e

III – outros atos de descumprimento da autonomia patrimonial.

§ 3º O disposto no *caput* e nos § § 1º e 2º deste artigo também se aplica à extensão das obrigações de sócios ou de administradores à pessoa jurídica.

---

[27] BRASIL. Lei 12.529, de 30.11.2011. **Estrutura o Sistema Brasileiro de Defesa da Concorrência**. Brasília, DF: Presidência da República, 2011. Disponível em: http://www4. planalto.gov.br/legislacao/. Acesso em: 05 dez. 2019.

§ 4º A mera existência de grupo econômico sem a presença dos requisitos de que trata o *caput* deste artigo não autoriza a desconsideração da personalidade da pessoa jurídica.

§ 5º Não constitui desvio de finalidade a mera expansão ou a alteração da finalidade original da atividade econômica específica da pessoa jurídica. (Grifo nosso).

Antes, o art. 50 do Código Civil não colocava a responsabilização extensiva de grupos econômicos dentro do campo de aplicação da versão tradicional da desconsideração da personalidade jurídica. Cumpre citar sua redação original:

Art. 50. Em caso de abuso da personalidade jurídica, caracterizado pelo desvio de finalidade, ou pela confusão patrimonial, pode o juiz decidir, a requerimento da parte, ou do Ministério Público quando lhe couber intervir no processo, que os efeitos de certas e determinadas relações de obrigações sejam estendidos aos bens particulares dos administradores ou sócios da pessoa jurídica.

Nota-se, desse modo, que os Direitos Civil e Empresarial brasileiros não possuíam uma disposição legal expressa que autorizasse a extensão de responsabilidade da original pessoa jurídica devedora para o seu eventual grupo econômico. Agora, com a nova lei alteradora do Código Civil, essa extensão passará a ter amparo legal quando houver abuso de personalidade jurídica por meio de desvio de finalidade ou de confusão patrimonial. Ou seja, não basta a mera existência de grupo econômico; faz-se necessário que suas empresas integrantes estejam agindo de forma ilícita, em abuso de personalidade.

Sejam de direito ou de fato, os grupos econômicos podem ser submetidos a extensões de responsabilidade de direito material de naturezas diversas, como visto acima. Sendo de direito, o liame de responsabilidade pode ser mais facilmente estabelecido, pois se torna evidente diante do registro na junta comercial. Não obstante, mesmo sendo de fato, o grupo econômico tem sua responsabilidade tratada e reconhecida pelo Direito Brasileiro.

2.4. Desconsideração da personalidade jurídica

Tratar-se-á, neste item, do tema da desconsideração da personalidade jurídica, o que colaborará com o desenvolvimento do objeto deste trabalho.

2.4.1. *Origem anglo-saxã*

Um dos alicerces do Direito Comercial tradicional, sucedido pelo Direito Empresarial, é a autonomia patrimonial das sociedades e empresas em geral com relação aos seus sócios. A personalidade jurídica foi idealizada para que os empreendimentos pudessem ser levados em frente. Os empreendedores precisavam de uma garantia mínima com relação ao risco de empreender. Passou-se a constituir empresas com objeto social definido e capital social estipulado a fim de que a comunidade em geral estivesse ciente dos riscos envolvidos nas relações que viessem a ser travadas. Esse fenômeno econômico-jurídico possui natureza universal e teve início há séculos.

Também há muitas dezenas de anos, verificou-se a necessidade de superação da autonomia patrimonial da empresa em situações excepcionais caracterizadas pelo agir fraudulento, pelo abuso de personalidade jurídica, pelo desvio de sua finalidade ou pela confusão patrimonial com seus sócios ou com outras empresas do seu grupo econômico. Em tais casos, a esfera de proteção patrimonial constituída pela empresa começou a ser superada em benefício da contraparte ludibriada. Registra a Doutrina que a desconsideração da personalidade jurídica teve início no direito anglo-saxão, especialmente no estadunidense, quando foi denominada de *Disregard Doctrine*, sendo também conhecida como *Disregard of Legal Entity Doctrine, Lifting the Veil Doctrine* ou *Piercing the Veil Doctrine*.[28]

O primeiro precedente da desconsideração da personalidade jurídica teria sido o caso *Bank of US v. Deveaux*, de 1809, no qual a Suprema Corte Americana teria levado em conta no julgamento os sócios da sociedade. Quase 80 anos depois, o entendimento veio a ser ratificado no caso *Texas v. Standard Oil Company*, de 1892, em que se aplicou a desconsideração para preservar-se a concorrência entre companhias petrolíferas.[29]

Note-se que há Doutrina que obtempera que o primeiro precedente teria ocorrido em Londres, em 1896, no caso *Salomon v. A. Salomon & Co.* A pessoa jurídica de Aron Salomon, que produzia botas de couro, teria criado uma empresa derivada e emprestado dinheiro para a original com garantia em debêntures. Na posterior liquidação da empresa original, adu-

---

[28] CERVÁSIO, Daniel Bucar. **Desconsideração da personalidade jurídica: panorama e aplicação do instituto no Brasil e nos Estados Unidos da América**. Revista de Direito Civil Contemporâneo, vol. 8/2016, Set. 2016, São Paulo, Editora Revista dos Tribunais, p. 91-113, *passim.*

[29] *Idem. Ibidem, passim.*

ziu o direito de ficar com o ativo sobrante, no que foi contestado pelos efetivos credores, que conseguiram executar seus valores contra o liquidante pessoa física.[30]

No *corporate law* estadunidense, a desconsideração da personalidade jurídica tem como requisitos tradicionais a gestão com fraude, com desvio de função da pessoa jurídica e a conjuntura de confusão patrimonial entre sociedade e sócios. Mais recentemente, Cortes de Nova Iorque estabeleceram uma espécie de protocolo de requisitos necessários à superação da personalidade jurídica de sociedades, o qual é conhecido como "Teste dos Dez Fatores". Afigura-se interessante o seu exame para que se possa comparar o conceito estadunidense com o panorama brasileiro, que será focado adiante. Eis os quesitos desse protocolo pretoriano[31]:

- ausência de formalidade corporativa sobre a sociedade dominada;
- capitalização inadequada;
- se os recursos financeiros são colocados e retirados da sociedade para fins não corporativos;
- se existe uma superposição de patrimônio, direção e pessoal;
- se as companhias envolvidas compartilham escritório e números de telefone;
- quais os limites da discricionariedade da direção da companhia filial;
- se as sociedades se relacionam de forma íntima;
- se as sociedades são tratadas como centro de lucros independentes;
- se o pagamento das dívidas da sociedade controlada é feito pelas controladoras; e
- se o patrimônio da controlada é usado pela controladora como se seu fosse.

Cumpre, agora, centrar foco no panorama nacional.

---

[30] PINTO, Edson Antônio Souza Pontes; GASPERIN, Carlos Eduardo Makoul. **É cabível a instauração do incidente de desconsideração da personalidade jurídica nos casos de responsabilidade tributária de terceiros?** Ainda sobre a incompatibilidade do novo instituto com o direito processual tributário. Revista dos Tribunais, vol. 983/2017, Set/2017. São Paulo: Editora Revista dos Tribunais, p. 291-309, *passim*.

[31] CERVÁSIO, Daniel Bucar. **Desconsideração da personalidade jurídica: panorama e aplicação do instituto no Brasil e nos Estados Unidos da América.** Revista de Direito Civil Contemporâneo, vol. 8/2016, Set. 2016, São Paulo, Editora Revista dos Tribunais, p. 91-113, *passim*.

2.4.2. *Desconsideração da personalidade jurídica no Direito Brasileiro*

Em 1969, o Direito Brasileiro recebeu um estudo doutrinário pioneiro sobre a desconsideração da personalidade jurídica, de lavra do Professor Rubens Requião e denominado "Abuso de direito e fraude através da personalidade jurídica".[32]

Todavia, antes disso, nosso direito positivo já guardava uma regra que tratava da extensão da responsabilidade da sociedade a sócios e administradores. Essa norma, de 1966, era o Código Tributário Nacional (CTN) (Lei 5.172, de 25.10.1966).[33] O mecanismo consistia (e ainda consiste) na instituição da responsabilidade de terceiros, com relação a pessoas jurídicas, nos seus arts. 134 e 135. Como esta hipótese de desconsideração da personalidade jurídica tem relação direta com o âmago deste trabalho (gerando polêmicas até hoje), será enfrentada especificamente depois de arroladas as demais dispostas no Direito Brasileiro.

Seguindo nessa ordem cronológica, a segunda hipótese positiva de desconsideração da personalidade jurídica foi criada em 1990 pelo Código de Defesa do Consumidor (Lei n. 8.078, de 11.09.1990), por meio de seu art. 28, já citado no teor deste trabalho.[34][35] O mecanismo consumerista revelou-se com espectro amplo de aplicação. Estabelece como suas condições a ocorrência, em detrimento do consumidor, de abuso de direito, de excesso

---

[32] REQUIÃO, Rubens. **Abuso de direito e fraude através da personalidade jurídica.** Revista dos Tribunais, ano 58, vol. 410, Dez/1969. São Paulo: Editora Revista dos Tribunais, 1969, p. 12-24.

[33] BRASIL. Lei 5.172, de 25.10.1966. **Institui o Código Tributário Nacional (CTN).** Brasília, DF: Presidência da República, 1966. Disponível em: http://www4.planalto.gov.br/legislacao/. Acesso em: 05 dez. 2019.

[34] "Art. 28. O juiz poderá desconsiderar a personalidade jurídica da sociedade quando, em detrimento do consumidor, houver abuso de direito, excesso de poder, infração da lei, fato ou ato ilícito ou violação dos estatutos ou contrato social. A desconsideração também será efetivada quando houver falência, estado de insolvência, encerramento ou inatividade da pessoa jurídica provocados por má administração. § 1º (Vetado). § 2º As sociedades integrantes dos grupos societários e as sociedades controladas, são subsidiariamente responsáveis pelas obrigações decorrentes deste código. § 3º As sociedades consorciadas são solidariamente responsáveis pelas obrigações decorrentes deste código. § 4º As sociedades coligadas só responderão por culpa. § 5º Também poderá ser desconsiderada a pessoa jurídica sempre que sua personalidade for, de alguma forma, obstáculo ao ressarcimento de prejuízos causados aos consumidores."

[35] BRASIL. Lei 8.078, de 11.09.1990. Institui o **Código de Defesa do Consumidor.** Brasília, DF: Presidência da República, 1990. Disponível em: http://www4.planalto.gov.br/legislacao/. Acesso em: 05 dez. 2019.

de poder, de infração da lei, de fato ilícito, de ato ilícito, de violação dos estatutos, e de violação de contrato social; igualmente dispõe como condições as ocorrências, provocada por má administração, de falência, de estado de insolvência, de encerramento da pessoa jurídica e de inatividade da pessoa jurídica; por fim, também arquiteta como condição a ocorrência de situação na qual a personalidade da pessoa jurídica seja, de alguma forma, obstáculo ao ressarcimento de prejuízos causados aos consumidores. Verificada uma dessas situações, tem-se a consequência, conforme o caso, de extensão da responsabilidade da relação de consumo a bens particulares dos administradores ou sócios da pessoa jurídica responsável.

A terceira hipótese de desconsideração da personalidade jurídica foi instituída, em 1998, pelo art. 4º da Lei n. 9.605 (de 12.02.1998),[36] a qual dispõe sobre as sanções penais e administrativas derivadas de condutas e atividades lesivas ao meio ambiente. Colaciona-se sua redação: "Art. 4º Poderá ser desconsiderada a pessoa jurídica sempre que sua personalidade for obstáculo ao ressarcimento de prejuízos causados à qualidade do meio ambiente."

Nessa conjectura, a condição de sua aplicação seria a utilização ilícita da personalidade jurídica como obstáculo ao ressarcimento de prejuízos causados ao meio ambiente, o que traria como consequência a extensão da responsabilidade ambiental a bens particulares dos administradores ou sócios da pessoa jurídica responsável.

A quarta hipótese, de 2002, é relevantíssima e é a que mais atrai a atenção de nosso meio jurídico, isso por ter lugar no atual Código Civil (Lei n. 10.406, de 10.01.2002). Quando se cuida da desconsideração da personalidade jurídica em diversos ramos jurídicos nacionais, geralmente se leva em conta a redação do art. 50 do Código Civil, que, como já dito, foi alterada pela Lei da Liberdade Econômica (Lei 13.874, de 20.09.2019). A redação original já estabelecia plenamente a possibilidade de desconsideração da personalidade jurídica da empresa devedora. Sua nova redação apenas positivou aspectos que já vinham sendo manejados pela Doutrina e pela Jurisprudência, com o claro intuito de tornar mais criteriosa sua utilização. Pela sua relevância, cumpre repetir a transcrição do teor do mencionado art. 50:

---

[36] BRASIL. Lei 9.605, de 12.02.1988. Brasília, DF: Presidência da República, 1988. Disponível em: http://www4.planalto.gov.br/legislacao/. Acesso em: 05 dez. 2019.

Art. 50. Em caso de abuso da personalidade jurídica, caracterizado pelo desvio de finalidade ou pela confusão patrimonial, pode o juiz, a requerimento da parte, ou do Ministério Público, quando lhe couber intervir no processo, desconsiderá-la para que os efeitos de certas e determinadas relações de obrigações sejam estendidos aos bens particulares de administradores ou de sócios da pessoa jurídica beneficiados direta ou indiretamente pelo abuso.

§ 1º Para os fins do disposto neste artigo, desvio de finalidade é a utilização da pessoa jurídica com o propósito de lesar credores e para a prática de atos ilícitos de qualquer natureza.

§ 2º Entende-se por confusão patrimonial a ausência de separação de fato entre os patrimônios, caracterizada por:

I – cumprimento repetitivo pela sociedade de obrigações do sócio ou do administrador ou vice-versa;

II – transferência de ativos ou de passivos sem efetivas contraprestações, exceto os de valor proporcionalmente insignificante; e

III – outros atos de descumprimento da autonomia patrimonial.

§ 3º O disposto no caput e nos § § 1º e 2º deste artigo também se aplica à extensão das obrigações de sócios ou de administradores à pessoa jurídica.

§ 4º A mera existência de grupo econômico sem a presença dos requisitos de que trata o caput deste artigo não autoriza a desconsideração da personalidade da pessoa jurídica.

§ 5º Não constitui desvio de finalidade a mera expansão ou a alteração da finalidade original da atividade econômica específica da pessoa jurídica.

Suas condições são os abusos de personalidade jurídica caracterizados por desvio de finalidade da empresa e por confusão patrimonial. Traz como efeito a extensão da responsabilidade obrigacional a bens particulares dos administradores ou sócios da pessoa jurídica responsável.

Enfim, em 2011, a Lei n. 12.529 (de 30.11.2011), em seu art. 34, trouxe mecanismo de desconsideração da personalidade jurídica em defesa da concorrência e da ordem econômica:

Art. 34. A personalidade jurídica do responsável por infração da ordem econômica poderá ser desconsiderada quando houver da parte deste abuso de direito, excesso de poder, infração da lei, fato ou ato ilícito ou violação dos estatutos ou contrato social.

As condições de aplicação são similares às do art. 28 do Código de Defesa do Consumidor. Como consequência, tem-se a extensão da responsabilidade por infração à ordem econômica a bens particulares dos administradores ou sócios da pessoa jurídica responsável.

Esse é um rol não exaustivo das principais hipóteses brasileiras de desconsideração da personalidade jurídica apontadas pela Doutrina nacional. Pode haver outras, mas essas geralmente são as lembradas. A do CTN – arts. 134 e 135 – sempre é mencionada.[37]

Agora, cumpre examinar a desconsideração da personalidade jurídica delineada no nosso Direito Tributário.

2.4.3. *Desconsideração da personalidade jurídica no CTN*

Ao tratar da responsabilidade de terceiros, o CTN disciplina situações nas quais sócios, mandatários, prepostos, empregados, diretores, gerentes e representantes de pessoas jurídicas podem ser responsabilizados pelas obrigações tributárias destas. E isso pode acontecer quando tais personagens praticam atos em excesso de poderes ou quando cometem infração de lei, de contrato social ou de estatuto.

Nesses casos mencionados, não parece equivocado afirmar que a regra tributária determina que se supere a autonomia patrimonial da pessoa jurídica devedora para que se alcance o patrimônio das pessoas físicas com ela envolvidas e que tiveram direta participação nos ilícitos cometidos, mormente de sócios e gerentes.

Essa responsabilidade tributária por extensão das pessoas físicas relacionadas à empresa devedora está prevista: quanto aos sócios (de sociedade de pessoas), no art. 134, VII, c/c art. 135, I, do CTN; quantos aos mandatá-

---

[37] Para ilustrar, faz-se referência às seguintes obras: CERVÁSIO, Daniel Bucar. **Desconsideração da personalidade jurídica: panorama e aplicação do instituto no Brasil e nos Estados Unidos da América**. Revista de Direito Civil Contemporâneo, vol. 8/2016, Set/2016, São Paulo, Editora Revista dos Tribunais, p. 91-113; MARINONI, Luiz Guilherme. **Novo código de processo civil comentado**. Luiz Guilherme Marinoni, Sérgio Cruz Arenhart, Daniel Mitidiero, 2. ed. rev., atual. e ampl. São Paulo: Editora Revista dos Tribunais, 2016; NEVES, Daniel Amorim Assumpção. **Novo código de processo civil comentado artigo por artigo**. 2. ed. rev. e atual. Salvador: Editora JusPodivm, 2017, 1.920 p.; e WAMBIER, Teresa Arruda Alvim *et al*. **Primeiros comentários ao novo código de processo civil**: artigo por artigo. Teresa Arruda Alvim Wambier, coordenadora, e Maria Lúcia Lins Conceição, Leonardo Ferres da Silva Ribeiro e Rogério Licastro Torres de Mello, outros autores. 2. ed. rev., atual. e ampl. São Paulo: Editora Revista dos Tribunais, 2016.

rios, prepostos e empregados, no art. 135, II, do CTN; e quanto aos diretores, gerentes ou representantes, no art. 135, III, do CTN.

Faz-se oportuno citar o teor desses artigos:

Art. 134. Nos casos de impossibilidade de exigência do cumprimento da obrigação principal pelo contribuinte, respondem solidariamente com este nos atos em que intervierem ou pelas omissões de que forem responsáveis:

I – os pais, pelos tributos devidos por seus filhos menores;

II – os tutores e curadores, pelos tributos devidos por seus tutelados ou curatelados;

III – os administradores de bens de terceiros, pelos tributos devidos por estes;

IV – o inventariante, pelos tributos devidos pelo espólio;

V – o síndico e o comissário, pelos tributos devidos pela massa falida ou pelo concordatário;

VI – os tabeliães, escrivães e demais serventuários de ofício, pelos tributos devidos sobre os atos praticados por eles, ou perante eles, em razão do seu ofício;

VII – os sócios, no caso de liquidação de sociedade de pessoas.

Parágrafo único. O disposto neste artigo só se aplica, em matéria de penalidades, às de caráter moratório.

Art. 135. São pessoalmente responsáveis pelos créditos correspondentes a obrigações tributárias resultantes de atos praticados com excesso de poderes ou infração de lei, contrato social ou estatutos:

I – as pessoas referidas no artigo anterior;

II – os mandatários, prepostos e empregados;

III – os diretores, gerentes ou representantes de pessoas jurídicas de direito privado.

O art. 134 refere-se a diversas relações que podem ser mantidas entre pessoas físicas, entre pessoas jurídicas e entre umas e outras. Seu inciso VII, entretanto, deixa claro que se cuida de relação mantida entre pessoa física, sócio, e pessoa jurídica, sociedade de pessoas. O seguinte art. 135 também possui esfera de aplicação na relação entre pessoas físicas, mas sua mais relevante dimensão diz respeito às relações mantidas por empresas e pessoas físicas. A dimensão desses dois artigos que se refere à superação da autonomia patrimonial da pessoa jurídica para estender a responsabilidade tributária aos seus sócios e gerentes tem muitas características de uma hipótese de desconsideração da personalidade jurídica. Tal dimensão parece realmente similar – e de mesma natureza – às situações narradas do Direito Estadunidense, bem como com as demais hipóteses legais de desconsideração da personalidade jurídica do Direito Brasileiro, igualmente aqui destacadas. É certo que o CTN não a denomina como desconsideração da personalidade jurídica, mas sabe-se que, para as instituições jurídicas, mais valem suas naturezas do que suas nomenclaturas. Parte da Doutrina nacional tem essa mesma compreensão de que o CTN disciplina, nesse ponto destacado, hipótese de desconsideração da personalidade jurídica.[38] Para ilustrar essa linha de pensamento, cita-se trecho de respeitada Doutrina tributária que trata dos arts. 134 e 135 do CTN como hipótese brasileira de desconsideração da personalidade jurídica[39]:

> [...] *Responsabilidade dos sócios*
> Esta matéria merece ser examinada em item destacado, por sua relevância prática, pois presente no dia-a-dia da prática do Direito Tributário nos foros.
> Quando podem os sócios, gerentes ou administradores ser responsabilizados pessoalmente por tributos devidos por pessoas jurídicas?
> Tal responsabilidade tem origem na doutrina do *disregard* (*disregard of legal entity*) ou *desconsideração da pessoa jurídica*, que se desenvolveu no direito norte-americano. Juízes e tribunais, verificando que a ficção da personalidade autônoma das pessoas jurídica e a limitação a estas da responsabilidade por suas obrigações, distinta da responsabilidade pessoal de seus sócios, estavam sendo

[38] Nessa senda: CERVÁSIO, Daniel Bucar. **Desconsideração da personalidade jurídica: panorama e aplicação do instituto no Brasil e nos Estados Unidos da América**. Revista de Direito Civil Contemporâneo, vol. 8/2016, Set/2016, São Paulo, Editora Revista dos Tribunais, p. 91-113; DIFINI, Luiz Felipe Silveira. **Manual de Direito Tributário**. 4. ed. atual. São Paulo: Saraiva, 2008. 363 p.; **MARINONI**, Luiz Guilherme. **Novo código de processo civil comentado**. Luiz Guilherme Marinoni, Sérgio Cruz Arenhart, Daniel Mitidiero, 2. ed. rev., atual. e ampl. São Paulo: Editora Revista dos Tribunais, 2016; NEVES, Daniel Amorim Assumpção. **Novo código de processo civil comentado artigo por artigo**. 2. ed. rev. e atual. Salvador: Editora JusPodivm, 2017, 1.920 p.; e WAMBIER, Teresa Arruda Alvim *et al*. **Primeiros comentários ao novo código de processo civil**: artigo por artigo. Teresa Arruda Alvim Wambier, coordenadora, e Maria Lúcia Lins Conceição, Leonardo Ferres da Silva Ribeiro e Rogério Licastro Torres de Mello, outros autores, 2. ed. rev., atual. e ampl. São Paulo: Editora Revista dos Tribunais, 2016.

[39] DIFINI, Luiz Felipe Silveira. **Manual de Direito Tributário**. 4. ed. atual. São Paulo: Saraiva, 2008. 363 p., p. 217.

utilizadas de forma abusiva para a prática de fraudes contra os interesses dos credores, passaram a desconsiderar a personalidade jurídica e atribuir responsabilidade pessoal aos sócios pelas dívidas da pessoa jurídica.

A doutrina do *disregard*, como originalmente concebida (atribuição de responsabilidade pessoal aos sócios, desconsiderando-se a personalidade jurídica da sociedade, e decorrente limitação de responsabilidade, independe de norma legal a respeito), não tem aplicação no direito brasileiro atual. **Mas a legislação nacional incorporou normas que positivaram a possibilidade de responsabilização pessoal dos sócios por obrigações de sociedades**: assim, no direito comercial, antes a regra do art. 10 do Decreto n. 3.708, de 10 de janeiro de 1919, que tratava das sociedades por quotas de responsabilidade limitada, agora, o art. 1.080 do Código Civil, quanto às sociedades limitadas, do art. 158, *caput*, da Lei n. 6.404/76, quanto às sociedades anônimas, e dos **arts. 134, VII, e 135, III, do Código Tributário Nacional**.

Estes últimos determinaram haver responsabilidade dos sócios, no caso de dissolução de sociedades de pessoas (art. 134, II), e dos diretores, gerentes ou representantes de pessoas jurídicas de direito privado, pelos créditos tributários resultantes de atos praticados com excesso de poderes ou infração de lei, contrato social ou estatutos (art. 135, III). (Grifos nossos).

Todavia, outra parte da Doutrina compreende a questão de forma diferente. Entendem alguns doutrinadores que o CTN trataria de uma responsabilidade tributária direta e pessoal de pessoas que se relacionam com a empresa e que isso não teria relação lógica com a desconsideração da personalidade jurídica da empresa devedora.[40] Respeitosamente, entende-se que esse argumento está assentado em premissa equivocada. Todas as hipóteses de desconsideração da personalidade jurídica examinadas neste trabalho – e que pertencem a diversos ramos de direito material – depen-

---

[40] Nesse sentido: CONRADO, Paulo Cesar. **Execução fiscal**. 2ª ed., São Paulo: Noeses, 2015, p. 64; PINTO, Edson Antônio Souza Pontes; GASPERIN, Carlos Eduardo Makoul. **É cabível a instauração do incidente de desconsideração da personalidade jurídica nos casos de responsabilidade tributária de terceiros?** Ainda sobre a incompatibilidade do novo instituto com o direito processual tributário. Revista dos Tribunais, vol. 983/2017, Set/2017, São Paulo, Editora Revista dos Tribunais, p. 291-309; e BOMFIM, Gilson Pacheco; BERTAGNOLLI, Ilana. **Da não aplicação do incidente de desconsideração da personalidade jurídica aos casos de responsabilização tributária por ato ilícito**. Revista de Direito Privado, vol. 78/2017, Jun/2017, São Paulo, Editora Revista dos Tribunais, p. 169-188.

RESPONSABILIDADE TRIBUTÁRIA DE GRUPOS ECONÔMICOS

dem e decorrem diretamente de lei, inclusive a mais renomada e prevista no art. 50 do Código Civil. Sem a previsão legal de superação da autonomia patrimonial da pessoa jurídica, em cada ramo de direito material, não haveria desconsideração da personalidade jurídica no Brasil. Em todas as situações legais examinadas, afasta-se a personalidade jurídica da empresa para que seus sócios e gestores sejam responsabilizados. A cada caso, pode-se alterar a forma e o sujeito com poder para operar a desconsideração. Por exemplo, no caso do CTN, o mais antigo, a desconsideração pode se dar no âmbito administrativo-fiscal ou em juízo, podendo ser realizada pela autoridade administrativa ou pelo juiz, se provocado. No Código de Defesa do Consumidor, somente pode ocorrer em juízo, podendo o juiz agir de ofício, inclusive, tudo por disposição legal. Já no Código Civil, a desconsideração igualmente somente pode ocorrer em juízo, mas não pode se dar de ofício, devendo o juiz ser provocado por alguma das partes. Em suma, o que se está asseverando neste trabalho é que a previsão legal do CTN constante de seus arts. 134 e 135, nas dimensões acima examinadas, configura, por natureza, hipótese de desconsideração da personalidade jurídica, ainda que tenha outro nome jurídico e que se concretize nos termos singulares postos na lei tributária.

2.5. Sujeição passiva tributária da empresa: contribuinte, responsabilidade tributária e solidariedade tributária

O CTN disciplina a sujeição passiva tributária a partir de seu art. 121, cujo teor cumpre citar:

> Art. 121. Sujeito passivo da obrigação principal é a pessoa obrigada ao pagamento de tributo ou penalidade pecuniária.
>
> Parágrafo único. O sujeito passivo da obrigação principal diz-se:
>
> I – contribuinte, quando tenha relação pessoal e direta com a situação que constitua o respectivo fato gerador;
>
> II – responsável, quando, sem revestir a condição de contribuinte, sua obrigação decorra de disposição expressa de lei.

Ressai desse dispositivo a instituição de duas figuras tributárias: contribuinte e responsável tributário. Contribuinte é a pessoa física ou jurídica que tenha relação pessoal e direta com o fato gerador. É o autor do ato ou está imbrincado na sua realização. O responsável tributário não precisa ter essa proximidade toda com o fato gerador, apesar de, geralmente, estar

CONCEITOS JURÍDICOS RELEVANTES DE DIREITO EMPRESARIAL E DE DIREITO...

próximo. Para que se coloque nessa situação jurídica, é necessário que a lei tributária assim preveja. Refere o Professor Luiz Felipe Silveira Difini,

Para o Código, o sujeito passivo pode ser contribuinte ou responsável (art. 121, parágrafo único). Em verdade, ainda pode ser substituto ou sucessor.

Quanto às figuras do contribuinte e do substituto (ou substituto legal tributário) há sujeição passiva direta, pois esses sujeitos passivos têm vinculação pessoal e direta ao fato gerador; já o responsável e o sucessor tributário não têm vinculação com o fato gerador, resultando sua obrigação de disposição expressa de lei.[41]

Os arts. 134 e 135 do CTN elencam diversas situações que situam terceiros nessa categoria jurídica de responsável tributário. Impende colacionar seu teor novamente:

Art. 134. Nos casos de impossibilidade de exigência do cumprimento da obrigação principal pelo contribuinte, respondem solidariamente com este nos atos em que intervierem ou pelas omissões de que forem responsáveis:

I – os pais, pelos tributos devidos por seus filhos menores;

II – os tutores e curadores, pelos tributos devidos por seus tutelados ou curatelados;

III – os administradores de bens de terceiros, pelos tributos devidos por estes;

IV – o inventariante, pelos tributos devidos pelo espólio;

V – o síndico e o comissário, pelos tributos devidos pela massa falida ou pelo concordatário;

VI – os tabeliães, escrivães e demais serventuários de ofício, pelos tributos devidos sobre os atos praticados por eles, ou perante eles, em razão do seu ofício;

VII – os sócios, no caso de liquidação de sociedade de pessoas.

Parágrafo único. O disposto neste artigo só se aplica, em matéria de penalidades, às de caráter moratório.

Art. 135. São pessoalmente responsáveis pelos créditos correspondentes a obrigações tributárias resultantes de atos praticados com excesso de poderes ou infração de lei, contrato social ou estatutos:

---

[41] DIFINI, Luiz Felipe Silveira. **Manual de Direito Tributário**. 4. ed. atual. São Paulo: Saraiva, 2008. 363 p., p. 213.

I – as pessoas referidas no artigo anterior;

II – os mandatários, prepostos e empregados;

III – os diretores, gerentes ou representantes de pessoas jurídicas de direito privado.

A lei tributária não pode ser arbitrária na definição da pessoa que figurará como responsável tributário. Ela certamente não tem participação direta no fato gerador, como o tem o contribuinte. Mas alguma relação jurídica com este o imputado responsável deve integrar. Doutrina o Professor Paulo de Barros Carvalho que a pessoa apontada como responsável tributária é colocada nessa situação como decorrência de um mecanismo similar a uma sanção.[42] A ela competiria algum comportamento desejado pela lei. Em sua falta, surgiria a responsabilidade tributária. É exatamente o que se apreende do exame dos acima citados arts. 134 e 135 do CTN. Por exemplo, se o sócio ou gerente da empresa pratica ato com excesso de poderes ou em infração do contrato social, torna-se responsável pelo tributo não-pago por ela. "Nosso entendimento é no sentido de que as relações jurídicas integradas por sujeitos passivo alheios ao fato tributado apresentam a natureza de sanções administrativas".[43]

O art. 134 contém uma impropriedade técnica. Utiliza o advérbio "solidariamente", mas é pacífico que essa responsabilidade é subsidiária:

> Ainda que o dispositivo disponha no sentido de que 'respondem solidariamente', o que poderia induzir à inexistência do benefício de ordem, a referência a caso de 'impossibilidade de exigência do cumprimento da obrigação principal pelo contribuinte' assegura ao responsável que só poderá ser exigido após o contribuinte, subsidiariamente, com benefício de ordem.[44]

Na hipótese do art. 135, entende-se que se cuida efetivamente de responsabilidade pessoal do terceiro, sem benefício de ordem:

> A responsabilidade do art. 135 do CTN é pessoal, excluindo a do contribuinte. No momento em que é constatada infração à lei, contrato social ou

---

[42] CARVALHO, Paulo de Barros. **Curso de Direito Tributário**. 7. ed. atual. – São Paulo: Saraiva, 1995, p. 222-223.

[43] *Idem. Ibidem*, p. 222.

[44] PAULSEN, Leandro. **Direito Tributário: Constituição e Código Tributário à luz da Doutrina e da Jurisprudência**. 9. ed. rev. atual. – Porto Alegre: Livraria do Advogado: ESMAFE, 2007b, p. 914.

CONCEITOS JURÍDICOS RELEVANTES DE DIREITO EMPRESARIAL E DE DIREITO...

estatutos, salvo se beneficiado diretamente o contribuinte, hipótese em que incidirá o art. 124, I, do CTN, a execução deverá ser proposta ou prosseguir apenas contra o responsável tributário, único legitimado a suportá-la, não se podendo reconhecer, em seu favor, o chamado benefício de ordem.[45]

O CTN também trata da responsabilidade tributária solidária. Cabe colacionar seu art. 124:

> Art. 124. São solidariamente obrigadas:
>
> I – as pessoas que tenham interesse comum na situação que constitua o fato gerador da obrigação principal;
>
> II – as pessoas expressamente designadas por lei.
>
> Parágrafo único. A solidariedade referida neste artigo não comporta benefício de ordem.

Distingue o CTN duas situações de solidariedade. Na primeira, a do inciso I do referido art. 124, fica claro que o responsável deve apresentar proximidade ao fato gerador. Utiliza-se a expressão "interesse comum" para caracterizar essa situação. Esse interesse comum deve significar uma relação direta com a situação do fato gerador. Ele deve ressair imediatamente do fato gerador, sem a necessidade de intermediações, como, por exemplo, de definição específica na lei instituidora do tributo. É chamada de "solidariedade de fato". A solidariedade decorrente de lei já é objeto do inciso II desse artigo 124. Ela necessita de intermediação da lei tributária, que dispõe um terceiro como responsável pelo pagamento do tributo. É chamada de "solidariedade de direito".

A obrigação solidária é um conceito tradicional de Direito Civil. O Código Civil de 2002 dispõe:

> Art. 264. Há solidariedade, quando na mesma obrigação concorre mais de um credor, ou mais de um devedor, cada um com direito, ou obrigado, à dívida toda.
>
> Art. 265. A solidariedade não se presume; resulta da lei ou da vontade das partes.

---

[45] PAULSEN, Leandro. **Direito processual tributário: processo administrativo fiscal e execução fiscal à luz da doutrina e da jurisprudência.** Leandro Paulsen, René Bergmann Ávila, Ingrid Schroder Sliwka. 4. ed. rev. atual. – Porto Alegre: Livraria do Advogado Ed., 2007a, p. 237.

O conceito de solidariedade não pode e não deve ser alterado pelo Direito Tributário, contudo, seus efeitos fiscais podem ser disciplinados. Observados os ditames dos arts. 109 e 110 do CTN, no Direito Tributário, a solidariedade sempre é passiva, nunca ativa. Aqui ela sempre resulta de lei, nunca da vontade das partes, seja da lei conformadora do fato gerador, ou da lei que eleja terceiro como responsável. Enuncia Luciano Amaro sobre o tema,

> Sabendo-se que a eleição de terceiro como responsável supõe que ele seja *vinculado* ao fato gerador (art. 128), é preciso distinguir, de um lado, as situações em que a responsabilidade do terceiro deriva do fato de ele ter 'interesse comum' no fato gerador (o que dispensa previsão na lei instituidora do tributo) e, de outro, as situações em que o terceiro tenha *algum outro interesse* (melhor se diria, as situações com as quais ele tenha algum *vínculo*) em razão do qual ele possa ser eleito como responsável. Neste segundo caso é que a responsabilidade solidária do terceiro dependerá de a lei expressamente a estabelecer.[46]

Um exemplo que vem sendo utilizado sobre o interesse comum do art. 124, I, do CTN é a situação da copropriedade de um imóvel por duas pessoas. Ambas seriam sujeitos passivos e contribuintes do imposto sobre a propriedade territorial do imóvel único. E ambas também seriam responsáveis solidárias pelo pagamento do todo devido. Faz-se oportuno gizar: a solidariedade de fato vincula duas pessoas que são contribuintes igualmente do tributo. Ambas possuem relação direta com o fato gerador. Ambas o praticaram e sofreram ou beneficiaram-se de seus efeitos.

Outrossim, como já anotado, o art. 124, II, do CTN prevê que a lei da exação possa definir o responsável solidário. Ele precisa ter algum "outro interesse" no fato gerador que não seja aquele "interesse comum" já utilizado no inciso anterior. Para ilustrar, na alienação de imóvel, a lei poderia, hipoteticamente, eleger como contribuinte qualquer uma das partes, vendedor ou comprador (art. 42 do CTN). Eleito um desses, o outro somente poderia ser responsável solidário se existisse disposição legal expressa nesse sentido. Entre vendedor e comprador não existiria interesse comum, pelo contrário, os interesses são diametralmente opostos, pois um quer vender e o outro, comprar. Neste caso, para haver solidariedade, a lei pre-

---

[46] AMARO, Luciano. **Direito tributário brasileiro.** 11. ed. rev. e atual. – São Paulo: Saraiva, 2005, p. 315.

cisaria a prever expressamente, tipificando vendedor e comprador como responsáveis pela integralidade da exação.

Nenhum terceiro pode ser colocado no polo passivo de uma relação tributária sem uma razão jurídica relevante. Assim, na solidariedade de direito, também se faz presente um temperamento sancionatório na eleição que o legislador faz de sua utilização. Quem for colocado como responsável tributário solidário por disposição de lei é porque praticou algum ato ilícito, que induziu tal situação. Se não possui relação jurídica direta com o fato gerador, faltou em alguma relação jurídica secundária que com este tinha algum vínculo:

> [...] devemos entender que os devedores solidários instituídos pela lei, e estranhos ao evento jurídico-tributário, não são, na verdade, componentes daquele liame obrigacional, mas de outro, de cunho sancionatório, que irrompe à luz pelo descumprimento de algum dever. Ninguém pode ser compelido a pagar tributo sem que tenha realizado, ou participado da realização de um fato, definido como tributário pela lei competente. E a prova *ad rem* dessa afirmação está nos numerosos exemplos que o direito positivo brasileiro oferece. Simplesmente em todas as hipóteses de responsabilidade solidária, veiculadas pelo Código Tributário Nacional, em que o coobrigado não foi escolhido no quadro da concretude fáctica, peculiar ao tributo, ele ingressa como tal por haver descumprido dever que lhe cabia observar.[47]

Diante disso, e por fim, cabe deixar assentado que as pessoas jurídicas possuem capacidade para figurarem nas funções passivas de contribuinte e de responsável, sendo também abarcadas pela solidariedade, tanto de fato como de direito, nas relações jurídico-tributárias por elas travadas.

2.6. Lançamento tributário
Tratar-se-á, neste item, do tema do lançamento tributário, o que colaborará com o desenvolvimento do objeto deste trabalho.

2.6.1. *Lançamento tributário: ponderações iniciais*
O CTN disciplina o procedimento de elaboração do crédito fiscal por meio do lançamento tributário. Esse ato administrativo fiscal é essencial à carac-

---

[47] CARVALHO, Paulo de Barros. **Curso de Direito Tributário**. 7. ed. atual. – São Paulo: Saraiva, 1995, p. 218.

terização da relação jurídica material que vincula Estado e contribuinte, a qual se denomina obrigação tributária. O lançamento tributário apresenta-se em três espécies, que serão revisitadas neste trabalho. Fisco e contribuinte possuem participação na sua formação. Depois de elaborado o lançamento, pode ser revisado pelo Fisco em circunstâncias arroladas pelo CTN, em seu art. 149. Uma dessas conjecturas é a possibilidade de revisão do lançamento tributário em razão de ocorrência de dolo, fraude ou simulação praticada pelo contribuinte ou por terceiro em seu favor: art. 149, VII, do CTN. Essa possibilidade de revisão do lançamento tributário é relevante, porque envolve esses três conceitos normativos de Direito Civil que precisam ser compreendidos a fim de que seus efeitos tributários sejam delineados. No Direito Tributário, as ferramentas teóricas necessitam ser objetivamente definidas, porque se lida cotidianamente com os lindes dos direitos constitucionais de propriedade e de livre iniciativa e com a própria legalidade. Nesse contexto, mostra-se importante tentar melhor compreender os conceitos de dolo, fraude e de simulação, e seus efeitos no Direito Tributário, num panorama normativo no qual podem ser geradas majorações da expropriação de patrimônio do contribuinte.

2.6.2. *Lançamento tributário: breve definição*
O lançamento tributário é o ato administrativo da autoridade fiscal que formaliza e que perfectibiliza o crédito tributário. No CTN, o lançamento é tratado nessa concepção principal, mas também é utilizado para indicar o procedimento administrativo que culmina com a caracterização formal do crédito tributário. Também apresenta, então, uma dimensão processual, entretanto, sua principal significação é a de ato administrativo. No processo judicial, tem-se o processo propriamente dito e a sentença. No procedimento administrativo fiscal, tem-se o procedimento fiscal propriamente dito e o lançamento tributário. Cumpre colacionar o art. 142 do CTN:

> Art. 142. Compete privativamente à autoridade administrativa constituir o crédito tributário pelo lançamento, assim entendido o procedimento administrativo tendente a verificar a ocorrência do fato gerador da obrigação correspondente, determinar a matéria tributável, calcular o montante do tributo devido, identificar o sujeito passivo e, sendo caso, propor a aplicação da penalidade cabível.
>
> Parágrafo único. A atividade administrativa de lançamento é vinculada e obrigatória, sob pena de responsabilidade funcional.

Esse é o artigo do CTN que trata, de forma inaugural, do lançamento tributário. Ele utiliza a dimensão processual do lançamento no *caput*. Em outros dispositivos, o CTN também usa a dimensão material da expressão, que, como dito, significa ato administrativo fiscal.

O dispositivo utiliza o verbo *constituir* como se o ato constituísse o crédito tributário. A Doutrina, de forma majoritária, entende que o lançamento apenas declara o crédito tributário, que já havia nascido no mundo fenomênico desde o fato gerador. Sobre a natureza declaratória do lançamento tributário, ensina Aliomar Baleeiro,

> O Código Tributário Nacional pode induzir em equívoco quem lê na testa do Capítulo II do Título III, a rubrica *"Constituição do Crédito Tributário"* e, no art. 142: "Compete privativamente à autoridade administrativa *constituir* o crédito tributário...".
>
> Constituir o crédito tributário e não a obrigação tributária principal.
>
> Daí não decorre que o legislador brasileiro haja reconhecido caráter *constitutivo*, e não *declaratório*, ao lançamento. O disposto nos arts. 143 e 144 do Código Tributário Nacional evidencia que êle próprio atribui ao lançamento efeitos de ato declaratório. E os trabalhos da Comissão do Projeto ARANHA--R. G. SOUZA são claros a êsse respeito, não obstante as perplexidades atribuídas por FALCÃO a seu ilustre autor.
>
> A noção de ato *constitutivo* se avizinha do conceito do artigo 81 do C. C.: é todo ato lícito que tem por fim imediato adquirir, modificar ou extinguir direito. Realizados êsses fins, os de criar, alterar ou abolir uma situação jurídica, constituindo-a, êle se projeta de sua data em diante para o futuro (*ex nunc*).
>
> Já o ato *declaratório* não cria, não extingue, nem altera um direito. Êle apenas determina, faz certo, apura, ou reconhece um direito preexistente, espancando dúvidas e incertezas.
>
> Seus efeitos recuam até a data do ato ou fato por êle declarado ou reconhecido (*ex tunc*). Pode comparar-se com o processo de liquidação e execução depois da fase cognoscitiva.
>
> Daí, a importância prática de estabelecer-se a natureza jurídica do *lançamento*, porque seus efeitos seriam diversos se fôsse constitutivo e não declaratório.
>
> Houve de início, controvérsia sôbre êsse assunto relevante, mas hoje pode considerar-se pacificado tanto na doutrina brasileira quanto na maior parte da estrangeira.[48]

---

[48] BALEEIRO, Aliomar. **Direito tributário brasileiro**. 7ª Ed. Rio de Janeiro: Forense, 1975, p. 443-444.

Mizabel Abreu Machado Derzi conceitua lançamento tributário com as seguintes letras:

> Podemos dizer que o *lançamento é ato jurídico administrativo vinculado e obrigatório, de individuação e concreção da norma tributária ao caso concreto (ato aplicativo), desencadeando efeitos confirmatórios-extintivos (no caso de homologação do pagamento) ou conferindo exigibilidade ao direito de crédito que lhe é preexistente para fixar-lhe os termos e possibilitar a formação do título executivo.*[49]

O art. 145 do CTN adota o princípio da inalterabilidade do lançamento tributário regularmente notificado ao sujeito passivo:

> Art. 145. O lançamento regularmente notificado ao sujeito passivo só pode ser alterado em virtude de:
> I – impugnação do sujeito passivo;
> II – recurso de ofício;
> III – iniciativa de ofício da autoridade administrativa, nos casos previstos no artigo 149.

O fato de poder ainda ser impugnado não retira a definitividade do lançamento tributário. Formalizado, apresenta-se como definitivo, podendo ser impugnado administrativamente ou revisado de ofício nas hipóteses arroladas pelo art. 149 também do CTN. O lançamento é passível de revisão, porque, como qualquer ato humano, pode conter defeitos. Pode estar em desacordo com algum de seus pressupostos formais ou materiais. Se for o caso, será anulável pela própria Administração ou por iniciativa do sujeito passivo. O art. 145 trata dessas hipóteses, importando para este trabalho a revisão de ofício desenhada no subsequente art. 149, especialmente a decorrente de dolo, fraude ou simulação, delineada no seu inc. VII. Mas antes de adentrar diretamente revisão de ofício, cumpre tecer algumas linhas sobre as três espécies de lançamento tributário.

2.6.3. *Modalidades de lançamento tributário*
O CTN prevê três espécies ou modalidades de lançamento tributário: lançamento por declaração, lançamento de ofício e lançamento por homolo-

---

[49] Derzi, Misabel Abreu Machado. Constituição do crédito tributário. *In:* MARTINS, Ives Gandra da Silva, e outros **Comentários ao código tributário nacional**. Rio de Janeiro: Forense, 1998, p. 355.

gação. Estão previstos, respectivamente, nos arts. 147, 149 e 150. Cumpre citar o texto desses dispositivos:

Art. 147. O lançamento é efetuado com base na declaração do sujeito passivo ou de terceiro, quando um ou outro, na forma da legislação tributária, presta à autoridade administrativa informações sobre matéria de fato, indispensáveis à sua efetivação.

§ 1º A retificação da declaração por iniciativa do próprio declarante, quando vise a reduzir ou a excluir tributo, só é admissível mediante comprovação do erro em que se funde, e antes de notificado o lançamento.

§ 2º Os erros contidos na declaração e apuráveis pelo seu exame serão retificados de ofício pela autoridade administrativa a que competir a revisão daquela.
[...]
Art. 149. O lançamento é efetuado e revisto de ofício pela autoridade administrativa nos seguintes casos:

I – quando a lei assim o determine;

II – quando a declaração não seja prestada, por quem de direito, no prazo e na forma da legislação tributária;

III – quando a pessoa legalmente obrigada, embora tenha prestado declaração nos termos do inciso anterior, deixe de atender, no prazo e na forma da legislação tributária, a pedido de esclarecimento formulado pela autoridade administrativa, recuse-se a prestá-lo ou não o preste satisfatoriamente, a juízo daquela autoridade;

IV – quando se comprove falsidade, erro ou omissão quanto a qualquer elemento definido na legislação tributária como sendo de declaração obrigatória;

V – quando se comprove omissão ou inexatidão, por parte da pessoa legalmente obrigada, no exercício da atividade a que se refere o artigo seguinte;

VI – quando se comprove ação ou omissão do sujeito passivo, ou de terceiro legalmente obrigado, que dê lugar à aplicação de penalidade pecuniária;

VII – quando se comprove que o sujeito passivo, ou terceiro em benefício daquele, agiu com dolo, fraude ou simulação;

VIII – quando deva ser apreciado fato não conhecido ou não provado por ocasião do lançamento anterior;

IX – quando se comprove que, no lançamento anterior, ocorreu fraude ou falta funcional da autoridade que o efetuou, ou omissão, pela mesma autoridade, de ato ou formalidade especial.

Parágrafo único. A revisão do lançamento só pode ser iniciada enquanto não extinto o direito da Fazenda Pública.

RESPONSABILIDADE TRIBUTÁRIA DE GRUPOS ECONÔMICOS

Art. 150. O lançamento por homologação, que ocorre quanto aos tributos cuja legislação atribua ao sujeito passivo o dever de antecipar o pagamento sem prévio exame da autoridade administrativa, opera-se pelo ato em que a referida autoridade, tomando conhecimento da atividade assim exercida pelo obrigado, expressamente a homologa.

§ 1º O pagamento antecipado pelo obrigado nos termos deste artigo extingue o crédito, sob condição resolutória da ulterior homologação ao lançamento.

§ 2º Não influem sobre a obrigação tributária quaisquer atos anteriores à homologação, praticados pelo sujeito passivo ou por terceiro, visando à extinção total ou parcial do crédito.

§ 3º Os atos a que se refere o parágrafo anterior serão, porém, considerados na apuração do saldo porventura devido e, sendo o caso, na imposição de penalidade, ou sua graduação.

4º Se a lei não fixar prazo a homologação, será ele de cinco anos, a contar da ocorrência do fato gerador; expirado esse prazo sem que a Fazenda Pública se tenha pronunciado, considera-se homologado o lançamento e definitivamente extinto o crédito, salvo se comprovada a ocorrência de dolo, fraude ou simulação. (Grifos nossos).

No mundo dos fatos, tem-se três situações que se referem à realização do lançamento tributário: apuração do tributo pelo sujeito ativo, apuração do tributo pelo sujeito passivo e apuração do tributo pela atuação conjunta de ambos. Essas situações estão refletidas no CTN e dependem da natureza dos tributos e de escolhas operadas pelo legislador.

No lançamento por declaração (tratado no art. 147), o sujeito passivo registra os dados fáticos que sejam relevantes à consecução pela autoridade administrativa do ato de lançamento propriamente dito. Se o declarante indicar fatos verdadeiros, e não omitir fatos que deva declarar, a autoridade administrativa terá todos os elementos necessários à efetivação do lançamento. Nesta modalidade, o sujeito passivo valoriza fatos e efetua operações necessárias à quantificação do montante do tributo. Contudo, só haverá lançamento quando a autoridade, à vista das informações contidas na declaração, efetivar, documentadamente, o ato de lançamento, do qual se dá ciência ao sujeito passivo para tornar exigível o tributo.[50]

---

[50] AMARO, Luciano. **Direito tributário brasileiro.** 11. ed. rev. e atual. – São Paulo: Saraiva, 2005, p. 358.

No art. 149, cuida-se do lançamento de ofício e da revisão de ofício de lançamento anteriormente feito. O artigo prevê situações em que compete à autoridade proceder de ofício ao lançamento original, como de casos nos quais lhe cabe efetuar a revisão de lançamento anteriormente realizado.[51] A hipótese de revisão de ofício do lançamento por ocorrência de dolo, fraude ou simulação, delineada no inciso VII do artigo, é objeto central deste trabalho e será analisada em item próprio.

Por fim, no art. 150, trata-se do lançamento por homologação, que versa sobre tributos que, por sua natureza, têm o recolhimento exigido do devedor independentemente de prévia manifestação do sujeito ativo, isto é, sem que o sujeito ativo deva lançar para tornar exigível a prestação tributária.[52] O imposto de renda é um exemplo tradicional de tributo no qual se aplica o lançamento por homologação.[53]

2.6.4. *Revisão do lançamento tributário por dolo, fraude ou simulação*

O art. 149 do CTN, além de disciplinar o lançamento de ofício, também regula a revisão do lançamento feito pelo sujeito passivo, seja por declaração, seja por homologação, mas que contenha algum vício. O dispositivo, nos seus nove incisos, arrola situações nas quais é adequado o lançamento de ofício original, bem assim nas quais cabe a realização de revisão dos atos de apuração do tributo feitos pelo sujeito passivo e que não são considerados corretos pelo Fisco. Esse rol não é exaustivo, admitindo-se que a pessoa política competente (União, Estados ou Municípios) o estenda por meio de lei ordinária.[54]

É relevante para este trabalho a hipótese de revisão, pela autoridade fiscal, do lançamento feito pelo sujeito passivo que contenha dolo, fraude ou simulação, conjectura que é cuidada pelo inciso VII do analisado art. 149. Doutrinou Aliomar Baleeiro sobre essa situação:

> O inciso VII também se endereça ao sujeito passivo e ao terceiro, mas refere-se a êste somente quando age para beneficiar aquêle. Não é impossível a fraude ou dolo do terceiro, sem êsse objetivo ou sem êsse resultado.

---

[51] AMARO, Luciano. **Direito tributário brasileiro.** 11. ed. rev. e atual. – São Paulo: Saraiva, 2005, p. 360.

[52] *Idem. Ibidem*, p. 362.

[53] BALEEIRO, Aliomar. **Direito tributário brasileiro.** 7ª Ed. Rio de Janeiro: Forense, 1975, p. 462.

[54] DERZI, Misabel Abreu Machado. Constituição do crédito tributário. *In:* MARTINS, Ives Gandra da Silva, e outros **Comentários ao código tributário nacional**. Rio de Janeiro: Forense, 1998, p. 395.

A fraude implica sempre na existência do dolo. A simulação pode ser inocente, quer do ponto de vista civil, quer do ponto de vista fiscal. Naturalmente o Código Tributário Nacional quis referir-se só à que visou a prejudicar à arrecadação, ou, não visando a isso, tem êsse efeito.[55]

Luciano Amaro também escreve a respeito:

> No item VII, nada há que autonomize a hipótese ali descrita. A circunstância de alguém ter agido com dolo, fraude ou simulação não é, por si só, passível de lançamento de ofício. Trata-se apenas de matizes subjetivos da *conduta* do indivíduo. É em relação a essa conduta que se deve perquirir a existência de tributo lançável ou de lançamento revisável. A presença de dolo, fraude ou simulação poderá influir na aplicação ou graduação da penalidade porventura cominada para a conduta censurada.[56]

Se o sujeito passivo da obrigação realizou seu ato prévio de apuração do tributo utilizando dolo, fraude ou simulação com a intenção de evasão, o Fisco pode revisar plenamente essa situação para lançar de ofício e buscar o montante adequado. O espectro desse poder-dever de revisão do ato do sujeito passivo é amplo. Pode desdobrar-se da revisão de uma simples omissão de um pequeno aspecto do fato gerador até a desconsideração, por dolo, fraude ou simulação, de algum negócio jurídico sem propósito negocial que tenha sido realizado para mascarar o fato real e gerar evasão do tributo devido.

Por isso, releva examinar os conceitos normativos de dolo, fraude e simulação e seus efeitos no Direito Tributário.

2.6.5. *Ponderações sobre dolo, fraude e simulação*

No Direito Civil, o "dolo" é um dos defeitos ou vícios que podem estar presentes nos negócios jurídicos. Segundo o art. 147 do Código Civil, os negócios jurídicos são anuláveis por dolo, quando este for a sua causa. O dolo é expediente ou estratégia astuciosa direcionada no sentido de induzir alguém à prática de um ato que lhe pode causar prejuízos, em

---

[55] BALEEIRO, Aliomar. **Direito tributário brasileiro**. 7ª Ed. Rio de Janeiro: Forense, 1975, p. 458.

[56] AMARO, Luciano. **Direito tributário brasileiro**. 11. ed. rev. e atual. – São Paulo: Saraiva, 2005, p. 361-362.

benefício de quem realiza a ação intencional de engodo ou em benefício de terceiro a quem o ato viciado possa interessar.[57] Pedro Nunes conceitua que dolo é "todo artifício malicioso que uma pessoa emprega, em proveito próprio, ou de terceiros, para induzir outrem à pratica dum ato jurídico que lhe é prejudicial".[58] Maria Helena Diniz registra os seguintes ensinamentos a respeito do dolo:

> O dolo, segundo Clóvis Beviláqua, é o emprego de um artifício ou expediente astucioso para induzir alguém à prática de um ato que o prejudica e aproveita ao autor do dolo ou a terceiro. Já Carvalho Santos e Larenz não concordam com a referência ao prejuízo como elemento conceitual do dolo, sendo suficiente para sua configuração que haja um artifício que induz alguém a efetuar negócio jurídico, que de outra maneira não seria realizado, sem que, necessariamente, tenha o propósito de causar dano ao enganado, pois a lei civil aplicável ao caso não protege o patrimônio, mas a liberdade de decisão.
>
> Parece-nos contudo que a razão está com Clóvis, pois além de que, na prática, ocorre uma correspondência entre a vantagem auferida pelo autor do dolo e um prejuízo patrimonial sofrido pela outra parte, há, virtualmente, um prejuízo moral pelo simples fato de alguém ser induzido a efetivar negócio jurídico por manobras maliciosas que afetaram sua vontade.[59]

Doutrina o Professor Flávio Tartuce:

> O dolo pode ser conceituado como o artifício ardiloso empregado para enganar alguém, com intuito de benefício próprio. *O dolo é a arma do estelionatário*, como diziam os antigos civilistas. De acordo com o art. 145 do CC, o negócio praticado com dolo é anulável, no caso de ser o mesmo a sua causa. Esse dolo, causa do negócio jurídico, é conceituado como dolo essencial, substancial ou principal (*dolus causam*).[60]

---

[57] NERY JUNIOR, Nelson. **Código civil comentado**. Nelson Nery Junior, Rosa Maria de Andrade Nery. 4. ed. rev., ampl. e atual. – São Paulo: RT, 2006, p. 267.

[58] NUNES, Pedro dos Reis. **Dicionário de tecnologia jurídica**. 12ª ed. rev., ampliada e atualizada. Rio de Janeiro: Freitas Bastos, 1990, p. 361.

[59] DINIZ, Maria Helena. **Curso de direito civil brasileiro**. 1º volume. 9ª edição aumentada e atualizada. São Paulo: Saraiva, 1993, p. 242.

[60] TARTUCE, Flávio. **Direito civil**. V. 1 Lei de Introdução e Parte Geral. 15. Rio de Janeiro Forense 2018 1 recurso online ISBN 9788530984052, item 457.

No Direito Tributário, a utilização do conceito normativo de dolo tem o significado de adjetivar a postura do sujeito passivo na apresentação do fato gerador e na apuração do seu tributo devido no sentido de minorá-lo em prejuízo do Fisco. Para tanto, utiliza-se de artimanha, engodo ou qualquer estratagema que falseie a realidade. Quando isso acontecer, a autoridade fiscal tem o poder-dever de revisar o procedimento apuratório prévio do sujeito passivo e efetuar lançamento de ofício com a inteireza correta do tributo devido.

Dito isso, neste passo, cumpre versar algumas linhas sobre o conceito de "fraude". Com a edição do Código Civil de 2002, o Direito Brasileiro passou a garantir os limites legais da autonomia privada com uma regra de combate à fraude contra a lei em geral, presente no art. 166, VI, que a pune com nulidade:

> Art. 166. É nulo o negócio jurídico quando:
> [...]
> VI – tiver por objetivo fraudar lei imperativa;
> [...].

O doutrinador Nestor Duarte, comentando esse dispositivo, observa:

> Especial dificuldade existe na verificação da fraude à lei, porquanto a violação, nesse caso, é sub-reptícia. Assinala Alvino Lima que 'no ato contrário à lei existe um contraste imediato e direto entre o resultado do negócio e o conteúdo da proibição legal, ao passo que a *fraus legi* pressupõe um itinerário indireto, **mediante a degradação do negócio principal a simples instrumento**, para conseguir o fim ulterior consistente na **frustração da proibição**' (*A fraude no direito civil*. São Paulo, Saraiva, 1965, p. 293).[61] (Grifos nossos).

Ainda sobre o vício da "fraude":

> 1 – Artifício malicioso que uma pessoa emprega com a intenção de prejudicar o direito ou os interesses de terceiro. 2 – Manobra que o devedor pratica contra o seu credor, assumindo obrigações ou alienando bens com o fim de lesar-lhe o patrimônio. 3 – Toda intenção de alguém, na execução dum ato

---

[61] DUARTE, Nestor e outros. **Código civil comentado**: doutrina e jurisprudência. Claudio Luiz Bueno de Godoy e outros. Cezar Peluso (coord.). 13. ed., rev. e atual. Barueri (SP): Manole, 2019, p. 113.

contrário a certa disposição de lei imperativa, ou proibitiva. – *fiscal* – Qualquer violação da lei tributária. A fraude compõe-se de dois elementos: o *objetivo* ('eventus damni'), que consiste no prejuízo realmente verificado; o *subjetivo* ('consilium fraudis'), que compreende a intenção fraudulenta, a má-fé, o meio astucioso empregado para enganar.[62]

No atual panorama, a noção de fraude à lei é usada na acepção de violações indiretas de normas, encobertas por outras normas, de forma ardilosa, mediante atos unilaterais ou bilaterais, de tal modo que o sujeito possa fugir à aplicação de normas imperativas. Essa atitude recorda "a metáfora que a doutrina civilista segue usando, ao dizer que a fraude à lei não é mais que uma tentativa de contornar ou evitar uma norma, chegando ao mesmo resultado por caminhos diversos daqueles que esta previu e proibiu".[63]

No Direito Tributário, quando o sujeito passivo mascarar e manobrar o fato gerador de forma artificiosa e maliciosa e com a intenção de evadir tributo, ter-se-á a caracterização da fraude prevista no art. 149, VII, do CTN. Nessa hipótese, a autoridade fiscal tem o poder-dever de revisar o procedimento apuratório prévio do sujeito passivo e efetuar lançamento de ofício com a inteireza correta do tributo devido, nos mesmos moldes da ocorrência de dolo.

Por derradeiro, a "simulação" é um vício jurídico com conceito normativo rico e de muita relevância aos Direitos Privado e Público. O Código Civil de 2002 penaliza com nulidade o negócio jurídico simulado:

> Art. 167. É nulo o negócio jurídico simulado, mas subsistirá o que se dissimulou, se válido for na substância e na forma.
>
> § 1º Haverá simulação nos negócios jurídicos quando:
>
> I – aparentarem conferir ou transmitir direitos a pessoas diversas daquelas às quais realmente se conferem, ou transmitem;
>
> II – contiverem declaração, confissão, condição ou cláusula não verdadeira;
>
> III – os instrumentos particulares forem antedatados, ou pós-datados.
>
> § 2º Ressalvam-se os direitos de terceiros de boa-fé em face dos contraentes do negócio jurídico simulado.

---

[62] NUNES, Pedro dos Reis. **Dicionário de tecnologia jurídica**. 12ª ed. rev., ampliada e atualizada. Rio de Janeiro: Freitas Bastos, 1990, p. 446.

[63] TÔRRES, Heleno Taveira. **Teoria da simulação de atos e negócios jurídicos**. Revista dos Tribunais, São Paulo, vol. 849/2006, p. 11-56, jul. 2006, *passim*.

RESPONSABILIDADE TRIBUTÁRIA DE GRUPOS ECONÔMICOS

A simulação é um vício social do negócio jurídico. É a declaração enganosa da vontade, visando a produzir efeito diverso do ostensivamente indicado. Busca-se iludir alguém por meio de uma falsa aparência que encobre a verdadeira feição do negócio jurídico. Caracteriza-se pelo intencional desacordo entre a vontade interna e a declarada, no sentido de criar, aparentemente, um negócio jurídico que, na realidade, não existe, ou então oculta, sob determinada aparência, o negócio realmente desejado.[64]

Interessa ao Direito Tributário a classificação da simulação nas modalidades "absoluta" ou "relativa". Na simulação absoluta, a declaração enganosa da vontade exprime um negócio jurídico bilateral ou unilateral inexistente. Não há intenção de realizar negócio jurídico algum. Pratica-se o negócio falseado, mas, no mundo real, tudo continua como dantes. Finge-se uma relação jurídica que não existe na realidade. Pretende-se que o negócio jurídico simulado não produza efeitos.[65] Usa-se para representá-la a figura do "fantasma"[66]: nada existe, nem o que aparece. Diferentemente, na simulação relativa, sob a aparência de um negócio fictício, pretende-se realizar outro que é o verdadeiro, diverso, no todo ou em parte, do primeiro. É uma deformação voluntária para se subtrair à disciplina normal do negócio jurídico previsto em norma jurídica, com o escopo de prejudicar terceiro. Há dois contratos, um aparente e um real, sendo este o que é verdadeiramente querido pelas partes e, por conseguinte, o que se oculta de terceiros.[67] Em síntese, simula-se (falseia-se) o não desejado aparente e dissimula-se (esconde-se) o desejado não aparente. Usa-se para representá-la a figura da "máscara"[68]: o que aparece é falso e é usado para esconder a realidade. A respeito, pontua o Professor Flávio Tartuce:

[...] a simulação pode ser assim classificada:

a) Simulação absoluta – situação em que na aparência se tem determinado negócio, mas na essência a parte não deseja negócio algum. Como exemplo,

---

[64] DINIZ, Maria Helena. **Curso de direito civil brasileiro**. 1º volume. 9ª edição aumentada e atualizada. São Paulo: Saraiva, 1993, p. 249-250.

[65] *Idem. Ibidem*, p. 253.

[66] Expressão utilizada pelo Professor Cassiano Menke em palestra ministrada no seguinte evento: Curso **Direito Tributário – Responsabilização Tributária de Grupos Econômicos**, EMAGIS/TRF4, Porto Alegre, ago. 2018.

[67] DINIZ, Maria Helena. *Ibidem*, p. 254.

[68] Expressão utilizada pelo Professor Cassiano Menke em palestra ministrada no seguinte evento: Curso **Direito Tributário – Responsabilização Tributária de Grupos Econômicos**, EMAGIS/TRF4, Porto Alegre, agosto de 2018.

ilustre-se a situação em que um pai doa imóvel para filho, com o devido registro no Cartório de Registro de Imóveis, mas continua usufruindo do mesmo, exercendo os poderes do domínio sobre a coisa. Mesmo o ato sendo praticado com intuito de fraude contra credores, prevalece a simulação, por envolver ordem pública, sendo nulo de pleno direito.

b) Simulação relativa – situação em que o negociante celebra um negócio na aparência, mas na essência almeja outro ato jurídico, conforme outrora exemplificado quanto ao comodato e à locação. A simulação relativa, mais comum de ocorrer na prática, pode ser assim subclassificada:

• *Simulação relativa subjetiva* – caso em que o vício social acomete o elemento subjetivo do negócio, pessoa com que o mesmo é celebrado (art. 167, § 1º, I, do CC). A parte celebra o negócio com uma parte na aparência, mas com outra na essência, entrando no negócio a figura do *testa de ferro, laranja* ou *homem de palha*, que muitas vezes substitui somente de fato aquela pessoa que realmente celebra o negócio jurídico ou contrato. Trata-se do negócio jurídico celebrado por interposta pessoa.

• *Simulação relativa objetiva* – caso em que o vício social acomete o elemento objetivo do negócio jurídico celebrado, o seu conteúdo. Celebra-se um negócio jurídico, mas na realidade há outra figura obrigacional, sendo mascarados os seus elementos verdadeiros. Vale relembrar o seguinte exemplo: para burlar o fisco determinada pessoa celebra um contrato de comodato de determinado imóvel, cobrando aluguel do comodatário. Na aparência há um contrato de empréstimo, mas na essência, trata-se de uma locação. Cite-se, ainda, a compra de um imóvel com valor bem abaixo do declarado.[69]

Assim, no Direito Tributário, quando o sujeito passivo falsear a realidade para ocultar a ocorrência de fato gerador, de forma total ou parcial, com a intenção de evadir tributo, ter-se-á a simulação delineada no art. 149, VII, do CTN. Aqui, seja absoluta (falseamento) ou relativa (dissimulação), a simulação interessa para fins fiscais. Nessa hipótese, a autoridade fiscal tem o poder-dever, mais uma vez, de revisar o procedimento apuratório prévio do sujeito passivo e efetuar lançamento de ofício com a inteireza correta do tributo devido.

---

[69] TARTUCE, Flávio. **Direito civil**. V. 1 Lei de Introdução e Parte Geral. 15. Rio de Janeiro Forense 2018 1 recurso online ISBN 9788530984052, item 488.

2.7. Planejamento tributário

Tratar-se-á, neste item, do tema do planejamento tributário, o que colaborará com o desenvolvimento do objeto deste trabalho.

2.7.1. *Planejamento tributário: ponderações iniciais*

O Direito Tributário é um direito material obrigacional que enlaça sujeitos ativos e passivos. O sujeito ativo é o Fisco, seja federal, estadual, distrital ou municipal; o sujeito passivo é o contribuinte, pessoas físicas ou jurídicas que se submetem à lei brasileira e que participam diretamente da realização do fato gerador tributário.

Os fatos tornados geradores pelo poder legislativo produzem o tributo que financia o estado social e democrático de direito. O Fisco, historicamente, administra esses valores, mantém-se atento ao mercado, mapeia a realidade, sugere políticas de tributação ao chefe do Poder Executivo, arrecada e fiscaliza a atividade econômica do contribuinte.

De seu turno, o contribuinte, ao viver sua realidade cotidiana, participa de fatos geradores que o obrigam a proceder ao recolhimento de tributos. O contribuinte, como cidadão ou pessoa jurídica, é figura central do estado social e democrático de direito, que existe para a sua realização individual e coletiva. Mas isso tem um custo, que é suportado pelo tributo recolhido pelo Fisco.

Diante desse panorama, o contribuinte, geralmente, organiza-se e busca ter a menor onerosidade possível nos tributos de sua responsabilidade. É racional que o contribuinte almeje pagar o menor valor possível como tributo, tornando maior o saldo de recursos que serão destinados aos seus propósitos pessoais ou sociais.

Essa postura do contribuinte – de economia de tributos – é amparada por princípios constitucionais, como o da propriedade e o da livre iniciativa. Contudo, deve ser procedida com liceidade, pois, do contrário, será combatida pelas autoridades fiscal e criminal e será sancionada pelo direito.

Entretanto, entre uma conjectura e outra – de licitude e ilicitude – há um espaço de dúvida, ou uma "zona cinzenta", do que pode, ou não, ser praticado pelo contribuinte na busca de uma economia lícita de tributos.

Onde terminaria a licitude e onde começaria a ilicitude? Haveria espaços de anomia, que poderiam gerar economia à margem da lei, mas sem violá-la?

Esse tema vem sendo muito debatido e estudado no Brasil. Foi denominado de "planejamento tributário".

2.7.2. Livre Iniciativa e Direito Privado

A liberdade de iniciativa está expressamente prevista na CRFB/88 e apresenta natureza de direito fundamental. É garantido ao brasileiro o direito de empreender, de inovar, de concorrer, em suma, de fazer uso de sua liberdade para atuar no mercado econômico. Pode produzir, comercializar, prestar serviços e inovar, mas tudo isso dentro dos limites legais estabelecidos pelo Estado brasileiro. Como os demais, é um direito fundamental que não pode ser manejado de forma absoluta, isto é, exige temperamentos. Cabe transcrever o art. 170 da CRFB/88, que trata da questão:

Art. 170. A ordem econômica, fundada na valorização do trabalho humano e na **livre iniciativa**, tem por fim assegurar a todos existência digna, conforme os ditames da justiça social, observados os seguintes princípios:

I – soberania nacional;

II – **propriedade privada;**

III – **função social da propriedade;**

IV – **livre concorrência;**

V – defesa do consumidor;

VI – defesa do meio ambiente, inclusive mediante tratamento diferenciado conforme o impacto ambiental dos produtos e serviços e de seus processos de elaboração e prestação; (Redação dada pela Emenda Constitucional nº 42, de 19.12.2003)

VII – redução das desigualdades regionais e sociais;

VIII – busca do pleno emprego;

IX – **tratamento favorecido para as empresas de pequeno porte constituídas sob as leis brasileiras e que tenham sua sede e administração no País.** (Redação dada pela Emenda Constitucional nº 6, de 1995)

Parágrafo único. É assegurado a todos o livre exercício de qualquer atividade econômica, independentemente de autorização de órgãos públicos, salvo nos casos previstos em lei. (Grifos nossos).

A propósito, registra Celso Ribeiro Bastos que a liberdade de iniciativa

[...] é uma manifestação dos direitos fundamentais e no rol daqueles devia estar incluída. De fato o homem não pode realizar-se plenamente enquanto não lhe for dado o direito de projetar-se através de uma realização transpessoal. Vale dizer, por meio da organização de outros homens com vistas à realização de um objetivo. Aqui a liberdade de iniciativa tem conotação econômica.

Equivale ao direito que todos têm de lançarem-se ao mercado da produção de bens e serviços por sua conta e risco. Aliás, os autores reconhecem que a liberdade de iniciar a atividade econômica implica a de gestão e a de empresa.[70]

No exercício de sua livre iniciativa, o contribuinte participa de negócios jurídicos de Direito Privado que podem, ou não, constituir fatos geradores tributários. Tais negócios jurídicos, na sua conformação privada, devem ser recebidos pelo Direito Tributário sem alterações conceituais. Os efeitos tributários dos negócios privados podem ser regidos de forma especial pela lei fiscal, mas sua constituição conceitual, não. O Direito Tributário seria um direito de sobreposição ao Direito Privado – civil e empresarial. Sobrepõe-se, utiliza conceitos e rege os efeitos dos negócios jurídicos apenas dentro de sua esfera de aplicação. Essa diretriz está delineada expressamente no CTN, arts. 109 e 110:

> Art. 109. Os princípios gerais de direito privado utilizam-se para pesquisa da definição, do conteúdo e do alcance de seus institutos, conceitos e formas, mas não para definição dos respectivos efeitos tributários.

> Art. 110. A lei tributária não pode alterar a definição, o conteúdo e o alcance de institutos, conceitos e formas de direito privado, utilizados, expressa ou implicitamente, pela Constituição Federal, pelas Constituições dos Estados, ou pelas Leis Orgânicas do Distrito Federal ou dos Municípios, para definir ou limitar competências tributárias.

Nesse sentido, cumpre citar texto de Caio Augusto Takano,

> No Brasil, o tema tem sido amplamente debatido, como, de resto, ocorreu no mundo afora. Tradicionalmente, sustentava-se que, embora o aplicador do direito deveria colher as características do fato gerador na disciplina jurídica da qual a sua definição foi tomada, era fundamental a consideração dos princípios fundamentais de direito tributário e, entre eles, estaria a interpretação econômica, reconhecendo existir uma prevalência do direito tributário sobre o direito privado, uma vez que o critério decisivo não será a identificação das características do fato gerador na disciplina jurídica de origem, mas, sim, a 'finalidade e o significado econômico do fato tributário'.

---

[70] BASTOS, Celso Ribeiro. Celso Ribeiro Bastos e outro. **Comentários à constituição do Brasil**: promulgada em 5 de outubro de 1988. 7º Vol. São Paulo: Saraiva, 1988, p. 16.

Entretanto, tal posição foi combatida por parcela significativa da doutrina que, pugnando pela prevalência dos conceitos de direito privado sobre o direito tributário, sustentava ser incabível a interpretação econômica em nosso sistema jurídico. A partir daí, passou-se a sustentar que o direito tributário seria um 'direito de sobreposição', na medida em que as normas de incidência tributária colheriam atos ou fatos de particulares para figurar na hipótese normativa, reafirmando-se a ideia de que haveria uma supremacia *prima facie* do direito privado.[71]

O legislador tributário não pode e não deve alterar ou distorcer conceitos de Direito Privado, muito menos com o fim de apenas potencializar o exercício e a dimensão da tributação. O Direito Privado deve ser considerado e respeitado pelo Direito Público.

2.7.3. *Princípio da Legalidade e um primeiro contato com o propósito negocial*
É secular o conceito jurídico de que não se pode criar ou aumentar tributo sem lei. *Nullum tributum sine lege* e *no taxation without representation* são provérbios jurídicos globais que indicam a essencialidade de lei e de representatividade parlamentar para que se crie ou se altere a obrigação tributária. A cultura jurídica brasileira também segue essa linha de valorização do princípio da legalidade tributária, do qual decorre outro postulado jurídico, qual seja, o princípio da tipicidade cerrada. No Brasil, por força da CRFB/88 e do CTN, o tributo somente pode ser criado e alterado por meio de lei. Mais que isso, todos os seus elementos constituintes devem estar previstos em lei, como, por exemplo, a hipótese de incidência e a base de cálculo. Cumpre relembrar o art. 150, I, da CRFB/88:

> Art. 150. Sem prejuízo de outras garantias asseguradas ao contribuinte, é vedado à União, aos Estados, ao Distrito Federal e aos Municípios:
> I – exigir ou aumentar tributo sem lei que o estabeleça;
> [...].

O CTN, de 1966, também edifica a relevância da lei para a criação e alteração de tributos em seu art. 97. Estatui-se que somente a lei pode estabe-

---

[71] TAKANO, Caio Augusto. **A relação entre o direito tributário e o direito privado e seus impactos nos limites ao planejamento tributário**. RDTC, vol. 4, ano 2, p. 39-66, São Paulo, Ed. RT, jan.-fev., 2017, p. 48.

lecer a instituição, a extinção, a majoração, a redução e a definição de fato gerador dos tributos brasileiros. A lei material sempre deve estar presente. Há poucas exceções com relação à reserva de lei formal, que tem participação do parlamento e que geralmente é a ordinária. Há casos em que o poder executivo pode alterar a alíquota de tributo por meio de decreto, o que atende à necessidade mínima de lei material. Para ilustrar, pode-se citar a possibilidade de alteração da alíquota dos impostos de importação, de exportação, sobre produtos industrializados e de operações de crédito, câmbio e seguro, que pode ser procedida pelo presidente da república, atendidos os limites estabelecidos em lei: art. 153, § 1º, da CRFB/88. Sobre a relação entre os conceitos de lei formal e material, insta citar Luciano Amaro,

> Quando se fala em reserva de lei para a disciplina do tributo, está-se a reclamar *lei material* e *lei formal*. A legalidade tributária não se contenta com a simples existência de comando abstrato, geral e impessoal (*lei material*), com base em que sejam valorizados os fatos concretos. A segurança jurídica requer *lei formal*, ou seja, exige-se que aquele comando, além de abstrato, geral e impessoal (*reserva de lei material*), seja formulado por órgão titular de função legislativa (*reserva de lei formal*).

> Para uns poucos impostos e para a contribuição de intervenção no domínio econômico, há exceções restritas à regra da reserva de lei formal, nas quais a Constituição se conforma com a mera reserva de lei material, traduzida em *ato do Poder Executivo*. As exceções atêm-se à possibilidade de alteração, por ato do Poder Executivo, das alíquotas legalmente fixadas.[72]

O princípio da legalidade, como visto, tradicional pilar do Direito Tributário, ficou em evidência quando a Lei Complementar (LC) 104/2001[73] introduziu no CTN o parágrafo único de seu art. 116. Esse novo dispositivo ficou conhecido como a "Norma Geral Antielisiva" do Direito Tributário brasileiro. Cumpre colacionar seu teor:

> Art. 116. Salvo disposição de lei em contrário, considera-se ocorrido o fato gerador e existentes os seus efeitos:

---

[72] AMARO, Luciano. **Direito tributário brasileiro.** 11. ed. rev. e atual. – São Paulo: Saraiva, 2005, p. 116.
[73] BRASIL. Lei Complementar 104, de 10.01.2001. Brasília, DF: Presidência da República, 2001. Disponível em: http://www4.planalto.gov.br/legislacao/. Acesso em: 05 dez. 2019.

CONCEITOS JURÍDICOS RELEVANTES DE DIREITO EMPRESARIAL E DE DIREITO...

I – tratando-se de situação de fato, desde o momento em que o se verifiquem as circunstâncias materiais necessárias a que produza os efeitos que normalmente lhe são próprios;

II – tratando-se de situação jurídica, desde o momento em que esteja definitivamente constituída, nos termos de direito aplicável.

Parágrafo único. A autoridade administrativa poderá desconsiderar atos ou negócios jurídicos praticados com a finalidade de dissimular a ocorrência do fato gerador do tributo ou a natureza dos elementos constitutivos da obrigação tributária, observados os procedimentos a serem estabelecidos em lei ordinária. (Grifo nosso).

Essa regra pretendeu autorizar a autoridade fiscal a desconsiderar negócios jurídicos simulados praticados apenas com o fim de evitar ou de reduzir o pagamento de tributos. A expressão "dissimular a ocorrência do fato gerador", disposta no texto, indica a aplicação de meios ilícitos e tortuosos, pelo contribuinte, nos seus negócios jurídicos com o fim de não pagar ou pagar menos tributo. Cuida-se de norma de eficácia contida, que exige complementação por lei ordinária do ente público tributante. O Governo Federal editou a Medida Provisória (MP) 66, de 29.08.2002,[74] que trazia artigos que regulamentavam esse dispositivo, contudo, não foram convertidos em lei.

Essa Norma Geral Antielisão trouxe à discussão, no Brasil, a doutrina estadunidense denominada *The Business Purpose Doctrine*. O termo inicial do surgimento das doutrinas judiciais tributárias americanas foi o julgamento proferido pela Suprema Corte no caso *Gregory v. Helvering*, em 07.01.1935.[75] Foi nesse julgamento, justamente, que se criou a *Business Purpose Doctrine*. Essa linha doutrinária, também conhecida como doutrina da substância econômica (*The Economic Substance Doctrine*), tem por finalidade afastar a aplicação de benefícios fiscais às transações realizadas tão-somente com o intuito de evitar tributação e sem nenhum propósito econômico ou negocial. Mais tarde, este tema será abordado com maior profundidade.

---

[74] BRASIL. Medida Provisória 66, de 29.08.2002. Brasília, DF: Presidência da República, 2002. Disponível em: http://www4.planalto.gov.br/legislacao/. Acesso em: 05 dez. 2019.

[75] *Supreme Court of the United States. Gregory v. Helvering, 293 U. S. 465 (1935)*. Precedente disponível no *site* da *Library of Congress*: https://www.loc.gov/item/usrep293465/. Acesso em: 08.10.2019.

É um comportamento compreensível, desde sempre, que os contribuintes busquem potencializar sua posição econômica por meio da redução do pagamento de tributos. Buscar pagar menos tributo é uma postura adequada, dês que operada dentro dos limites postos pelo Direito. Contudo, nesse mister, por vezes, o contribuinte adentra em uma "zona cinzenta" de legalidade, à qual pode estar atenta a autoridade fiscal. A intenção de reduzir a carga tributária, em sintonia com as pressões concorrenciais, evidencia a relevância, universal, da atividade do planejamento tributário. Foi nesse panorama, ainda muito atual, que se deu a decisão do caso *Gregory v. Helvering*. Num sistema de *common law*, essa doutrina foi criada pelo Poder Judiciário americano e vem sendo aplicada por seus tribunais e juízes. No Brasil, que adota um sistema de *civil law*, não seria possível a criação e a utilização de uma doutrina dessa natureza que não tivesse firme amparo no direito positivo. Sobre isso, o tributarista Ives Gandra da Silva Martins obtemperou que o contribuinte não teria mais segurança jurídica, pois o fiscal sempre poderia vir a entender que se estaria usando uma "brecha legal". Chegou a argumentar, ainda, que, a se confirmar tal conjuntura, "o direito tributário brasileiro não mais se regerá pelo princípio da legalidade, mas pelo princípio do 'palpite fiscal'".[76]

Como já visto, o fato gerador é praticado pelo contribuinte e, dele, exsurge a obrigação tributária. Os contribuintes, de forma legítima, buscam economia de tributos, isto é, buscam organizar suas atividades e praticar seus atos da forma menos onerosa possível. A edição desse parágrafo único do art. 116 do CTN dá a entender que o poder executivo estava preocupado, naquele momento histórico, em regular ou melhor controlar esse espaço de atuação do contribuinte utilizado para construir sua economia de tributos. Parece que o poder executivo almejou estabelecer alguns limites mais definidos sobre a área de licitude em que essa pretensão do contribuinte pode ser buscada. Isso tem muita relação com a questão do planejamento tributário.

2.7.4. *Evasão, elisão e elusão*

O estudo do planejamento tributário versa intimamente com as questões da liberdade de iniciativa, da relação do Direito Privado com o Direito Tri-

---

[76] MARTINS, Ives Gandra da S. **O Planejamento Tributário e a L. C. 104.** São Paulo: Dialética, 2001, p. 126.

butário, do princípio da legalidade e com o propósito negocial (*business purpose*). No exercício de sua livre iniciativa, o contribuinte realiza negócios jurídicos, que se instituem por meio dos diversos institutos e conceitos jurídicos de Direito Civil e de Direito Empresarial. Esses negócios jurídicos de Direito Privado interessam ao Direito Tributário, que se sobrepõe, em determinadas circunstâncias, para gerar efeitos fiscais. Essas circunstâncias são as constantes nas hipóteses de incidência da lei tributária. Elas são definidas com base no princípio da legalidade e da tipicidade cerrada. O que não estiver no tipo tributário desenhado pela lei não pode ser utilizado para fins tributários.

Nesse panorama, o contribuinte vive sua vida, organiza-se e exerce sua atividade. Geralmente, de forma racional, escolhe os institutos jurídicos que lhe gerarão o menor pagamento de tributos possível, isto é, busca economia fiscal.

Entende a Doutrina Tributária majoritária que, quando o contribuinte realiza economia fiscal dentro da lei, de forma lícita, ele praticaria "elisão fiscal". Essa categoria jurídica abrangeria todas as escolhas e atos do contribuinte tomados no caminho de pagar menos tributo com base na realidade, de forma transparente, fazendo escolhas lícitas.

Essa mesma doutrina majoritária compreende que, quando o contribuinte desborda dos limites permitidos pelo direito, ele sai do campo da elisão fiscal e adentra na seara da "evasão fiscal". Cometeria evasão fiscal o contribuinte que abusa do seu direito de livre iniciativa e de economia tributária; e que abusa da forma dos negócios jurídicos realizados. O contribuinte que utiliza negócios jurídicos artificiais, sem substância, que falseia, simula ou dissimula fatos apenas para reduzir tributos também praticaria evasão fiscal.

Sobre o tema, doutrina Luciano Amaro,

> Não vemos ilicitude na escolha de um caminho fiscalmente menos oneroso, *ainda que a menor onerosidade seja a única razão da escolha desse caminho*. Se assim não fosse, logicamente se teria de concluir pelo absurdo de que o contribuinte *seria sempre obrigado a escolher o caminho de maior onerosidade fiscal*. Há situações em que o próprio legislador estimula a utilização de certas condutas, desonerando-as. Não se diga que é ilícito adotá-las. Nem se sustente que elas só podem ser adotadas porque o legislador as ungiu de modo expresso. Quer a lei as tenha expressamente desonerado, quer sua desoneração decorra de omissão da lei, a situação é a mesma.

RESPONSABILIDADE TRIBUTÁRIA DE GRUPOS ECONÔMICOS

O divisor de águas entre a evasão (ilegal) e a elisão parte realmente da consideração de que, na primeira, o indivíduo se utiliza de meios *ilícitos* para fugir ao pagamento de tributo, e, no segundo caso, trilharia caminhos *lícitos*. A diferença reside, portanto, na *licitude* ou *ilicitude* dos procedimentos ou dos instrumentos adotados pelo indivíduo; por isso é que se fala em evasão *legal* e evasão *ilegal* de tributo. Análoga é a lição de Ives Gandra da Silva Martins e Antônio Roberto Sampaio Dória ao afirmarem que a distinção básica entre elisão e evasão está na *licitude ou ilicitude dos meios empregados* pelo indivíduo.[77]

A evasão fiscal é sancionada pelo Direito Tributário e pelo direito penal. No Direito Tributário, campo deste trabalho, a autoridade fiscal sempre pôde desconsiderar atos jurídicos praticados com dolo, fraude ou simulação, nos termos do art. 149, VII, do CTN:

> Art. 149. O lançamento é efetuado e revisto de ofício pela autoridade administrativa nos seguintes casos:
> [...]
> VII – quando se comprove que o sujeito passivo, ou terceiro em benefício daquele, agiu com dolo, fraude ou simulação;
> [...].

Esse art. 149, VII, que pertence à redação original do CTN, de 1966, contrasta fortemente com o referido parágrafo único do art. 116, que foi inserido em 2001. Compreende-se que a finalidade buscada pelo advento do segundo e novo dispositivo já era plenamente atendida pelo primeiro. Essa questão será melhor apreciada adiante. Neste ponto, por ora, importa referir que o planejamento tributário realizado com a prática de evasão fiscal pode ser revisado e desconsiderado pela autoridade tributária, que lançará os tributos devidos conforme a realidade verificada.

Os conceitos ligados ao tema do planejamento tributário geram algumas controvérsias doutrinárias. Heleno Taveira Tôrres, em admirável estudo[78], defende que haveria uma terceira figura entre a evasão e elisão, que seria a

---

[77] AMARO, Luciano. **Direito tributário brasileiro.** 11. ed. rev. e atual. – São Paulo: Saraiva, 2005, p. 233.

[78] TÔRRES, Heleno Taveira. Limites ao planejamento tributário – Normas antielusivas (gerais e preventivas) – A norma geral de desconsideração de atos ou negócios do direito brasileiro. *In*: MARINS, James (coord.), **Tributação e antielisão.** Livro 3, 1ª edição – 2ª tiragem, Curitiba: Juruá, 2003, p. 19-101.

"elusão tributária". A elusão ocorreria na "zona cinzenta" existente entre licitude e ilicitude. Haveria um campo intermediário entre uma e outra. Esse espaço de anomia, por vezes, seria utilizado pelo contribuinte, e, com isso, não estaria praticando elisão, nem evasão, mas, sim, elusão. Segundo esse Autor,

> *Elusivo* é aquele que tende a escapulir, a furtar-se (em geral por meio de argúcia); que se mostra arisco, esquivo, evasivo. Assim, cogitamos da 'elusão tributária' como sendo o fenômeno pelo qual o contribuinte usa de meios dolosos para evitar a subsunção do negócio praticado ao conceito normativo do fato típico e a respectiva imputação dos efeitos jurídicos, de constituição obrigação tributária, tal como previsto em lei.[79]

A elusão tributária também seria ilícita, podendo ser combatida e revertida pelo Fisco. Ela ofenderia o sistema jurídico de forma global, pois o contribuinte, utilizando meios aparentemente lícitos, abusaria do seu direito de economia fiscal, abusaria das formas jurídicas utilizadas e ofenderia princípios constitucionais como o da igualdade e o da capacidade contributiva.

Essa linha teórica do Professor e Tributarista Heleno Taveira Tôrres não é acompanhada de forma majoritária por seus pares. Contudo, cumpre registrar que esse estudo mencionado foi marcante para o Direito Tributário brasileiro, especialmente para a compreensão dos limites da questão do planejamento tributário.

Impende citar mais alguns trechos dessa obra que ilustram o clima de tensão ideológica mantido, por vezes, entre os defensores do Fisco e os dos contribuintes,

> É dever da Fiscalização coibir práticas de utilização do ordenamento por meio de estratagemas, formadas com negócios simulados, em fraude à lei ou com dolo, visando a causar prejuízo ao Fisco. **O princípio constitucional de autonomia privada deve ser respeitado sempre, mas não se pode aceitar a 'máxima' segundo a qual todo e qualquer negócio praticado possa ser indefectivelmente aceito. Isso seria mero exercício de hipocrisia jurídica ou, quando menos, descaso e superficialidade de análise sobre o problema.[80]**
> [...]

---

[79] TÔRRES, Heleno Taveira. Limites ao planejamento tributário – Normas antielusivas (gerais e preventivas) – A norma geral de desconsideração de atos ou negócios do direito brasileiro. *In*: MARINS, James (coord.), **Tributação e antielisão**. Livro 3, 1ª edição – 2ª tiragem, Curitiba: Juruá, 2003, p. 36.

[80] *Idem. Ibidem*, p. 22.

RESPONSABILIDADE TRIBUTÁRIA DE GRUPOS ECONÔMICOS

O sistema tributário não pode ficar refém dos mais fortes na habilidade de enganar.[81]

[...]

Certamente, o combate aos atos de sonegação, de evasão fiscal ou de elusão tributária representa uma importante atividade estatal que deve ser desenvolvida de modo permanente e garantida pelo direito, mas sempre dentro de limites democráticos. O bem jurídico protegido tem seu alcance projetado para além da simples proteção ao patrimônio público, o que se perfaz como exigência republicana, de constituição da receita pública para atender às despesas atribuídas ao Estado, para alcançar a própria economia pública. Todavia, mesmo em se tratando de um imperativo da mais alta importância, **não pode essa razão servir como justificativa para desmandos superadores dos mais consagrados direitos fundamentais.**[82] (Grifos nossos).

É admirável a busca do Professor Heleno Taveira Tôrres pela mediação desse conflito secular e global existente entre a propriedade privada e o custeio do Estado.

2.7.5. *Planejamento tributário: conclusões*

O planejamento tributário pode ser entendido como uma técnica preventiva de organização dos negócios do contribuinte com o objetivo de se alcançar uma economia lícita de tributos. Essa técnica é amparada pela liberdade de livre iniciativa do contribuinte, que pode escolher os negócios jurídicos que sejam mais adequados à sua realidade e que possam gerar uma menor onerosidade fiscal.

Quando o contribuinte opera essa técnica por meios lícitos, ele pratica "elisão fiscal". Seu proceder é conforme ao direito e deve ser acatado pelo Fisco. Por outro lado, quando ele opera essa técnica por meios ilícitos, ele pratica "evasão fiscal", podendo ser fiscalizado e sancionado pela Administração.

Dessas afirmações, releva definir o que seriam meios ilícitos, que convolariam o proceder do contribuinte em evasão fiscal. Reside nesse ponto

---

[81] TÔRRES, Heleno Taveira. Limites ao planejamento tributário – Normas antielusivas (gerais e preventivas) – A norma geral de desconsideração de atos ou negócios do direito brasileiro. *In*: MARINS, James (coord.), **Tributação e antielisão**. Livro 3, 1ª edição – 2ª tiragem, Curitiba: Juruá, 2003, p. 70.

[82] *Idem. Ibidem*, p. 22.

CONCEITOS JURÍDICOS RELEVANTES DE DIREITO EMPRESARIAL E DE DIREITO...

justamente o campo de dúvida essencial do tema, a "zona cinzenta" sobre a qual se pretende lançar alguma luz. Pelo princípio da legalidade, esses meios ilícitos devem estar desenhados na lei tributária. Mais que isso, como diz respeito à própria constituição de obrigação tributária, o tema deve atenção à reserva de lei complementar, prevista no art. 146, III, "b", da CRFB/88,

> Art. 146. Cabe à lei complementar:
>
> [...]
>
> III – estabelecer normas gerais em matéria de legislação tributária, especialmente sobre:
>
> [...]
>
> b) obrigação, lançamento, crédito, prescrição e decadência tributários;
>
> [...].

Assim, entende-se que os meios ilícitos se verificam quando o contribuinte realiza o seu planejamento tributário com dolo, fraude ou simulação e com a intenção de evadir tributos. Esses vícios jurídicos – dolo, fraude e simulação – estão previstos expressamente no art. 149, VII, do CTN – recebido como lei complementar tributária pela CRFB/88. Presentes esses vícios jurídicos, configura-se evasão fiscal para fins tributários. Nessas hipóteses, o Fisco está autorizado a intervir, fiscalizar, desconsiderar os atos fraudados e ou simulados, considerar e realidade, anular o lançamento original e lançar o tributo efetivamente devido.

Outrossim, compreende-se, respeitosamente, que não há espaço teórico para uma terceira e intermediária categoria de postura do contribuinte na realização do planejamento tributário, como seria a elusão tributária. Ou o ato é lícito e se tem a elisão tributária, ou o ato é ilícito e se tem a evasão tributária. Não há meio-termo. Quando se pratica negócio com dolo, fraude ou simulação e com a intenção de evadir tributos; ou se pratica um negócio vazio, apenas formal, sem nenhum propósito negocial, que se apresente por meio de dolo, de fraude ou de simulação e com a intenção de evadir tributos; ou, por fim, se pratica negócio jurídico com abuso de direito ou de forma, que se apresente por meio de dolo, de fraude ou de simulação e com a intenção de evadir tributos, tem-se um quadro de violação ao Direito Tributário e, portanto, de evasão tributária, o que faz incidir o art. 149, VII, do CTN.

Com esta abordagem, supera-se ou reduz-se significativamente a "zona cinzenta" entre licitude e ilicitude, ou entre elisão e evasão. Ou o negócio jurídico é isento de dolo, fraude ou simulação, sendo lícito (elisão); ou é contaminado por esses vícios jurídicos, tornando-se ilícito (evasão). Essa avaliação dependerá do exame da realidade e do caso concreto e igualmente do exercício probatório a ser desenvolvido pelas partes, Fisco e contribuinte. É do exercício dialético de argumentação e de contraditório das partes que a realidade se mostrará aos operadores jurídicos. Esse quadro poderá ser analisado pela autoridade fiscal, na esfera administrativa, e também poderá ser conhecido pelo juiz, quando já instaurada uma relação processual.

3
Panorama Atual da Responsabilidade Tributária de Grupos Econômicos no Brasil

3.1. Responsabilidade tributária de grupos econômicos: STJ

Tratar-se-á, neste item, da pesquisa jurisprudencial realizada sobre o tema da responsabilidade tributária de grupos econômicos no Superior Tribunal de Justiça.

3.1.1. *Ponderações iniciais*

Como inicialmente referido, o tema da responsabilidade tributária de grupos econômicos chegou ao Poder Judiciário de forma consistente. Seja por atuação comissiva do Fisco em execuções fiscais, seja em postura de defesa dos contribuintes em ações tributárias de conhecimento, o Poder Judiciário foi provocado a se manifestar sobre o assunto, o qual, depois de tramitar em primeira e segunda instâncias, chegou ao Superior Tribunal de Justiça, que é o tribunal brasileiro com competência para harmonizar e pacificar a jurisprudência nacional sobre a legislação infraconstitucional. Compreende-se que se mostra relevante conhecer o atual entendimento do Superior Tribunal de Justiça a respeito.

Note-se que o tema não foi conhecido no Supremo Tribunal Federal (STF), porque se entendeu que haveria incidência de sua Súmula 279: "Para simples reexame de prova não cabe recurso extraordinário." No caso mais atual[83] que teve seu conhecimento negado, registrou o Min. Dias Toffoli:

---

[83] Elemento temporal da pesquisa: set. 2019.

[...]

2. A afronta aos princípios da legalidade, do devido processo legal, da ampla defesa e do contraditório, dos limites da coisa julgada ou da prestação jurisdicional, quando depende, para ser reconhecida como tal, da análise de normas infraconstitucionais, **configura apenas ofensa indireta ou reflexa à Constituição Federal.**

3. Para superar o entendimento do Tribunal de origem e acolher as alegações de que houve a prescrição do crédito exequendo, **de que não existiram grupo econômico, responsabilidade solidária por débitos de terceiros nem dissolução irregular de sociedade,** de que é ilegítima a inclusão dos nomes do recorrentes em CDA e de que não é possível a penhora recair em imóvel ou estabelecimento comercial seria necessário o reexame da causa à luz da legislação infraconstitucional aplicável à espécie (Código Tributário Nacional, Código Civil, Lei nº 8.212/91 e Lei nº 6.830/80) e do conjunto fático e probatório constante dos autos. **Incidência da Súmula nº 279 da Corte.**

4. Agravo regimental não provido. (STF, AgRegRE 935.480-PE, Segunda Turma, Rel. Min. Dias Toffoli, Sessão virtual de 18 a 24/11/2016, DJe de 01.02.2017). (Grifos nossos).

Disso, nota-se que a única corte superior de Brasília que está tratando do tema é o Superior Tribunal de Justiça, por meio do exame da questão frente à legislação infraconstitucional. Isso confere maior importância ainda ao conhecimento do seu entendimento sobre o assunto.

3.1.2. *Metodologia da pesquisa jurisprudencial realizada*

Realizou-se pesquisa jurisprudencial quantitativa sobre o tema da responsabilidade tributária de grupos econômicos no *site* do Superior Tribunal de Justiça no mês de setembro de 2019.[84]/[85] Nessa pesquisa, utilizou-se o método de "análise de documentos" sobre o universo de julgados dessa Corte quanto ao tema da responsabilidade tributária de grupos econômicos.[86]

---

[84] *Site* do STJ: www.stj.jus.br.

[85] Elemento temporal da pesquisa: 23 set. 2019.

[86] IGREJA, Rebecca Lemos. O Direito como objeto de estudo empírico: o uso de métodos qualitativos no âmbito da pesquisa empírica em Direito. *In*: MACHADO, Maíra Rocha (Org.). **Pesquisar Empiricamente o Direito.** São Paulo: Rede de Estudos Empíricos em Direito, 2017, 428 p., p. 11-37.

O Superior Tribunal de Justiça possui duas Turmas com competência tributária: Primeira e Segunda Turmas. Essas duas Turmas integram a Primeira Seção, que, logicamente, também possui competência tributária. A pesquisa foi realizada nesses três órgãos julgadores fracionários. Optou--se pela busca de decisões colegiadas (acórdãos).

A pesquisa foi feita sem limitação temporal. Esperava-se colher julgados que representassem a linha histórica de compreensão do tema no Superior Tribunal de Justiça. Desse modo, alcançou-se amostragem de jurimetria verdadeiramente representativa da compreensão da questão nessa Corte.[87]

Pesquisaram-se as seguintes palavras, que foram inseridas no campo "Pesquisa Livre": *responsabilidade tributária de grupo$ econômico$*. O marcador "$" (cifrão) indica busca de palavras similares ou derivadas como, por exemplo, palavras utilizadas no plural.

No campo "Órgão Julgador", selecionaram-se a Primeira Turma, a Segunda Turma e a Primeira Seção.

A pesquisa apresentou como resultado 34 acórdãos.[88] Com esse resultado, iniciou-se uma pesquisa qualitativa. Todos esses acórdãos foram lidos e examinados. Alguns restaram descartados, pois não tratavam do tema. Outros julgados foram identificados, pois se encontravam referidos nos acórdãos resultantes da pesquisa quantitativa. Ao final, foram selecionados e examinados os seguintes 30 julgados:

1. STJ, Primeira Seção, EDivREsp 834.044-RS, Rel. Min. Mauro Campbell Marques, Sessão de 08.09.2010, DJe de 29.09.2010;
2. STJ, Primeira Seção, EDivREsp 859.616-RS, Rel. Min. Mauro Campbell Marques, Sessão de 09.02.2011, DJe de 18.02.2011;
3. STJ, Primeira Turma, REsp 767.021-RJ, Rel. Min. José Delgado, Sessão de 16.08.2005, DJ de 12.09.2005;
4. STJ, Primeira Turma, REsp 859-616-RS, Rel. Min. Luiz Fux, Sessão de 18.09.2007, DJ de 15.10.2007;
5. STJ, Primeira Turma, EDclREsp 859-616-RS, Rel. Min. Luiz Fux, Sessão de 11.03.2008, DJe de 07.04.2008;
6. STJ, Primeira Turma, REsp 884.845-SC, Rel. Min. Luiz Fux, Sessão de 05.02.2009, DJe de 18.02.2009.

---

[87] YEUNG, Luciana. Jurimetria ou Análise Quantitativa de Decisões Judiciais. *In*: MACHADO, Maíra Rocha (Org.). **Pesquisar Empiricamente o Direito**. São Paulo: Rede de Estudos Empíricos em Direito, 2017, 428 p., p. 275.
[88] Elemento temporal da pesquisa: 23 set. 2019.

RESPONSABILIDADE TRIBUTÁRIA DE GRUPOS ECONÔMICOS

7. STJ, Primeira Turma, AgRgAI 1.055.860-RS, Rel. Min. Denise Arruda, Sessão de 17.02.2009, DJe de 26.03.2009.

8. STJ, Primeira Turma, AgRgAI 1.288.247-RS, Rel. Min. Teori Albino Zavascki, Sessão de 21.10.2010, DJe de 03.11.2010.

9. STJ, Primeira Turma, AgRgAREsp 603.177-RS, Rel. Min. Benedito Gonçalves, Sessão de 19.03.2015, DJe de 27.03.2015;

10. STJ, Primeira Turma, AgRgREsp 1.224.751-RS, Rel. Min. Regina Helena Costa, Sessão de 19.03.2015, DJe de 27.03.2015;

11. STJ, Primeira Turma, AgRgREsp 1.535.048-PR, Rel. Min. Napoleão Nunes Maia Filho, Sessão de 08.09.2015, DJe de 21.09.2015;

12. STJ, Primeira Turma, AgRgREsp 1.340.385-SC, Rel. Min. Napoleão Nunes Maia Filho, Sessão de 16.02.2016, DJe de 26.02.2016;

13. STJ, Primeira Turma, AgIntAREsp 863.387-SP, Rel. Min. Napoleão Nunes Maia Filho, Rel. para o acórdão Min. Regina Helena Costa, Sessão de 27.10.2016, DJe de 14.12.2016;

14. STJ, Primeira Turma, AgIntREsp 1.558.445-PE, Rel. Min. Napoleão Nunes Maia Filho, Rel. para o acórdão Min. Benedito Gonçalves, Sessão de 28.03.2017, DJe de 03.05.2017;

15. STJ, Primeira Turma, AgIntREsp 1.761.218-SP, Rel. Min. Regina Helena Costa, Sessão de 04.12.2018, DJe de 11.12.2018;

16. STJ, Primeira Turma, AREsp 1.173.201-SC, Rel. Min. Gurgel de Faria, Sessão de 21.02.2019, DJe de 01.03.2019.

17. STJ, Primeira Turma, AREsp 1.035.029-SP, Rel. Min. Napoleão Nunes Maia Filho, Sessão de 27.05.2019, DJe de 30.05.2019.

18. STJ, Segunda Turma, AgRgAI 1.392.703-RS, Rel. Min. Mauro Campbell Marques, Sessão de 07.06.2011, DJe de 14.06.2011;

19. STJ, Segunda Turma, AgRgAREsp 244.325-SC, Rel. Min. Humberto Martins, Sessão de 07.02.2013, DJe de 19.02.2013;

20. STJ, Segunda Turma, AgRgEDclAREsp 294.537-SC, Rel. Min. Mauro Campbell Marques, Sessão de 17.09.2013, DJe de 25.09.2013;

21. STJ, Segunda Turma, AgRgREsp 1.374.488-SC, Rel. Min. Humberto Martins, Sessão de 07.08.2014, DJe de 15.08.2014;

22. STJ, Segunda Turma, EDclAgRgREsp 1.511.682-PE, Rel. Min. Herman Benjamin, Sessão de 25.10.2016, DJe de 08.11.2016;

23. STJ, Segunda Turma, REsp 1.689.431-ES, Rel. Min. Herman Benjamin, Sessão de 03.10.2017, DJe de 19.12.2017;

24. STJ, Segunda Turma, AgIntAREsp 847.034-SP, Rel. Min. Og Fernandes, Sessão de 15.03.2018, DJe de 21.03.2018;

PANORAMA ATUAL DA RESPONSABILIDADE TRIBUTÁRIA DE GRUPOS ECONÔMICOS...

25. STJ, Segunda Turma, AgIntAREsp 1.191.407-RJ, Rel. Min. Assusete Magalhães, Sessão de 15.05.2018, DJe de 21.05.2018;
26. STJ, Segunda Turma, AgIntREsp 1.649.460-PE, Rel. Min. Francisco Falcão, Sessão de 28.05.2018, DJe de 28.05.2018;
27. STJ, Segunda Turma, AgIntAREsp 1.041.022-PR, Rel. Min. Assusete Magalhães, Sessão de 21.08.2018, DJe de 28.08.2018;
28. STJ, Segunda Turma, AgIntREsp 1.540.683-PE, Rel. Min. Assusete Magalhães, Sessão de 21.03.2019, DJe de 02.04.2019;
29. STJ, Segunda Turma, REsp 1.786.311-PR, Rel. Min. Francisco Falcão, Sessão de 09.05.2019, DJe de 14.05.2019; e
30. STJ, Segunda Turma, AREsp 1.455.240-RJ, Rel. Min. Francisco Falcão, Sessão de 15.08.2019, DJe de 23.08.2019.

Nesse panorama, percebe-se que há julgados sobre o tema desde o ano de 2005 até 2019[89] (período de 14 anos), com exceção dos anos de 2006 e 2012. Foram destacados dois julgados da Primeira Seção, órgão que possui alta relevância sobre a abordagem do tema, pois reúne os Ministros julgadores de ambas as Turmas com competência tributária. O primeiro julgado encontrado é de 2005, da Primeira Turma, e seu exame, como se verá a seguir, já enfrentou amplamente o tema da responsabilidade tributária de grupos econômicos: STJ, Primeira Turma, REsp 767.021-RJ, Rel. Min. José Delgado, Sessão de 16.08.2005, DJ de 12.09.2005.

Passar-se-á à análise dos principais entendimentos hauridos dessa amostragem jurisprudencial.

3.1.3. *Exame dos julgados do STJ*
O exame desses julgados revela que, inicialmente, os órgãos tributários do Superior Tribunal de Justiça admitiram o exame do tema da responsabilidade tributária de grupos econômicos sem que se aplicasse o óbice da sua Súmula 7, de 28.06.1990, que tem a seguinte redação: "Súmula 7 – A pretensão de simples reexame de prova não enseja recurso especial."

Entenderam os Julgadores, naquele momento inicial, que examinar e avaliar a existência de responsabilidade tributária de grupos econômicos não tinha o significado de reavaliar prova, de revolver novamente a prova já produzida nas instâncias anteriores. Entendia-se que se cuidava de um exame de matéria de direito.

---

[89] Elemento temporal da pesquisa: 2005 a 2019.

Nesse ambiente, em 2005, o primeiro julgado já referido decidiu que empresas integrantes de grupo econômico podiam responder pela dívida tributária de outra empresa co-integrante sem condições financeiras de suportar a exação. Cumpre citar a ementa desse julgado,

PROCESSUAL CIVIL. AUSÊNCIA DE OMISSÃO, OBSCURIDADE, CONTRADIÇÃO OU FALTA DE MOTIVAÇÃO NO ACÓRDÃO *A QUO*. EXECUÇÃO FISCAL. ALIENAÇÃO DE IMÓVEL. DESCONSIDERA-ÇÃO DA PESSOA JURÍDICA. GRUPO DE SOCIEDADES COM ESTRU-TURA MERAMENTE FORMAL. PRECEDENTE.

1. Recurso especial contra acórdão que manteve decisão que, desconsiderando a personalidade jurídica da recorrente, deferiu o aresto (sic) do valor obtido com a alienação de imóvel.

2. Argumentos da decisão *a quo* que são claros e nítidos, sem haver omissões, obscuridades, contradições ou ausência de fundamentação. O não-acatamento das teses contidas no recurso não implica cerceamento de defesa. Ao julgador cabe apreciar a questão de acordo com o que entender atinente à lide. Não está obrigado a julgar a questão conforme o pleiteado pelas partes, mas sim com o seu livre convencimento (art. 131 do CPC), utilizando-se dos fatos, provas, jurisprudência, aspectos pertinentes ao tema e da legislação que entender aplicável ao caso. Não obstante a oposição de embargos declaratórios, não são eles mero expediente para forçar o ingresso na instância especial, se não há omissão a ser suprida. Inexiste ofensa ao art. 535 do CPC quando a matéria enfocada é devidamente abordada no aresto *a quo*.

3. *'A desconsideração da pessoa jurídica, **mesmo no caso de grupos econômicos, deve ser reconhecida em situações excepcionais, onde se visualiza a confusão de patrimônio, fraudes, abuso de direito e má-fé com prejuízo a credores***. No caso sub judice, impedir a desconsideração da personalidade jurídica da agravante implicaria em possível fraude aos credores. **Separação societária, de índole apenas formal**, legitima a irradiação dos efeitos ao patrimônio da agravante com vistas a garantir a execução fiscal da empresa que se encontra sob o controle de mesmo grupo econômico'* (Acórdão *a quo*).

4. *'Pertencendo a falida a grupo de sociedades sob **o mesmo controle e com estrutura meramente formal, o que ocorre quando diversas pessoas jurídicas do grupo exercem suas atividades sob unidade gerencial, laboral e patrimonial, é legítima a desconsideração da personalidade jurídica** da falida para que os efeitos do decreto falencial alcancem as demais sociedades do grupo. Impedir a desconsideração da personalidade jurídica nesta hipótese implicaria prestigiar a fraude à lei ou* *contra credores. A aplicação da **teoria da desconsideração da personalidade jurídica** dispensa a propositura de ação autônoma para tal. Verificados os pressupostos de sua incidência, poderá o Juiz, incidentemente no próprio processo de execução (singular ou coletiva), **levantar o véu da personalidade jurídica** para que o ato de expropriação atinja terceiros envolvidos, de forma a impedir a concretização de fraude à lei ou contra terceiros'* (RMS nº 12872/SP, Relª Minª Nancy Andrighi, 3ª Turma, DJ de 16/12/2002).

5. Recurso não-provido. (STJ, Primeira Turma, REsp 767.021-RJ, Rel. Min. José Delgado, Sessão de 16.08.2005, DJ de 12.09.2005). (Negritos nossos).

Dessa decisão, extraem-se linhas de raciocínio e argumentos que foram utilizados posteriormente, ao longo dos anos, no exame do tema no Superior Tribunal de Justiça. Nota-se, no julgado, o estabelecimento de uma "condição de ilicitude" para que a responsabilidade tributária de grupo econômico seja reconhecida. Esse fator é representado pela utilização dos "vícios jurídicos" da "confusão patrimonial", da "fraude", do "abuso de direito" e da "má-fé". De seu turno, esses vícios jurídicos são evidenciados por "elementos fáticos" como "separação societária apenas formal", "sociedades sob mesmo controle", "unidade gerencial", "unidade laboral" e "unidade patrimonial" entre as empresas examinadas. Esse quadro indicaria uma condição geral de ilicitude na formação do grupo econômico. Teria ele sido formado para apenas ou principalmente simular negócios jurídicos e ocorrências de fatos geradores com a intenção final de evasão de tributos. Seria justamente essa condição de ilicitude que permitiria a utilização da "ferramenta jurídica" da "desconsideração da personalidade jurídica" para atingir-se o patrimônio de empresa terceira integrante do grupo econômico.

Nos anos seguintes, as Primeira e Segunda Turmas conheceram de processos nos quais municípios pretendiam cobrar de bancos comerciais o Imposto sobre Serviços de Qualquer Natureza (ISS) devido por empresas subsidiárias. O argumento único do Fisco era o aspecto de bancos e subsidiárias integrarem o mesmo grupo econômico, sem a presença de alguma condição de ilicitude. São exemplos dessa situação os dois seguintes julgados do mesmo processo: – STJ, Primeira Turma, REsp 859-616-RS, Rel. Min. Luiz Fux, Sessão de 18.09.2007, DJ de 15.10.2007; e – STJ, Primeira Turma, EDclREsp 859-616-RS, Rel. Min. Luiz Fux, Sessão de 11.03.2008, DJe de 07.04.2008.

RESPONSABILIDADE TRIBUTÁRIA DE GRUPOS ECONÔMICOS

Em 2010, esse tema específico chegou à Primeira Seção, que decidiu nos seguintes moldes:

PROCESSUAL CIVIL. EMBARGOS DE DIVERGÊNCIA NO RECURSO ESPECIAL. TRIBUTÁRIO. ISS. EXECUÇÃO FISCAL. PESSOAS JURÍDICAS QUE PRETENCEM AO MESMO GRUPO ECONÔMICO. CIRCUNSTÂNCIA QUE, POR SI SÓ, NÃO ENSEJA SOLIDARIEDADE PASSIVA.

1. O entendimento prevalente no âmbito das turmas que integram a Primeira Seção desta Corte é no sentido de que o fato de haver pessoas jurídicas que pertençam ao mesmo grupo econômico, por si só, não enseja a responsabilidade solidária, na forma prevista no art. 124 do Código Tributário Nacional. Ressalte-se que a solidariedade não se presume (art. 265 do Código Civil/2002), sobretudo em sede de direito tributário.

2. Embargos de divergência não providos. (STJ, Primeira Seção, EDivREsp 834.044-RS, Rel. Min. Mauro Campbell Marques, Sessão de 08.09.2010, DJe de 29.09.2010).

Nota-se que os Julgadores decidiram que não se verifica responsabilidade tributária por solidariedade apenas pelo fato de duas empresas ou mais pertencerem ao mesmo grupo econômico. Sociedades do mesmo grupo econômico possuem personalidades jurídicas próprias, não podendo responder reciprocamente por suas dívidas tributárias. Para que houvesse essa responsabilização, algo mais deveria estar presente, alguma situação de ilicitude no proceder das sociedades consideradas. Esse entendimento da Primeira Seção foi repetido em 2011: STJ, Primeira Seção, EDivREsp 859.616-RS, Rel. Min. Mauro Campbell Marques, Sessão de 09.02.2011, DJe de 18.02.2011.

Temos que o entendimento da Primeira Seção não colide logicamente com o julgamento pioneiro da Primeira Turma, de 2005. Neste, de 2005, a responsabilidade tributária de grupo econômico foi reconhecida com base na existência de uma condição de ilicitude dirigida à evasão fiscal. Naqueles – julgados da Primeira Seção –, defendia-se responsabilidade solidária tributária apenas pelo fato de empresas integrarem grupo econômico. Empresas de um mesmo grupo, seja de direito ou de fato, mantêm suas personalidades jurídicas próprias, seus haveres, seus compromissos, seus débitos e créditos. Algo mais é necessário para que a responsabilidade tributária solidária se faça presente. Na hipótese do art. 124, I, do CTN, exige-se a verificação do elemento "interesse comum"; e, na situação do inciso seguinte, a existência específica de previsão legal. Na situação subjacente do julgado de 2005, esse algo a mais, esse elemento determinante de solidariedade era justamente o conjunto ilícito de atos dos contribuintes e seus associados praticados com a intenção de evasão tributária.

A partir de 2013, a abordagem do Superior Tribunal de Justiça alterou-se. Os Julgadores tributários passaram a entender que o exame do tema já decidido pelas instâncias anteriores significaria reexame de prova, o que violaria a mencionada Súmula 7. Para ilustrar, cumpre colacionar a ementa do seguinte julgado:

> PROCESSUAL CIVIL. **TRIBUTÁRIO.** VIOLAÇÃO DO ART. 535 DO CPC. AUSÊNCIA DE OPOSIÇÃO DE EMBARGOS DE DECLARAÇÃO. SÚMULA 284/STF. VIOLAÇÃO DE DISPOSITIVOS DA CF. INVIABILIDADE. COMPETÊNCIA DO STF. ATUAÇÃO DO MAGISTRADO. LEGALIDADE. **GRUPO ECONÔMICO. DESCONSIDERAÇÃO DA PERSONALIDADE JURÍDICA. SÚMULA 7/STJ.** AUSÊNCIA DE IMPUGNAÇÃO ESPECÍFICA DOS FUNDAMENTOS DA DECISÃO AGRAVADA. SÚMULA 182 DO STJ. RAZÕES RECURSAIS DISSOCIADAS DA DECISÃO AGRAVADA. FUNDAMENTAÇÃO DEFICIENTE. SÚMULA 284/STF.
>
> 1. Inafastável a incidência da Súmula 284 do STF à alegada violação do art. 535 do CPC, uma vez que do acórdão que julgou o agravo regimental na origem não houve oposição de embargos de declaração para instar a Corte de origem a sanar eventual vício contido no aresto.
>
> 2. É inviável a análise de violação do art. 5º da Constituição Federal, pois a apreciação de suposta violação de preceitos constitucionais não é possível na via especial, nem à guisa de prequestionamento, porquanto matéria reservada ao Supremo Tribunal Federal, nos termos dos arts. 102, III, e 105, III, da Carta Magna.
>
> 3. **Da análise dos autos, o Tribunal de origem reconheceu que o magistrado não agiu de ofício, e que era legítima a desconsideração da personalidade jurídica, visto os indícios de grupo econômico com finalidade ilícita. A revisão do entendimento firmado demandaria reexame do acervo fático-probatório dos autos, o que é inviável em sede de recurso especial, sob pena de violação da Súmula 7 do STJ.**
>
> 4. Ademais, a decisão agravada não conheceu do recurso especial pela incidência da Súmula 283 do STF, visto a ausência de impugnação ao fun-

damento do acórdão atinente à inadequação do agravo de instrumento para averiguar questões que demandam produção de prova. No entanto, os agravantes deixaram de infirmar o referido fundamento nas razões do regimental, o que atrai a incidência da Súmula 182 do STJ, aplicada, *mutatis mutandis*, ao caso sob exame, conforme pacífico entendimento desta Corte: 'É inviável o agravo do art. 545 do CPC que deixa de atacar especificamente os fundamentos da decisão agravada.'

5. A alegação de inaplicabilidade da Súmula 211 do STJ está dissociada das razões da decisão agravada, uma vez que não houve a incidência do referido enunciado sumular quando do julgamento do recurso especial, o que atrai a incidência, novamente, da Súmula 284 do STF.

Agravo regimental improvido. (STJ, Segunda Turma, AgRgAREsp 244.325-SC, Rel. Min. Humberto Martins, Sessão de 07.02.2013, DJe de 19.02.2013). (Grifos nossos).

Nesse julgado, as instâncias anteriores haviam reconhecido a responsabilidade tributária solidária do grupo econômico. Os contribuintes e responsáveis solidários interpuseram recurso especial, que fez o caso chegar ao Superior Tribunal de Justiça. Todavia, o tema não foi conhecido em razão da Súmula 7. Assim como esse precedente, mais quinze dos trinta julgados examinados neste trabalho tinham essa mesma conformação fática e jurídica. Impende arrolá-los:

1. STJ, Primeira Turma, AgRgREsp 1.224.751-RS, Rel. Min. Regina Helena Costa, Sessão de 19.03.2015, DJe de 27.03.2015;

2. STJ, Primeira Turma, AgRgAREsp 603.177-RS, Rel. Min. Benedito Gonçalves, Sessão de 19.03.2015, DJe de 27.03.2015;

3. STJ, Primeira Turma, AgIntAREsp 863.387-SP, Rel. Min. Napoleão Nunes Maia Filho, Rel. para o acórdão Min. Regina Helena Costa, Sessão de 27.10.2016, DJe de 14.12.2016;

4. STJ, Primeira Turma, AgIntREsp 1.558.445-PE, Rel. Min. Napoleão Nunes Maia Filho, Rel. para o acórdão Min. Benedito Gonçalves, Sessão de 28.03.2017, DJe de 03.05.2017;

5. STJ, Primeira Turma, AgIntREsp 1.761.218-SP, Rel. Min. Regina Helena Costa, Sessão de 04.12.2018, DJe de 11.12.2018;

6. STJ, Segunda Turma, AgRgEDclAREsp 294.537-SC, Rel. Min. Mauro Campbell Marques, Sessão de 17.09.2013, DJe de 25.09.2013;

7. STJ, Segunda Turma, AgRgREsp 1.374.488-SC, Rel. Min. Humberto Martins, Sessão de 07.08.2014, DJe de 15.08.2014;
8. STJ, Segunda Turma, EDclAgRgREsp 1.511.682-PE, Rel. Min. Herman Benjamin, Sessão de 25.10.2016, DJe de 08.11.2016;
9. STJ, Segunda Turma, REsp 1.689.431-ES, Rel. Min. Herman Benjamin, Sessão de 03.10.2017, DJe de 19.12.2017;
10. STJ, Segunda Turma, AgIntAREsp 847.034-SP, Rel. Min. Og Fernandes, Sessão de 15.03.2018, DJe de 21.03.2018;
11. STJ, Segunda Turma, AgIntAREsp 1.191.407-RJ, Rel. Min. Assusete Magalhães, Sessão de 15.05.2018, DJe de 21.05.2018;
12. STJ, Segunda Turma, AgIntREsp 1.649.460-PE, Rel. Min. Francisco Falcão, Sessão de 28.05.2018, DJe de 28.05.2018;
13. STJ, Segunda Turma, AgIntAREsp 1.041.022-PR, Rel. Min. Assusete Magalhães, Sessão de 21.08.2018, DJe de 28.08.2018;
14. STJ, Segunda Turma, REsp 1.786.311-PR, Rel. Min. Francisco Falcão, Sessão de 09.05.2019, DJe de 14.05.2019; e
15. STJ, Segunda Turma, AREsp 1.455.240-RJ, Rel. Min. Francisco Falcão, Sessão de 15.08.2019, DJe de 23.08.2019.

Em 2015 e em 2016, houve duas exceções a esse entendimento de aplicação da Súmula 7 na Primeira Turma. Em ambos os casos, foi relator o Min. Napoleão Nunes Maia Filho. A responsabilidade tributária de grupo econômico havia sido reconhecida nas instâncias anteriores, houve recurso ao Superior Tribunal de Justiça, afastou-se o óbice da Súmula 7, e, por fim, o Colegiado julgou pela reversão das decisões que oneravam os contribuintes e responsáveis. Os julgados são os seguintes:

1. STJ, Primeira Turma, AgRgREsp 1.535.048-PR, Rel. Min. Napoleão Nunes Maia Filho, Sessão de 08.09.2015, DJe de 21.09.2015; e
2. STJ, Primeira Turma, AgRgREsp 1.340.385-SC, Rel. Min. Napoleão Nunes Maia Filho, Sessão de 16.02.2016, DJe de 26.02.2016.

Meses depois desse último julgado, ainda em 2016, a Primeira Turma voltou ao seu entendimento majoritário de aplicação da Súmula 7. Em caso similar àqueles dois, o Min. Napoleão Nunes Maia Filho relatou o julgado pelo afastamento da Súmula 7 e pela reversão da responsabilidade tributária de grupo econômico reconhecida nas instâncias anteriores. Entretanto, desta feita, votou de forma divergente e conduziu o julgamento a Min.

Regina Helena Costa, mantendo a solidariedade. Cabe registrar esse julgado: STJ, Primeira Turma, AgIntAREsp 863.387-SP, Rel. Min. Napoleão Nunes Maia Filho, Rel. para o acórdão Min. Regina Helena Costa, Sessão de 27.10.2016, DJe de 14.12.2016. Em 2017, esse posicionamento dos Ministros da Primeira Turma foi reafirmado em caso muito parecido: STJ, Primeira Turma, AgIntREsp 1.558.445-PE, Rel. Min. Napoleão Nunes Maia Filho, Rel. para o acórdão Min. Benedito Gonçalves, Sessão de 28.03.2017, DJe de 03.05.2017.

Em 27.05.2019, houve mais uma exceção à aplicação da Súmula 7 na Primeira Turma, no seguinte julgado: STJ, Primeira Turma, AREsp 1.035.029-SP, Rel. Min. Napoleão Nunes Maia Filho, Sessão de 27.05.2019, DJe de 30.05.2019. Nesta oportunidade, a conformação fática era diferente das demais exceções recém relatadas. O Tribunal de segunda instância havia afastado a solidariedade do grupo econômico, tendo havido recurso do Fisco, o qual foi desprovido pela Primeira Turma sem referência ao óbice de reexame de prova. Esta exceção é diferente das duas primeiras – de 2015 e de 2016 –, porque o voto do Ministro Relator apenas confirmou a tese de ausência de responsabilidade tributária do grupo econômico, a qual já havia sido assentada na segunda instância. Demais disso, este julgado parece referir-se à exação de contribuições previdenciárias, o que induziria a aplicação do art. 30, IX, da Lei 8.212/91, única hipótese legal expressa de responsabilização tributária de grupo econômico. Contudo, esse tema não foi referido diretamente no voto condutor, constando apenas de seu relatório. Não obstante, a questão do art. 30, IX, da Lei 8.212/91 será tratada adiante em item próprio deste trabalho.

Afora essas três exceções de 2015, de 2016 e de maio de 2019, a Súmula 7 vem sendo aplicada de forma consistente ao tema, consoante demonstram a citação da ementa do mencionado acórdão do AgRgAREsp 244.325-SC e o rol de quinze julgados que o seguiram. O último[90] desses precedentes data da Sessão de 15.08.2019 da Segunda Turma, posterior, portanto, à exceção da Sessão de 27.05.2019 da Primeira Turma.

Contudo, afigura-se muito importante apontar que, em alguns desses dezesseis casos de aplicação da Súmula 7, é possível perceber que os Julgadores adentraram em alguma dose no mérito da responsabilidade tributária de grupo econômico. Nesses casos, referem que os tribunais de

---

[90] Elemento temporal da pesquisa: set. 2019.

PANORAMA ATUAL DA RESPONSABILIDADE TRIBUTÁRIA DE GRUPOS ECONÔMICOS...

segunda instância trataram adequadamente o tema, frisam os principais pontos da responsabilidade solidária reconhecida e, após, fazem a aplicação da Súmula 7. Nessa pequena abertura de conhecimento sobre o mérito, é possível perceber que os Julgadores tributários do Superior Tribunal de Justiça ainda entendem que é necessária a existência de alguma postura de ilicitude para que a responsabilidade tributária de grupo econômico seja reconhecida. Mostra-se oportuno citar as ementas de dois julgados que exemplificam esse tratamento dado ao assunto:

> PROCESSUAL CIVIL E TRIBUTÁRIO. EMBARGOS DE DECLARAÇÃO. OFENSA AO ART. 535 DO CPC CONFIGURADA. VIOLAÇÃO DOS ARTS. 124 E 174 CTN. RESPONSABILIDADE SOLIDÁRIA. **GRUPO ECONÔMICO. CONFUSÃO PATRIMONIAL.** PRESCRIÇÃO. NÃO OCORRÊNCIA. **SÚMULA 7 DO STJ.**
>
> 1. Os Embargos de Declaração merecem prosperar, uma vez que presentes um dos vícios listados no art. 535 do CPC. Na hipótese dos autos, o acórdão embargado não analisou a tese apresentada pela ora embargante. Dessa forma, presente o vício da omissão.
>
> 2. No caso dos autos, o Tribunal de origem assentou que: não merece reproche a conclusão do juízo a quo no que tange à **responsabilização solidária de pessoas físicas (por meio da desconsideração da personalidade jurídica) e jurídicas integrantes do mesmo grupo econômico de empresas devedoras, quando existe separação societária apenas formal e pessoas jurídicas do grupo são usadas para blindar o patrimônio dos sócios em comum, como é o caso das excipientes, e de outras empresas do grupo."**
>
> 3. O Superior Tribunal de Justiça entende que a responsabilidade solidária do art. 124 do CTN não decorre exclusivamente da demonstração da formação de grupo econômico, mas demanda a comprovação de **práticas comuns, prática conjunta do fato gerador ou, ainda, quando há confusão patrimonial.**
>
> 4. O Tribunal ordinário entendeu pela responsabilidade solidária da empresa não pela simples circunstância de a sociedade pertencer ao mesmo grupo econômico do sujeito passivo originário. Antes, reconheceu a **existência de confusão patrimonial, considerando haver entre as sociedades evidente identidade de endereços de sede e filiais, objeto social, denominação social, quadro societário, contador e contabilidade.**
>
> 5. As questões foram decididas com base no suporte fático-probatório dos autos, de modo que a conclusão em forma diversa é inviável no âmbito do Recurso Especial, ante o **óbice da Súmula 7 do STJ.**

6. Embargos de Declaração acolhidos com efeitos integrativos. (STJ, Segunda Turma, EDclAgRgREsp 1.511.682-PE, Rel. Min. Herman Benjamin, Sessão de 25.10.2016, DJe de 08.11.2016). (Grifos nossos).

[...]

PROCESSUAL CIVIL. TRIBUTÁRIO. CAUTELAR FISCAL. RESPONSÁVEL TRIBUTÁRIO. **GRUPO ECONÔMICO. INTERESSE COMUM.** ART. 535 DO CPC/1973. OMISSÃO NÃO CONFIGURADA. VIOLAÇÃO A DISPOSITIVOS DE LEI FEDERAL. MATÉRIA DECIDIDA COM ESTRITO FUNDAMENTO NO CONTEXTO FÁTICO-PROBATÓRIO DOS AUTOS. REEXAME. INVIABILIDADE. **SÚMULA 7/STJ.** MÉRITO DESFAVORÁVEL À RECORRENTE. DECISÃO RECORRIDA APLICOU CORRETAMENTE O DIREITO À ESPÉCIE.

1. Insurge-se a recorrente contra acórdão que manteve a indisponibilidade de bens do seu patrimônio decretada em Medida Cautelar Fiscal, por estar **reconhecida a formação de grupo econômico de fato e a existência de interesse comum entre a recorrente e devedora principal.**

2. Alega a recorrente violação aos arts. 535 e 333, II, do CPC/1973, 2º da Lei 8.397/1992, 124 e 135 do CTN, além de dissídio jurisprudencial.

3. Não se configura a ofensa ao art. 535 do Código de Processo Civil, uma vez que o Tribunal de origem julgou a lide e solucionou a controvérsia, em conformidade com o que lhe foi apresentado.

4. Sobre o descabimento da produção de prova pericial, asseverou o acórdão recorrido que as questões de fundo relativas à caracterização de grupo econômico, desconsideração da pessoa jurídica, existência, ou não, de elisão e evasão fiscal, responsabilidade de sócio da empresa, assim como a ocorrência de prescrição e decadência devem ser discutidas nos Embargos à Execução fiscal, e não na via estreita do processo cautelar.

5. A hipótese não é de omissão, mas de insatisfação com o *decisum*.

6. Também não há omissão sobre a fundamentação para considerar a vinculação existente entre a recorrente e a sociedade [omitido nome da empresa].

7. Nesse ponto, sustentou o Tribunal de origem, exaustiva e detidamente (fls. 1821-1833, e-STJ), haver '**indícios claros de grupo econômico**' (fl. 1833, e-STJ), com indicação de todos os '**pontos de contato**' entre a recorrente e a executada.

8. A recorrente pode até discordar da conclusão da origem, mas novamente não se trata de omissão, mas de inconformismo direto com o resultado do acórdão, que foi contrário aos seus interesses.

PANORAMA ATUAL DA RESPONSABILIDADE TRIBUTÁRIA DE GRUPOS ECONÔMICOS...

9. Superada a preliminar de nulidade do acórdão recorrido por violação ao art. 535 do CPC/1973, no mérito não se conhece do Recurso Especial por **esbarrar na Súmula 7/STJ**.

10. A decisão *a quo* dirimiu a lide de forma extremamente fundamentada e detalhada quanto ao conjunto de elementos fáticos que levaram à conclusão pela responsabilidade da recorrente (art. 124 do CTN) e aplicação da Lei 8.397/1992.

11. Para modificar o entendimento firmado no acórdão recorrido, seria necessário exceder as razões colacionadas no acórdão vergastado, o que demanda incursão no contexto fático-probatório dos autos, vedada em Recurso Especial, conforme Súmula 7 desta Corte.

12. A análise no caso concreto da presença ou não dos requisitos legais pertinentes e da suposta afronta aos dispositivos legais tidos por violados (art. 333, II, do CPC/1973, art. 2º da Lei 8.397/1992, arts. 124 e 135 do CTN) demanda reexame de circunstâncias factuais que escapam à viabilidade procedimental pelo Superior Tribunal de Justiça. Precedentes em casos símiles.

13. Em relação à interposição pela alínea "c", este Tribunal tem entendimento no sentido de que a incidência da Súmula 7 desta Corte impede o exame de dissídio jurisprudencial, na medida em que falta identidade entre os paradigmas apresentados e os fundamentos do acórdão, tendo em vista a situação fática do caso concreto, com base na qual deu solução à causa a Corte de origem.

14. **E mesmo se ultrapassada a vedação da Súmula 7/STJ**, o que se admite apenas para argumentar, **no mérito melhor sorte não obteria o Recurso Especial. Isso porque a decisão recorrida aplicou corretamente os dispositivos legais tidos por violados, uma vez admitidos os fatos descritos no aresto impugnado.**

15. O art. 2º da Lei 8.397/1992 prevê seja a ação cautelar fiscal requerida em face do sujeito passivo da obrigação tributária. Já o art. 121, parágrafo único, do CTN, considera sujeito passivo da obrigação tributária (i) o contribuinte, quando tenha relação pessoal e direta com a situação que constitua o respectivo fato gerador; e o (ii) responsável, quando, sem revestir a condição de contribuinte, sua obrigação decorra de disposição expressa de lei.

16. A inclusão da recorrente no polo passivo da cautelar fiscal obedece à previsão legal e depende apenas da sua condição como responsável tributário à luz do CTN.

RESPONSABILIDADE TRIBUTÁRIA DE GRUPOS ECONÔMICOS

17. Nesse particular, **o Superior Tribunal de Justiça entende ser aplicável a responsabilidade solidária do art. 124 do CTN quando há comprovação de práticas comuns, prática conjunta do fato gerador ou, ainda, quando há confusão patrimonial.**

18. É o que se passa na espécie, em que o Tribunal local reconheceu a existência de grupo econômico e **ligações empresariais estreitas** entre a recorrente e a devedora originária decorrentes da administração familiar das empresas, **coincidência de endereços e objetos sociais, movimentação da conta bancária da recorrente pelo fundador da executada, esvaziamento patrimonial da devedora originária concomitantemente ao desenvolvimento econômico da recorrente. Tudo a demonstrar não só a existência, no mundo dos fatos, de grupo econômico integrado pela recorrente, como o interesse comum previsto no art. 124 do CTN.**

19. O Tribunal *a quo*, na fundamentação do seu *decisum*, teve o cuidado de destacar expressamente que sócios da executada teriam **transferido propriedade particular** para a empresa [omitido nome da empresa], o que revela indícios de **ocultação de bens com escopo de fraudar credores.** Destacou, ainda, entre outros aspectos, que a empresa [omitido nome da empresa], cujo objeto social é a incorporação de empreendimentos imobiliários, teve **empresas *Off-Shore*** integrando seu quadro societário em substituição aos integrantes da família proprietária da executada, e que a referida sociedade teve sede em **endereços coincidentes com de outras empresas do grupo econômico.**

20. De acordo com a decisão recorrida, ainda, a própria criação da recorrente já demonstraria a comunhão de interesses. Haveria a intenção de empresas e pessoas físicas em fazer investimentos no exterior, através de **empresas Off-shores,** a fim de obter isenções fiscais ou redução de impostos, segurança, sigilo e privacidade nos negócios, além de inúmeros outros fatores.

21. **Verifica-se, *in casu*, a presença dos requisitos não só para a responsabilização da recorrente (art. 124, CTN), como também para sua inclusão no polo passivo da cautelar fiscal (art. 2º, Lei 8.397/1992).**

22. O art. 135 do CTN foi bem afastado na origem e merece reiteração nesta instância, pelos mesmos fundamentos (aplicabilidade, ao caso, do art. 124, I).

23. Por fim, o exame específico da imprescindibilidade da prova pericial, com fulcro no art. 333, II, do CPC/1973, no caso concreto esbarra de forma invencível na Súmula 7/STJ.

24. Recurso Especial conhecido, em parte, e nessa parte não provido. (STJ, Segunda Turma, REsp 1.689.431-ES, Rel. Min. Herman Benjamin, Sessão de 03.10.2017, DJe de 19.12.2017). (Grifos nossos).

PANORAMA ATUAL DA RESPONSABILIDADE TRIBUTÁRIA DE GRUPOS ECONÔMICOS...

Não obstante a utilização da Súmula 7, percebe-se nessas duas decisões que os Julgadores adentraram no mérito do tema. E utilizaram parte daqueles mesmos "vícios jurídicos", "elementos fáticos" e "ferramentas jurídicas" já manejados no *leading case* de 2005[91] para chancelarem a decisão favorável à responsabilidade tributária de grupo econômico. Gize-se a constatação de "confusão patrimonial", que se percebe por "pontos de contato", como "identidades de endereços", de "objeto social", de "denominação social", de "quadro societário" e de "contadores"; e como "administração familiar das empresas", "utilização de empresas *off-shore*" e "movimentações conjuntas de contas bancárias". Em desfecho, o patrimônio do responsável solidário seria alcançado por meio da aplicação da ferramenta da desconsideração da personalidade jurídica.

Cabe trazer à lume dois trechos do voto condutor de um julgado recente[92] da Segunda Turma, de 09.05.2019, também do rol dos casos de aplicação da Súmula 7 que adentram no mérito, que fazem referências a "elementos fáticos" e "vícios jurídicos" que indicam a responsabilidade tributária do grupo econômico (STJ, Segunda Turma, REsp 1.786.311-PR, Rel. Min. Francisco Falcão, Sessão de 09.05.2019, DJe de 14.05.2019):

> No caso, como apontado, foi devidamente aferida pelo juízo de primeira instância, no bojo da execução fiscal, a ocorrência de **sucessão de empresas pela formação de grupo econômico de fato** com **prática do fato gerador** e **situação de confusão patrimonial**. Ficou comprovada a atuação da ora recorrente no **mesmo ramo de atividade econômica** da outra executada, além das alterações contratuais realizadas e dos **vínculos entre os sócios entre as pessoas jurídicas,** da **transferência do fundo de comércio**, dentre outros indícios de **confusão patrimonial**. Assim, de fato, não há fundamento de direito material a afastar, no presente caso, o redirecionamento da execução.
>
> [...]
>
> De fato, o presente caso é exemplar, neste sentido. Conforme consignado, o juízo de primeira instância aferiu ocorrência de **sucessão de empresas com configuração de grupo econômico** de fato entre executadas com atuação no **mesmo ramo de atividade econômica** (transporte rodoviário coletivo de passageiros), tendo havido alterações contratuais evidenciando a **identidade**

---

[91] STJ, Primeira Turma, REsp 767.021-RJ, Rel. Min. José Delgado, Sessão de 16.08.2005, DJ de 12.09.2005.

[92] Elemento temporal da pesquisa: set. 2019.

de sócios e a **mesma sede social**, dentre outros. Apontou-se que, em razão de alteração contratual, a ora recorrente (sob outra denominação) **ingressou no quadro social** da outra pessoa jurídica executada, permitindo, assim, aumento patrimonial – de R$ 501.370,00 (quinhentos e um mil, trezentos e setenta reais) para R$ 9.195.550,00 (nove milhões, cento e noventa e cinco mil, quinhentos e cinquenta reais) – tendo, posteriormente, dela se retirado, **cedendo a totalidade de suas cotas aos demais sócios**, do que resultou, ao final, a ocorrência de **esvaziamento patrimonial**. (Grifos nossos).

Nesses trechos, é citado o vício jurídico da confusão patrimonial, que seria evidenciado por diversos elementos fáticos, como sucessão de empresas no mesmo ramo de atividade, vínculo entres os sócios das pessoas jurídicas envolvidas, participação societária de uma pessoa jurídica na outra, cessão de cotas a sócios com o fim de esvaziamento patrimonial.

Impende citar, por oportuno, trechos de voto condutor de julgado ainda mais atual[93] da Segunda Turma, de 15.08.2019, que também menciona vícios jurídicos e elementos fáticos que apontam a caracterização da responsabilidade tributária de grupo econômico (STJ, Segunda Turma, AREsp 1.455.240-RJ, Rel. Min. Francisco Falcão, Sessão de 15.08.2019, DJe de 23.08.2019):

No caso, como apontado, foi devidamente aferida pelo Juízo de primeira instância, no bojo da execução fiscal, a ocorrência de **sucessão de empresas pela formação de grupo econômico de fato** com prática do fato gerador e situação de **confusão patrimonial**, verificando-se a ocorrência de **manipulação sobre informações e dados acerca dos imóveis, funcionários e patrimônio** das referidas empresas pelos seus controladores. Assim, de fato, não há fundamento de direito material a afastar, no presente caso, o redirecionamento da execução.

[...]

[...] É que não há que se falar em individualidade da empresa (seja essa individualidade patrimonial, financeira ou operacional), quando se está diante da **continuidade da exploração da atividade empresarial** mediante **práticas comuns ou conjunta do fato gerador** ou confusão patrimonial. Da mesma forma, ocorre imputação pessoal de responsabilidade aos sócios administradores por atos praticados com excesso de poderes ou infração de lei, con-

---

[93] Elemento temporal da pesquisa: set. 2019.

trato social ou estatutos. Portanto, em ambos os casos, não incide a proteção da personalidade da pessoa jurídica, sendo irrelevante a distinção entre responsabilidade por substituição – dos sócios-administradores – e por sucessão – entre empresas.

[...]

De fato, o presente caso é exemplar neste sentido. Conforme consignado, aferiu-se a ocorrência de **sucessão de empresas pela formação de grupo econômico de fato** com prática do fato gerador e situação de **confusão patrimonial**, verificando-se a ocorrência de **manipulação sobre informações e dados** acerca dos imóveis, funcionários e patrimônio das referidas empresas pelos seus controladores. (Grifos nossos).

Nesse julgado, também é verificado o vício jurídico da confusão patrimonial e os seguintes elementos fáticos que o presentam: manipulação de dados sobre patrimônio e funcionários das empresas; continuidade da exploração da mesma atividade empresarial; e prática conjunta de fato gerador.

3.1.4. *Entendimentos fixados pelo STJ*

Do conjunto do exame desses trinta julgados, entende-se que podem ser extraídas as seguintes definições já fixadas pelo Superior Tribunal de Justiça sobre o tema:

A situação de empresas integrarem, de forma lícita, o mesmo grupo econômico não enseja a responsabilidade tributária solidária prevista no art. 124, I, do CTN (interesse comum).

Verifica-se responsabilidade tributária de grupo econômico quando as empresas integrantes agem de forma ilícita com a intenção de praticar evasão de tributos.[94]

Esse quadro de ilicitude é representado pelos "vícios jurídicos" de "confusão patrimonial", de "fraude", de "abuso de direito" e de "má-fé".

Esses "vícios jurídicos", de seu turno, são evidenciados na realidade por "elementos fáticos" ou "pontos de contato"[95] como os seguintes, que

---

[94] O seguinte julgado destaca essa "finalidade ilícita": STJ, Segunda Turma, AgRgREsp 1.374.488-SC, Rel. Min. Humberto Martins, Sessão de 07.08.2014, DJe de 15.08.2014.
[95] Expressão utilizada no voto condutor do seguinte julgado: STJ, Segunda Turma, REsp 1.689.431-ES, Rel. Min. Herman Benjamin, Sessão de 03.10.2017, DJe de 19.12.2017.

RESPONSABILIDADE TRIBUTÁRIA DE GRUPOS ECONÔMICOS

foram hauridos exclusivamente de julgados examinados nesta pesquisa (lista com trinta elementos fáticos):

- "continuidade da exploração da mesma atividade empresarial" (elemento fático mencionado no seguinte julgado: STJ, Segunda Turma, AREsp 1.455.240-RJ, Rel. Min. Francisco Falcão, Sessão de 15.08.2019, DJe de 23.08.2019);
- "pessoas jurídicas utilizadas apenas para blindagem patrimonial" (elemento fático mencionado no seguinte julgado: STJ, Segunda Turma, AgRgREsp 1.374.488-SC, Rel. Min. Humberto Martins, Sessão de 07.08.2014, DJe de 15.08.2014);
- "sucessão de empresas no mesmo ramo de atividade" (elemento fático mencionado no seguinte julgado: STJ, Segunda Turma, REsp 1.786.311-PR, Rel. Min. Francisco Falcão, Sessão de 09.05.2019, DJe de 14.05.2019);
- "administração da empresa por procuração" (elemento fático mencionado no seguinte julgado: STJ, Primeira Turma, AgRgREsp 1.224.751-RS, Rel. Min. Regina Helena Costa, Sessão de 19.03.2015, DJe de 27.03.2015);
- "administração familiar das empresas envolvidas" (elemento fático mencionado nos seguintes julgados: – STJ, Primeira Turma, AgRgREsp 1.224.751-RS, Rel. Min. Regina Helena Costa, Sessão de 19.03.2015, DJe de 27.03.2015; – STJ, Primeira Turma, AgIntAREsp 863.387-SP, Rel. Min. Napoleão Nunes Maia Filho, Rel. para o acórdão Min. Regina Helena Costa, Sessão de 27.10.2016, DJe de 14.12.2016; e – STJ, Segunda Turma, REsp 1.689.431-ES, Rel. Min. Herman Benjamin, Sessão de 03.10.2017, DJe de 19.12.2017);
- "coincidência de endereços das empresas examinadas" (elemento fático mencionado no seguinte julgado: STJ, Segunda Turma, REsp 1.689.431-ES, Rel. Min. Herman Benjamin, Sessão de 03.10.2017, DJe de 19.12.2017);
- "confusão entre as pessoas jurídicas envolvidas" (elemento fático mencionado nos seguintes julgados: – STJ, Primeira Turma, AgRgREsp 1.224.751-RS, Rel. Min. Regina Helena Costa, Sessão de 19.03.2015, DJe de 27.03.2015; e – STJ, Primeira Turma, AgIntAREsp 863.387-SP, Rel. Min. Napoleão Nunes Maia Filho, Rel. para o acórdão Min. Regina Helena Costa, Sessão de 27.10.2016, DJe de 14.12.2016);

- "controle acionário unitário" (elemento fático mencionado no seguinte julgado: STJ, Primeira Turma, REsp 767.021-RJ, Rel. Min. José Delgado, Sessão de 16.08.2005, DJ de 12.09.2005);
- "empresas examinadas atuam no mesmo ramo" (elemento fático mencionado no seguinte julgado: STJ, Primeira Turma, AgIntA-REsp 863.387-SP, Rel. Min. Napoleão Nunes Maia Filho, Rel. para o acórdão Min. Regina Helena Costa, Sessão de 27.10.2016, DJe de 14.12.2016);
- "identidade de denominação social" (elemento fático mencionado nos seguintes julgados: – STJ, Segunda Turma, EDclAgRgREsp 1.511.682-PE, Rel. Min. Herman Benjamin, Sessão de 25.10.2016, DJe de 08.11.2016; e – STJ, Segunda Turma, AgIntAREsp 1.191.407-RJ, Rel. Min. Assusete Magalhães, Sessão de 15.05.2018, DJe de 21.05.2018);
- "identidade de endereços de matriz e de filiais" (elemento fático mencionado no seguinte julgado: STJ, Segunda Turma, EDclA-gRgREsp 1.511.682-PE, Rel. Min. Herman Benjamin, Sessão de 25.10.2016, DJe de 08.11.2016);
- "identidade de objeto social" (elemento fático mencionado nos seguintes julgados: – STJ, Segunda Turma, EDclAgRgREsp 1.511.682-PE, Rel. Min. Herman Benjamin, Sessão de 25.10.2016, DJe de 08.11.2016; – STJ, Primeira Turma, AgIntAREsp 863.387-SP, Rel. Min. Napoleão Nunes Maia Filho, Rel. para o acórdão Min. Regina Helena Costa, Sessão de 27.10.2016, DJe de 14.12.2016; – STJ, Segunda Turma, REsp 1.689.431-ES, Rel. Min. Herman Benjamin, Sessão de 03.10.2017, DJe de 19.12.2017; e – STJ, Segunda Turma, AgIntAREsp 1.191.407-RJ, Rel. Min. Assusete Magalhães, Sessão de 15.05.2018, DJe de 21.05.2018);
- "identidade de quadro societário" (elemento fático mencionado nos seguintes julgados: – STJ, Segunda Turma, EDclAgRgREsp 1.511.682-PE, Rel. Min. Herman Benjamin, Sessão de 25.10.2016, DJe de 08.11.2016; – STJ, Segunda Turma, AgIntAREsp 1.191.407-RJ, Rel. Min. Assusete Magalhães, Sessão de 15.05.2018, DJe de 21.05.2018; e – STJ, Segunda Turma, AgIntAREsp 1.041.022-PR, Rel. Min. Assusete Magalhães, Sessão de 21.08.2018, DJe de 28.08.2018);
- "identidade de serviços contábeis" (elemento fático mencionado no seguinte julgado: STJ, Segunda Turma, EDclAgRgREsp 1.511.682-

PE, Rel. Min. Herman Benjamin, Sessão de 25.10.2016, DJe de 08.11.2016);

- "movimentações conjuntas de contas bancárias" (elemento fático mencionado no seguinte julgado: STJ, Segunda Turma, REsp 1.689.431-ES, Rel. Min. Herman Benjamin, Sessão de 03.10.2017, DJe de 19.12.2017);
- "participação societária de uma pessoa jurídica na outra" (elemento fático mencionado no seguinte julgado: STJ, Segunda Turma, REsp 1.786.311-PR, Rel. Min. Francisco Falcão, Sessão de 09.05.2019, DJe de 14.05.2019);
- "prática conjunta de fato gerador" (elemento fático mencionado nos seguintes julgados: – STJ, Segunda Turma, EDclAgRgREsp 1.511.682-PE, Rel. Min. Herman Benjamin, Sessão de 25.10.2016, DJe de 08.11.2016; – STJ, Segunda Turma, REsp 1.689.431-ES, Rel. Min. Herman Benjamin, Sessão de 03.10.2017, DJe de 19.12.2017; e – STJ, Segunda Turma, AREsp 1.455.240-RJ, Rel. Min. Francisco Falcão, Sessão de 15.08.2019, DJe de 23.08.2019);
- "separação societária apenas formal" (elemento fático mencionado nos seguintes julgados: – STJ, Primeira Turma, REsp 767.021-RJ, Rel. Min. José Delgado, Sessão de 16.08.2005, DJ de 12.09.2005; e – STJ, Segunda Turma, EDclAgRgREsp 1.511.682-PE, Rel. Min. Herman Benjamin, Sessão de 25.10.2016, DJe de 08.11.2016);
- "simulação de terceirização de mão-de-obra" (elemento fático mencionado no seguinte julgado: STJ, Primeira Turma, AgRgREsp 1.224.751-RS, Rel. Min. Regina Helena Costa, Sessão de 19.03.2015, DJe de 27.03.2015);
- "unidade de instalações" (elemento fático mencionado no seguinte julgado: STJ, Primeira Turma, REsp 767.021-RJ, Rel. Min. José Delgado, Sessão de 16.08.2005, DJ de 12.09.2005);
- "unidade gerencial" (elemento fático mencionado nos seguintes julgados: – STJ, Primeira Turma, REsp 767.021-RJ, Rel. Min. José Delgado, Sessão de 16.08.2005, DJ de 12.09.2005; – STJ, Primeira Turma, AgRgREsp 1.224.751-RS, Rel. Min. Regina Helena Costa, Sessão de 19.03.2015, DJe de 27.03.2015; – STJ, Primeira Turma, AgIntA-REsp 863.387-SP, Rel. Min. Napoleão Nunes Maia Filho, Rel. para o acórdão Min. Regina Helena Costa, Sessão de 27.10.2016, DJe de 14.12.2016; e – STJ, Segunda Turma, AgIntAREsp 1.191.407-RJ, Rel. Min. Assusete Magalhães, Sessão de 15.05.2018, DJe de 21.05.2018);

PANORAMA ATUAL DA RESPONSABILIDADE TRIBUTÁRIA DE GRUPOS ECONÔMICOS...

- "unidade laboral" (elemento fático mencionado nos seguintes julgados: – STJ, Primeira Turma, REsp 767.021-RJ, Rel. Min. José Delgado, Sessão de 16.08.2005, DJ de 12.09.2005; – STJ, Primeira Turma, AgRgREsp 1.224.751-RS, Rel. Min. Regina Helena Costa, Sessão de 19.03.2015, DJe de 27.03.2015; e – STJ, Segunda Turma, AgIntAREsp 1.191.407-RJ, Rel. Min. Assusete Magalhães, Sessão de 15.05.2018, DJe de 21.05.2018);
- "unidade patrimonial" (elemento fático mencionado no seguinte julgado: STJ, Primeira Turma, REsp 767.021-RJ, Rel. Min. José Delgado, Sessão de 16.08.2005, DJ de 12.09.2005);
- "vínculo entres os sócios das pessoas jurídicas envolvidas" (elemento fático mencionado no seguinte julgado: STJ, Segunda Turma, REsp 1.786.311-PR, Rel. Min. Francisco Falcão, Sessão de 09.05.2019, DJe de 14.05.2019);
- "cessão de cotas a sócios com o fim de esvaziamento patrimonial" (elemento fático mencionado no seguinte julgado: STJ, Segunda Turma, REsp 1.786.311-PR, Rel. Min. Francisco Falcão, Sessão de 09.05.2019, DJe de 14.05.2019);
- "criação de uma 'empresa-caixa', sem passivo, apenas com o ativo do grupo econômico" (elemento fático mencionado no seguinte julgado: STJ, Primeira Turma, AgRgREsp 1.224.751-RS, Rel. Min. Regina Helena Costa, Sessão de 19.03.2015, DJe de 27.03.2015);
- "esvaziamento patrimonial da devedora originária em benefício de outra empresa do grupo" (elemento fático mencionado nos seguintes julgados: – STJ, Segunda Turma, AgRgREsp 1.374.488-SC, Rel. Min. Humberto Martins, Sessão de 07.08.2014, DJe de 15.08.2014; – STJ, Segunda Turma, REsp 1.689.431-ES, Rel. Min. Herman Benjamin, Sessão de 03.10.2017, DJe de 19.12.2017; – STJ, Segunda Turma, AgIntAREsp 1.191.407-RJ, Rel. Min. Assusete Magalhães, Sessão de 15.05.2018, DJe de 21.05.2018; e – STJ, Primeira Turma, AgIntREsp 1.761.218-SP, Rel. Min. Regina Helena Costa, Sessão de 04.12.2018, DJe de 11.12.2018);
- "realização de investimentos no exterior pela utilização de empresas *off-shore*" (elemento fático mencionado no seguinte julgado: STJ, Segunda Turma, REsp 1.689.431-ES, Rel. Min. Herman Benjamin, Sessão de 03.10.2017, DJe de 19.12.2017);
- "transferência de bens da devedora original para o patrimônio particular de sócios e gestores" (elemento fático mencionado no seguinte

julgado: STJ, Primeira Turma, AgIntREsp 1.761.218-SP, Rel. Min. Regina Helena Costa, Sessão de 04.12.2018, DJe de 11.12.2018); e
– "manipulação de dados sobre patrimônio e funcionários das empresas" (elemento fático mencionado no seguinte julgado: STJ, Segunda Turma, AREsp 1.455.240-RJ, Rel. Min. Francisco Falcão, Sessão de 15.08.2019, DJe de 23.08.2019).

Esse quadro de ilicitude possibilitaria a utilização da "ferramenta jurídica" da "desconsideração da personalidade jurídica" para ir-se além da empresa devedora original, alcançando-se o patrimônio das demais empresas integrantes do grupo econômico.

Esse quadro de ilicitude também evidenciaria o interesse comum do grupo econômico e de suas demais empresas integrantes no fato gerador do tributo evadido, caracterizando-se a responsabilidade tributária solidária do art. 124, I, do CTN.

O Superior Tribunal de Justiça não tratou, ainda, da questão específica da responsabilidade tributária de grupos econômicos prevista no art. 30, IX, da Lei 8.212/91, já citado acima neste trabalho,[96] [97] dispositivo que cuida da exação de contribuições previdenciárias. Como referido há pouco, o relatório do julgado AREsp 1.035.029-SP[98] faz referência a fatos ligados ao art. 30, IX, da Lei 8.212/91, contudo, seu voto condutor trata do tema com a abordagem geral de responsabilidade tributária de grupos econômicos. Diante disso, tem-se que não se pode entender que o Superior Tribunal de Justiça tenha efetivamente conhecido dessa questão.

Por fim, atualmente, tem-se que a avaliação da responsabilidade tributária de grupo econômico pelo Superior Tribunal de Justiça induz reexame probatório, o que é vedado pela sua Súmula 7. Inobstante, nos últimos anos, houve três oportunidades em que a Primeira Turma adentrou no mérito

---

[96] "Art. 30. A arrecadação e o recolhimento das contribuições ou de outras importâncias devidas à Seguridade Social obedecem às seguintes normas:
[...]
IX – as empresas que integram grupo econômico de qualquer natureza respondem entre si, solidariamente, pelas obrigações decorrentes desta Lei;
[...]."

[97] BRASIL. Lei 8.212, de 24.07.1991. Brasília, DF: Presidência da República, 1991. Disponível em: http://www4.planalto.gov.br/legislacao/. Acesso em: 05 dez. 2019.

[98] STJ, Primeira Turma, AgREsp 1.035.029-SP, Rel. Min. Napoleão Nunes Maia Filho, Sessão de 27.05.2019, DJe de 30.05.2019.

do tema, sem que se fizesse referência ao óbice do reexame probatório, datando a mais moderna[99] dessas exceções de 27.05.2019, conforme relatado no item anterior deste trabalho.

3.2. A posição da Doutrina Tributária sobre o tema

A Doutrina de Direito Tributário posiciona-se, majoritariamente, de forma contrária à extensão da responsabilidade fiscal às demais empresas integrantes do grupo econômico da sociedade devedora original. Argumenta-se, em síntese, que o Direito Tributário está jungido ao princípio da legalidade, à tipicidade cerrada e à reserva de lei complementar, não havendo no CTN hipótese de responsabilização de grupo econômico. Nessa senda, por exemplo, pondera o Professor Ives Gandra da Silva Martins,

> Diante de 'grupos econômicos', cada vez mais a Administração Fazendária tem redirecionado a cobrança do crédito tributário para as pessoas jurídicas que os integram, mesmo sem que estas tenham participado do fato gerador, com base apenas em conceitos da legislação trabalhista.
>
> A análise do tema, portanto, faz-se indispensável, haja vista que tal procedimento fazendário gera flagrante afronta aos princípios da estrita legalidade, tipicidade fechada e reserva absoluta da lei fiscal.[100]

Igualmente afastando a possibilidade de responsabilização tributária de grupo econômico, refere o Professor Humberto Ávila,

> O Código Tributário Nacional possui um capítulo sobre sujeição passiva. Mas mais do que um capítulo sobre sujeição passiva, ele possui disposições gerais sobre a responsabilidades dos sucessores, a responsabilidade por infrações e a responsabilidade de terceiros. Essa matéria foi regulada no Código Tributário Nacional, de tal sorte que, tendo sido esta matéria reservada à lei complementar, e tendo a lei complementar regulado esta matéria, estabelecendo hipóteses e critérios expressos, não se poderia por interpretação construir novas hipóteses além daquelas previstas.[101]

---

[99] Elemento temporal da pesquisa: set. 2019.

[100] MARTINS, Ives Gandra da S. **Grupos econômicos e responsabilidade tributária**. Revista de Direito Bancário e do Mercado de Capitais: São Paulo, RDB, v. 18, n. 67, jan./mar. 2015, p. 45-46.

[101] ÁVILA, Humberto. **Grupos econômicos**. Transcrição de palestra publicada na Revista Fórum de Direito Tributário – RFDT. Belo Horizonte, ano 14, n. 82, p. 9-22, jul./ago. 2016, p. 12.

RESPONSABILIDADE TRIBUTÁRIA DE GRUPOS ECONÔMICOS

Em reforço a essa posição, pontifica-se, em contemporâneo[102] trabalho acadêmico de 2019, que

[...] a responsabilidade tributária não pode ser imputada aos grupos econômicos. Trata-se de constatação relevante para o estudo do Direito Tributário, já que é preciso avançar no desenvolvimento dos mecanismos de defesa do indivíduo em face do Estado. Isso porque não basta jurisprudência e doutrina defenderem ardorosamente conceitos como 'tipicidade fechada', 'legalidade estrita' e 'reserva de lei formal', se, diante de hipótese concreta de abuso no exercício do poder de tributar, são incapazes de fazer uso das ferramentas que a Constituição forneceu.[103]

Ainda nessa linha, pode-se anotar a existência dos seguintes trabalhos científicos que adotam posições contrárias à responsabilização tributária de grupos econômicos: TOMÉ, Fabiana Del Padre. **Considerações sobre a responsabilidade tributária de empresas pertencentes a grupo econômico**. RDTC, vol. 3, ano 1, p. 17-32. São Paulo: Ed. RT, nov./dez. 2016; e BREYNER, Frederico Menezes. **Responsabilidade tributária das sociedades integrantes de grupo econômico**. RDDT, São Paulo, 187, abr. 2011, p. 68-81.

Por outro lado, a Doutrina Tributária também registra a existência de alguns posicionamentos científicos favoráveis à responsabilização tributária de grupos econômicos, o que vai ao encontro dos entendimentos fixados pelo Superior Tribunal de Justiça. Para enriquecer esse panorama, cumpre citar alguns trechos de textos dessa corrente minoritária. Por exemplo, enuncia Bradson Tibério Luna Camelo,

Os grupos econômicos de fato caracterizam-se por serem criados exclusivamente para reduzir riscos (repassando-os ao mercado), agindo como uma unidade nos benefícios e como entidades distintas nos malefícios. Devido ao sentimento de injustiça e para evitar impunidade, os tribunais pátrios aplicam a técnica da desconsideração da personalidade jurídica para imputar os débitos tributários para todas as pessoas jurídicas pertencentes ao grupo econômico de fato. O fundamento jurídico que costuma ser utilizado é que

---

[102] Elemento temporal da pesquisa: set. 2019.
[103] MEDEIROS, Rafael de Souza. **Responsabilidade tributária de grupo econômico**. Porto Alegre: Livraria do Advogado, 2019, p. 131.

PANORAMA ATUAL DA RESPONSABILIDADE TRIBUTÁRIA DE GRUPOS ECONÔMICOS...

a formação de grupos econômicos de fato é um abuso de direito (não deve ser usado para permitir a sonegação fiscal) e, como tal, ensejaria responsabilização de todos os envolvidos.[104]

Igualmente nessa trilha, posiciona-se Anderson Barg,

> Contudo, como já mencionado linhas acima, o direito não acolhe as hipóteses de abuso de direito. Relativamente à responsabilidade tributária, não se admite que, mediante atos de nítida ocultação de bens e direitos, se utilize abusivamente da personalidade jurídica para frustrar o pagamento de créditos tributários. É o que ocorre quando há a caracterização de grupos econômicos de fato que são utilizados como mecanismo para a frustração do cumprimento das obrigações tributárias, sendo instrumento de evasão patrimonial e ocultação de bens, com o propósito de afastar sujeitos da responsabilidade que, normalmente, estariam obrigados a assumir em relação à obrigação tributária.
>
> Nessas situações, em que há nítido abuso da utilização da personalidade jurídica, a necessidade de demonstração de interesse comum no negócio jurídico que origina o crédito tributário acaba por impedir que se alcancem bens e direitos que, não fossem os negócios jurídicos simulados, estariam abrangidos pela responsabilidade patrimonial do sujeito passivo da obrigação tributária – devedor principal do crédito fiscal. A adoção de tal entendimento acabaria – contrariando toda a lógica do sistema legal tributário – validando a utilização espúria e abusiva da personalidade jurídica, em detrimento dos legítimos interesses do credor.[105]

Diante desse quadro, nota-se que a Doutrina Tributária não está de acordo, em sua maioria, com o entendimento do Superior Tribunal de Justiça que vem admitindo a responsabilidade tributária de grupos econômicos quando se verifica a ocorrência de atos ilícitos no proceder de suas sociedades integrantes.

---

[104] CAMELO, Bradson Tibério Luna. **Solidariedade tributária de grupo econômico de fato.** RDDT, São Paulo, 170, nov. 2009, p. 22.

[105] BARG, Anderson. **A responsabilidade tributária de grupos econômicos na execução fiscal.** Revista da EMAGIS do TRF4, Ano 2, Número 4, 2016, Porto Alegre/RS, TRF4, p. 175.

3.3. Ponderações sobre esse panorama

Desde 2005, o Superior Tribunal de Justiça vem, então, reconhecendo a possibilidade de se estender a responsabilidade tributária da sociedade originariamente devedora para outras pessoas jurídicas integrantes do seu grupo econômico, seja de direito, seja de fato, quando se verifica algum proceder ilícito que falseie a realidade com o intuito de evasão de tributos. Pode-se criticar tecnicamente esse entendimento pretoriano, ou a utilização de uma ou outra ferramenta jurídica da qual esteja se lançando mão, mas é inegável que o fenômeno existe e está presente no cotidiano do Direito Tributário brasileiro. Não há como negá-lo. E, a julgar pelo entendimento do Supremo Tribunal Federal de que o tema geraria ofensa reflexa à Constituição, o Superior Tribunal de Justiça é o órgão mais elevado do Poder Judiciário que o conhecerá e o julgará, isto é, que terá a palavra final sobre seus contornos e desígnios (ao menos por ora[106]).

Com relação ao posicionamento que vem sendo construído ao longo dos anos no Superior Tribunal de Justiça, tem-se reserva científica, sempre respeitosa, no que atine à utilização da "ferramenta jurídica" da "desconsideração da personalidade jurídica do art. 50 do Código Civil". Quando aplica a responsabilidade tributária de grupos econômicos, o Superior Tribunal de Justiça, como relatado, perscruta a existência do "vício jurídico" da "confusão patrimonial", que é uma das condições do também "vício jurídico" do "abuso de personalidade jurídica", pressuposto maior e autorizador da utilização da "ferramenta jurídica" de sua "desconsideração", tudo previsto no mencionado art. 50 do Código Civil. Todavia, entendemos que uma lei ordinária de fora do Direito Tributário não poderia ser utilizada para reger um tema de obrigação tributária, o qual é protegido pela reserva de lei complementar, prevista na CRFB/88, art. 146, III, "b":

> Art. 146. Cabe à lei complementar:
>
> [...]
>
> III – estabelecer normas gerais em matéria de legislação tributária, especialmente sobre:
>
> [...]
>
> b) obrigação, lançamento, crédito, prescrição e decadência tributários;
>
> [...].

---

[106] Elemento temporal da pesquisa: set. 2019.

PANORAMA ATUAL DA RESPONSABILIDADE TRIBUTÁRIA DE GRUPOS ECONÔMICOS...

Somente lei complementar possui o condão de dispor sobre normas gerais de Direito Tributário, que são aquelas conformadoras de uma unicidade sistêmica nacional que, de seu turno, orientará os Legisladores de todos os entes federativos brasileiros. Os temas da sujeição passiva tributária e da responsabilidade tributária, aspectos essenciais da obrigação tributária, são certamente abarcados por essa especial proteção do art. 146, III, "b", da CRFB/88. São disciplinados no "Livro Segundo" do CTN, que se denomina "NORMAS GERAIS DE DIREITO TRIBUTÁRIO". Demais disso, por sua natureza, são aspectos da obrigação tributária que devem ser observados em todos os entes políticos: União, Estados, Distrito Federal e Municípios. Entendemos que o art. 146, III, da CRFB/88 cuida daquelas

> [...] normas que regulam os aspectos fundamentais da 'Parte Geral' do Direito Tributário e que, por isso, deve aplicar-se a todas as leis tributárias de todos os entes políticos. Somente deve existir, no Brasil, um único conceito de tributo, um único conceito de imposto, de taxa, de contribuição de melhoria etc., e não múltiplos conceitos, estipulados livremente por cada um dos entes políticos, sob pena de, além de violar flagrantemente a Constituição, criar um verdadeiro caos tributário, um estado de insuportável insegurança jurídica. [...] Essa base comum é composta não só pelos conceitos de tributo e das suas espécies, mas também pelos princípios gerais tributários, pelos institutos fundamentais do Direito Tributário (lançamento, decadência, prescrição, **responsabilidade** etc.) e por todos os **aspectos gerais relacionados à incidência tributária, à constituição e às vicissitudes da relação obrigacional tributária**, às garantias dos sujeitos ativos e passivos e aos procedimentos tributários.[107] (Grifos nossos).

Nesse contexto, não se pode compreender o art. 50 do Código Civil como uma norma geral de responsabilidade tributária, a qual complementaria os preceitos tributários da CRFB/88 e do CTN. Não há mínima compatibilidade com sua natureza. Nem a CRFB/88 nem o CTN preveem expressamente a responsabilidade tributária de grupos econômicos. Respeitosamente, não nos parece adequado que se utilize o art. 50 do Código Civil com essa função ou intento.

---

[107] VELLOSO, Andrei Pitten. **Constituição tributária interpretada.** – São Paulo: Atlas, 2007, p. 62-63.

RESPONSABILIDADE TRIBUTÁRIA DE GRUPOS ECONÔMICOS

O Supremo Tribunal Federal já decidiu, por seu Plenário e em regime de repercussão geral, que lei ordinária não pode dispor sobre normas gerais atinentes a temas de responsabilidade tributária. Fixou-se a tese de que lei ordinária não pode ampliar as hipóteses de responsabilidade tributária de terceiros previstas no CTN, lei complementar por natureza, nem por meio da regulação do tema da solidariedade tributária: STF, RE 562.276-PR, Plenário, Rel. Min. Ellen Gracie, Sessão de 03.11.2010, DJe de 09.02.2011, julgado em repercussão geral. Do voto condutor desse precedente, colhe-se:

> O preceito do art. 124, II, no sentido de que são solidariamente obrigadas 'as pessoas expressamente designadas por lei', não autoriza o legislador a criar novos casos de responsabilidade tributária sem a observância dos requisitos exigidos pelo art. 128 do CTN, tampouco a desconsiderar as regras matrizes de responsabilidade de terceiros estabelecidas em caráter geral pelos arts. 134 e 135 do mesmo diploma.

Reconhecida a existência de repercussão geral, gera-se, sobre a tese fixada, efeito *ultra partes*:

> A partir do momento em que o Supremo Tribunal Federal reconhecer a existência de repercussão geral, sendo caso de aplicação da técnica de julgamento de recursos extraordinários repetitivos o procedimento será aquele previsto pelo art. 1.038 do Novo CPC e a eficácia *ultra partes* desse julgamento será gerada nos termos dos arts. 1.039 a 1.041, do Novo CPC.[108]

Ainda cabe ter em conta sobre esse aspecto que

> [...] a legalidade atua como limitador não só para proteger o contribuinte, mas serve como regra de decisão para a preponderância do juízo político baseado na coletividade, em detrimento de um juízo de princípio baseado na tutela de pretensão individual. A questão está centrada num ideal de coexistência harmônica entre os Poderes, respeitando as competências atribuídas pela Constituição Federal a cada qual, bem como as opções valorativas já escolhidas na sua respectiva zona de competência. A tese do legislador negativo desenvolvida pelo Supremo Tribunal Federal estatui que o Poder Judiciário não pode acrescentar hipóteses não previstas na legislação em atenção tam-

---

[108] NEVES, Daniel Amorim Assumpção. **Novo código de processo civil comentado artigo por artigo**. 2. ed. rev. e atual. Salvador: Editora JusPodivm, 2017, 1.920 p., p. 1.802.

bém à separação de poderes. Logo, a defesa de um conteúdo mínimo estabelecido pelo legislador e não sujeito à invasão do Poder Judiciário reforça a ideia de que certas decisões já foram tomadas pelo legislador e, por decorrência, há uma parcela de ato cognitivo na tarefa do intérprete, sendo inclusive vedado se arvorar na tomada de decisões porque esta tarefa não lhe compete.[109]

Por outro lado, cremos que a utilização do grupo econômico de forma ilícita e com a intenção de prática de evasão tributária não pode ser admitida pelo Direito Brasileiro, exatamente na linha em que o Superior Tribunal de Justiça vem julgando.

Os direitos constitucionais de liberdade, de livre iniciativa e de propriedade e o próprio princípio da legalidade devem conviver harmonicamente com o princípio constitucional da solidariedade, que permeia a construção do nosso Estado Social e Democrático de Direito. O Estado Social gera políticas públicas, que exigem custeio. O Estado Social é pago pelo Estado Fiscal, como pontua o Doutor José Casalta Nabais, Professor de Coimbra:

> Pois bem, como facilmente se compreenderá, [...] o **princípio do estado social tem importantes implicações para a tributação** e os impostos. Implicações essas que, em geral, vão mais no sentido da expansão e intensificação da tributação do que no da sua limitação, o que, naturalmente, não surpreende se tivermos na devida conta que é o estado fiscal que paga a conta do estado social, e que esta, ao concretizar-se no alargamento da acção do estado muito para além do seu homogêneo e restrito domínio clássico (*rectius* liberal), se consubstancia em mais e maior estado a implicar maiores despesas e, consequentemente, maior tributação ou carga fiscal. [...] Em segundo lugar, **o princípio do estado social constitui o suporte duma tributação efectiva ou real do património ou capital, a qual no estado liberal era de todo incompreensível,** sendo a mesma, quando prevista, fundamentalmente uma tributação sobre o rendimento embora medido através do patrimônio (tributação adjetiva do patrimônio). Com efeito, a exigência duma justiça distributiva, capaz de compensar os défices de justiça provocados pela justiça comutativa própria do mercado económico, reclama uma diminuição das desigualdades de rendimentos e de património ou, como diz a nossa Constituição (art. 106,

---

[109] PORTO, Éderson Garin. **Fundamentos teóricos para uma crítica à jurisprudência das cortes superiores.** RIDB – Revista do Instituto do Direito Brasileiro [Faculdade de Direito da Universidade de Lisboa], Ano 2, n. 14, 2013, p. 17.457-17.458.

RESPONSABILIDADE TRIBUTÁRIA DE GRUPOS ECONÔMICOS

nº 1), a repartição justa dos rendimentos e da riqueza, **o que confere plena legitimidade a uma tributação substantiva do patrimônio.**[110] (Grifos nossos).

O Direito Brasileiro e o nosso Direito Tributário são essencialmente assentados no princípio da legalidade, o qual "é necessário à noção de Estado de Direito. Mas não é suficiente. Estado Constitucional de Direito é [...] e se desenvolverá bem mais que estado de legalidade".[111]

Frente a essa tensão de princípios constitucionais e de conceitos de Direitos Público e Privado, temos a pretensão de colaborar com uma abordagem científica e conciliadora, que preserve os primados de legalidade do nosso Direito Tributário, mas que também reprima as situações nas quais agentes sonegadores utilizem indevidamente a figura do grupo econômico. E pretende-se que essa alternativa tenha natureza pragmática, de molde que colabore com os operadores jurídicos no seu cotidiano, de forma racional e cooperando com a construção de um ambiente de segurança jurídica no Direito Tributário brasileiro, que, de seu turno, estimule a diminuição dos custos de transação da Economia nacional. É o que se procurará fazer no próximo capítulo deste trabalho.

---

[110] NABAIS, José Casalta. **O dever fundamental de pagar impostos** – Contributo para a compreensão constitucional do estado fiscal contemporâneo. Coimbra: Almedina, 2004, 746 p., p. 575-576.

[111] DIFINI, Luiz Felipe Silveira. **Princípio do Estado Constitucional Democrático de Direito.** RIDB – Revista do Instituto do Direito Brasileiro [Faculdade de Direito da Universidade de Lisboa], v. 1, n. 1, 2012, p. 160.

4
Abordagem Pragmática da Responsabilidade Tributária de Grupos Econômicos

4.1. Propósito negocial

Tratar-se-á, neste item, do tema do propósito negocial, o que colaborará com o desenvolvimento do objeto deste capítulo.

4.1.1. *Propósito negocial: ponderações iniciais*

A *Common Law*, de origem inglesa, é um dos mais relevantes sistemas jurídicos de nosso mundo atual. Está essencialmente fundada nas decisões proferidas pelo Poder Judiciário. A *Common Law* construída nos Estados Unidos da América (EUA), por influência direta da colonização inglesa, vem criando doutrinas judiciárias relevantes que impactam o Direito para além das fronteiras americanas. Uma delas, na seara do Direito Tributário, é a *Business Purpose Doctrine*, que foca a possibilidade de a autoridade fiscal desconsiderar negócios jurídicos sem substância real, celebrados apenas para gerar evasão de tributos.

Essa doutrina judicial vem ganhando relevância em escala mundial. Diversos países vêm instrumentalizando suas autoridades fiscais com ferramentas teóricas que permitem a desconsideração de negócios jurídicos simulados, cuja única finalidade seria o não-pagamento indevido de tributos. Pretende-se compreender um pouco melhor a origem e o funcionamento pragmático da *Business Purpose Doctrine*, que aparenta ser uma criação teórica característica da *Common Law* estadunidense; e verificar, ainda, se a *Business Purpose Doctrine* pode ser aplicada atualmente no Direito Tributário brasileiro.[112]

---

[112] Já tivemos oportunidade de escrever sobre o tema: BENITES, Nórton Luís. *The Business Purpose Doctrine*: Uma relevante doutrina tributária da *Common Law* Estadunidense. DIREITO FEDERAL, v. 1, p. 293-324, 2019. AJUFE. Brasília/DF.

4.1.2. *Sobre a Common Law Estadunidense*

O Direito Inglês, que pode ser considerado como aquele aplicado hoje na Inglaterra e no País de Gales, não surge a partir de um movimento de intelectuais que se reúnem para criar um direito comum, mas da reunião de juízes ligados ao poder real.[113] O direito é principalmente estatuído de forma consuetudinária, pela repetição de fatos, processos e julgamentos. O direito vai sendo paulatinamente sedimentado e reconhecido pelos operadores jurídicos, processo que o vai legitimando cotidianamente. O Direito Inglês é a base do direito de todos os países que fazem parte da família da *Common Law*, o que foi gerado pelo processo de colonialismo capitaneado pela Inglaterra em grande parte de sua história.

Os EUA foram uma colônia da Inglaterra. Inicialmente, o seu direito era a *Common Law* inglesa. Contudo, desde sua gênese, a realidade da nova terra, distante da metrópole, tornou evidente a necessidade de realização de adaptações ao direito do colonizador. Esse processo tornou-se mais intenso a partir do movimento de independência das treze colônias norte-americanas. O cotidiano local tornou necessária a aproximação do Direito Estadunidense com outros sistemas jurídicos, como o da *Civil Law* do continente europeu. Atualmente, entende-se que o direito dos EUA seria um sistema misto entre a *Common Law* inglesa e a *Civil Law* europeia.[114] Nessa trilha, observa Nuria González Martín,

> La recepción del derecho inglés se debió, como decimos, a la colonización ya que los ingleses transplantaron su derecho a los diferentes lugares em donde ejercieron su dominio, tanto en las islas británicas como fuera de ellas como es el caso de los Estados Unidos de América, pero reiteramos que existen diferencias muy profundas entre los sistemas jurídicos de estos dos países debido, fundamentalmente y tal y como veremos a continuación, a que el derecho americano recibió influencias ajenas a las inglesas y además porque después de su Independencia, los Estados Unidos de América se convirtieron en una república federal, adoptando una organización político-constitucional diferente de la inglesa, apareciendo así un derecho federal y un derecho local, circunstancia que no encontramos en Inglaterra.[115]

---

[113] AGUIAR, Ana Lúcia de. **História dos Sistemas Jurídicos Contemporâneos**. São Paulo: Editora Pillares, 2010, p. 83.

[114] *Idem. Ibidem*, p. 87.

[115] MARTÍN, Nuria Gonzáles. *Sistemas jurídicos contemporáneos*. México D. F: Nostra Ediciones, 2010, p. 66.

Considerando o contexto estadunidense atual, a *Common Law* pode ser compreendida como um sistema jurídico no qual decisões judiciais possuem efeitos de precedente e de vinculação. Os princípios e normas que regem o comportamento social não estão consagrados exclusivamente em atos normativos editados pelo Poder Legislativo, mas, também, em decisões proferidas pelos tribunais. O Poder Judiciário igualmente tem a função de criação de normas gerais, abstratas e imperativas (*caselaw*). Os casos paradigmas são considerados precedentes e possuem efeito vinculante sobre os demais juízos, que devem aplicar a norma criada nos julgamentos futuros (*stare decisis*).[116]

Assim, nos EUA, o estudo do direito opera-se de forma pragmática, especialmente pelo estudo dos precedentes. A lei existe, é criada pelo Poder Legislativo, mas seu exame está imbricado na atividade jurisdicional. Nesse ambiente, surgem doutrinas judiciais que acabam por se transformar em marcos da compreensão do direito. Isso também acontece no Direito Tributário estadunidense, como, por exemplo, no caso da criação da *Business Purpose Doctrine*.

4.1.3. *The Business Purpose Doctrine*
O termo inicial do surgimento das doutrinas judiciais tributárias americanas foi o julgamento proferido pela Suprema Corte no caso *Gregory v. Helvering*, em 07.01.1935.[117] Foi nesse julgamento, justamente, que se criou a *Business Purpose Doctrine*. Essa linha teórica, também conhecida como doutrina da substância econômica (*The Economic Substance Doctrine*), tem por finalidade rejeitar a aplicação de benefícios fiscais às transações realizadas simplesmente com o intuito de evitar tributação e sem nenhum propósito econômico ou negocial.[118]

É um comportamento compreensível, desde sempre, que as empresas contribuintes busquem incrementar sua posição econômica por meio da redução do pagamento de tributos. Buscar pagar menos tributo é

---

[116] RIBEIRO, Pedro Melo Pouchain. **As doutrinas judiciais no direito tributário norte-americano** – fundamentos para sua compreensão. Publicações da Escola da AGU, n. 12 setembro/outubro 2011, Brasília-DF, p. 313.

[117] *Supreme Court of the United States. Gregory v. Helvering, 293 U. S. 465 (1935).* Precedente disponível no *site* da *Library of Congress*: https://www.loc.gov/item/usrep293465/. Acesso em: 08 out. 2019.

[118] RIBEIRO, Pedro Melo Pouchain. *Ibidem*, p. 319.

RESPONSABILIDADE TRIBUTÁRIA DE GRUPOS ECONÔMICOS

uma postura adequada, dês que operada dentro dos limites postos pelo direito. Contudo, nesse mister, por vezes, o contribuinte adentra em uma "zona cinzenta" de legalidade, à qual pode estar atenta a autoridade fiscal. A intenção de reduzir a carga tributária, em sintonia com as pressões concorrenciais, evidencia a relevância, universal, da atividade do planejamento tributário.

Foi nesse panorama, ainda muito atual, que se deu a decisão do caso *Gregory v. Helvering*. Vamos aos fatos subjacentes a esse precedente. A interessada era Evelyn Gregory, uma senhora que, em 1928, detinha todas as ações de uma empresa chamada *United Mortgage Corporation*. Esta detinha 1.000 ações de uma outra empresa, *Monitor Securities Corporation*. Evelyn Gregory criou uma terceira empresa, *Averril Corporation*. Três dias depois, transferiu as 1.000 ações da *Monitor* para a *Averril*. Logo em seguida, Evelyn Gregory dissolveu a *Averril*, liquidando os ativos dessa nova empresa, transferindo-os para si. Ato contínuo, Evelyn Gregory vendeu a terceiro interessado as ações da *Monitor* por cerca de 133 mil dólares. Com base na legislação do imposto de renda vigente, que excluía da base de cálculo resultados de transações de ações que decorriam de reorganização de empresas, Evelyn Gregory pretendia diminuir o impacto tributário dos negócios que fizera. Com efeito, do ponto de vista formal, não havia problemas. Cumpria-se o disposto na legislação norte-americana de imposto de renda. Por outro lado, entendeu-se que a interessada abusava das formas e que não atendia a propósitos negociais legítimos. Inicialmente, junto ao *The Board of Tax Appeals*, órgão julgador administrativo, Evelyn Gregory foi vencedora. Compreendeu-se que a interessada havia pautado seus negócios nos termos exatos do que se permitia. A legislação remontava a meados da década de 1920, quando se tinha por objetivo a facilitação do trânsito empresarial, por meio de reorganizações societárias, que se faziam, preponderantemente, por intensa atividade no mercado de ações. No entanto, junto à Corte de Apelação (*The United States Court of Appeals for the Second Circuit*), reviu-se a decisão anterior. Evelyn Gregory levou a questão à Suprema Corte, que manteve o julgamento recorrido, decidindo definitivamente em favor das autoridades fazendárias.[119] Na Suprema Corte, entendeu-se que o negócio jurídico examinado não apresentava propósito negocial e substância

---

[119] GODOY, Arnaldo Sampaio de. **Interpretação Econômica do Direito Tributário**: o Caso Gregory v. Helvering e as Doutrinas do Propósito Negocial (Business purpose) e da Substância sobre a Forma (Substance over Form). RFDT, Belo Horizonte, ano 8, n. 43, jan. 2010, *passim*.

ABORDAGEM PRAGMÁTICA DA RESPONSABILIDADE TRIBUTÁRIA DE GRUPOS...

econômica. O negócio era formalmente perfeito, mas, materialmente, era vazio, sua única finalidade havia sido elidir indevidamente tributo. Cumpre citar trecho do voto do *Justice* Sutherland:

> Quando o item b trata da transferência de bens de uma empresa para outra, isso significa uma transferência feita 'com o objetivo de se fazer uma reorganização empresarial' (seção 112 (g) de empresa incorporada; e não mera transferência de bens de uma empresa para outra na busca de um plano de reorganização que não se relacione aos negócios de nenhuma das empresas envolvidas, como claramente demonstrado no caso presente. Colocando-se de lado, então, a questão relativa aos motivos, com relação à tributação total, e fixando-se a natureza do método por meio do qual os fatos efetivamente se deram, o que encontramos? Apenas uma operação que não tinha nenhum objetivo empresarial. Um mero mecanismo pelo qual se usou a fórmula de uma reorganização empresarial, como disfarce para encobrir-se seu objetivo real, e o único objeto e resultado do qual fora a realização de um plano preconcebido, e não a reorganização de uma empresa, ou de parte dela, porém apenas a transferência de parcela de ações da empresa para a recorrente. Não há dúvidas, uma nova e legítima empresa fora criada. Porém tal empresa nada mais era do que uma invenção para os fins mais tarde descritos. A nova empresa fora criada com nenhum outro propósito; essa empresa não serviu, como cogitado desde o início, para nenhuma outra função. Quando tal função reduzida fora exercida, a empresa imediatamente morreu, deixou de existir.

Nessas circunstâncias, os fatos falam por si mesmos e permitem apenas uma única interpretação. O único empreendimento, embora conduzido nos termos do item b da seção 112, fora de fato uma forma elaborada e errônea de transposição simulada como uma reorganização societária, e nada mais. A regra que exclui de consideração o motivo da elisão fiscal não guarda pertinência com a situação presente, porquanto a transação em sua essência não é alcançada pela intenção pura da lei. Sustentar-se de outro modo seria uma exaltação do artifício em desfavor da realidade, bem como se retirar da previsão legal em questão qualquer propósito mais sério. É mantido o julgamento de segunda instância. (Em tradução livre).[120/121/122]

---

[120] GODOY, Arnaldo Sampaio de. **Interpretação Econômica do Direito Tributário**: o Caso Gregory v. Helvering e as Doutrinas do Propósito Negocial (Business purpose) e da Substância sobre a Forma (Substance over Form). RFDT, Belo Horizonte, ano 8, n. 43, jan. 2010, *passim*.

A Corte desconsiderou os contornos formais do negócio jurídico entabulado e focou no seu verdadeiro motivo, na sua razão de ser, para aplicar a regra tributária que havia sido evitada. Examinou-se e constatou-se a inexistência de propósito negocial. Em suma, com esse precedente, ficou evidenciado, nos EUA, que Tribunais olham para os fatos, não para os rótulos (*Courts look to facts, not to labels*).

4.1.4. *The Business Purpose Doctrine no Brasil?*

O Brasil filia-se ao sistema jurídico da *Civil Law*. Nossa vida e nosso agir cotidiano são regulados pela norma escrita e positivada. Os lindes de nossas vivências são dados pela legislação pátria, desde a Constituição, no cume, até a mais simples portaria municipal que disponha sobre algum tema local de nosso bairro. Nesse entremeio, temos leis complementares, leis ordinárias federais, estaduais e municipais, e toda uma gama de legislação infralegal, como resoluções, provimentos, portarias, ordens de serviço e outras.

---

[121] *Supreme Court of the United States. Gregory v. Helvering, 293 U. S. 465 (1935)*. Precedente disponível no *site* da *Library of Congress*: https://www.loc.gov/item/usrep293465/. Acesso em: 08 out. 2019.

[122] Texto original: "When subdivision (B) speaks of a transfer of assets by one corporation to another, it means a transfer made 'in pursuance of a plan of reorganization' [§ 112(g)] of corporate business; and not a transfer of assets by one corporation to another in pursuance of a plan having no relation to the business of either, as plainly is the case here. Putting aside, then, the question of motive in respect of taxation altogether, and fixing the character of the proceeding by what actually occurred, what do we find? Simply an operation having no business or corporate purpose – a mere device which put on the form of a corporate reorganization as a disguise for concealing its real character, and the sole object and accomplishment of which was the consummation of a preconceived plan, not to reorganize a business or any part of a business, but to transfer a parcel of corporate shares to the petitioner. No doubt, a new and valid corporation was created. But that corporation was nothing more than a contrivance to the end last described. It was brought into existence for no other purpose; it performed, as it was intended from the beginning it should perform, no other function. When that limited function had been exercised, it immediately was put to death.
In these circumstances, the facts speak for themselves and are susceptible of but one interpretation. The whole undertaking, though ronducted according to the terms of subdivision (B), was in fact an elaborate and devious form of conveyance masquerading as a corporate reorganization, and nothing else. The rule which excludes from consideration the motive of tax avoidance is not pertinent to the situation, because the transaction upon its face lies outside the plain intent of the statute. To hold otherwise would be to exalt artifice above reality and to deprive the statutory provision in question of all serious purpose. Judgment affirmed."

Atualmente, há um movimento de aproximação entre os sistemas jurídicos da *Common Law* e da *Civil Law*. Países adeptos do primeiro sistema vêm potencializando sua atividade legislativa, editando leis específicas e até códigos; de outro lado, países da *Civil Law* vêm dando força à atividade jurisdicional por meio da valorização dos precedentes. O Brasil é um exemplo claro desse movimento. Há anos, os precedentes jurisdicionais vêm sendo valorizados, o que foi confirmado na edição do Código de Processo Civil de 2015[123] (CPC/15).

Não obstante, a regra positivada ainda é a fonte primordial e geral do Direito Brasileiro, que celebra o princípio da legalidade como um de seus pilares. Igualmente o Direito Tributário nacional está fundado no princípio da legalidade. Normas gerais sobre a obrigação tributária dependem da edição de lei complementar: art. 146, III, "b", da CRFB/88. Demais disso, tributo de qualquer espécie e de qualquer esfera deve ser criado, tão-somente, por meio da edição de lei: art. 150, I, da CRFB/88. Nessa conjectura, não é possível, no Brasil, que alguma doutrina apenas de cunho judicial afete os contornos da obrigação tributária. Para existir, a doutrina judicial precisa estar assentada na lei. E essa necessidade inclui o exame da existência, ou não, de propósito negocial nos negócios jurídicos em geral.

Ao tratar do lançamento tributário, o CTN prevê que a autoridade fiscal pode reavaliar situações nas quais o sujeito passivo tenha agido com dolo, fraude ou simulação. Esse poder-dever da autoridade fiscal pode ter relação com a existência, ou não, de propósito negocial no negócio jurídico que esteja em exame.

4.1.5. *Revisão do lançamento tributário por dolo, fraude ou simulação e a Norma Geral Antielisiva*
O CTN sofreu alteração, em 2001, para receber uma regra que foi chamada de "Norma Geral Antielisiva".[124] Foi incluído um parágrafo único ao seu art. 116, o qual trata do fato gerador da obrigação tributária. Isso

---

[123] BRASIL. Lei 13.105, de 16.03.2015. **Código de Processo Civil – CPC**. Brasília, DF: Presidência da República, 2015. Disponível em: http://www4.planalto.gov.br/legislacao/. Acesso em: 05 dez. 2019.

[124] Nesse sentido, por exemplo: QUEIROZ, Mary Elbe. **Planejamento Tributário e a Norma Antielisiva** – Mesa de Debates. Revista de Direito Tributário 85, 2002, p. 78-98. São Paulo: Malheiros, 2002; e MARTINS, Ives Gandra da S. **Norma anti-elisão tributária e o princípio da legalidade, à luz da segurança jurídica**. RDDT, São Paulo, 119, ago. 2005, p. 120-134.

se deu por meio da Lei Complementar 104/2001. Insta citar novamente a redação desse dispositivo:

Art. 116. Salvo disposição de lei em contrário, considera-se ocorrido o fato gerador e existentes os seus efeitos:

I – tratando-se de situação de fato, desde o momento em que se verifiquem as circunstâncias materiais necessárias a que produza os efeitos que normalmente lhe são próprios;

II – tratando-se de situação jurídica, desde o momento em que esteja definitivamente constituída, nos termos de direito aplicável.

Parágrafo único. A autoridade administrativa poderá desconsiderar atos ou negócios jurídicos praticados com a finalidade de dissimular a ocorrência do fato gerador do tributo ou a natureza dos elementos constitutivos da obrigação tributária, observados os procedimentos a serem estabelecidos em lei ordinária. (Grifo nosso).

Essa nova regra brasileira foi inspirada na doutrina estadunidense do propósito negocial: *The Business Purpose Doctrine*. Como já versado neste trabalho, essa linha teórica tem por finalidade rejeitar a aplicação de benefícios fiscais às transações realizadas simplesmente com o intuito de evitar tributação e sem nenhum propósito econômico ou negocial.[125] Conforme anteriormente anotado, o precedente norte-americano tratou de situação fática na qual uma contribuinte simulou (falseou) um negócio jurídico para dissimular (mascarar) o negócio jurídico verdadeiro, tudo para diminuir o pagamento de imposto de renda. Simulou-se (falseou-se) o não desejado aparente e dissimulou-se (escondeu-se) o desejado não aparente. Ao final do caso, a Suprema Corte estadunidense assentou o entendimento de que o Fisco deveria desconsiderar os contornos formais do negócio jurídico entabulado e focar no seu verdadeiro motivo, na sua razão de ser, para aplicar a regra tributária que havia sido evitada. Examinou-se e constatou-se a inexistência de propósito negocial.

Contudo, mesmo antes da criação do parágrafo único do art. 116 do CTN, de inspiração norte-americana, a autoridade fiscal brasileira já podia desconsiderar negócio jurídico simulado (falso) para levar em conta

[125] RIBEIRO, Pedro Melo Pouchain. **As doutrinas judiciais no direito tributário norte-americano** – fundamentos para sua compreensão. Publicações da Escola da AGU, n. 12 setembro/outubro 2011, Brasília-DF, p. 319.

o negócio jurídico dissimulado (verdadeiro), com fundamento legal no suso examinado art. 149, VII, também do CTN. O parágrafo único do art. 116 não inovou. Ele pretendeu instrumentalizar o direito pátrio com uma ferramenta que já estava à disposição dos operadores jurídicos brasileiros. Alguns juristas entenderam que a nova regra estabeleceu a desconsideração de negócio jurídico por "dissimulação", o que seria diferente de "simulação", em razão de ter sido utilizado o verbo "dissimular" no seu texto.[126] Essa visão parece compreender, então, que, até o advento do parágrafo único do art. 116, o Fisco não poderia cuidar da dissimulação do sujeito passivo, mas apenas da simulação. Esse pensamento aparenta lidar com os conceitos de simulação absoluta (simulação sem dissimulação) e de simulação relativa (simulação para dissimular), os quais já foram enfocados neste trabalho. Respeitosamente, não concordamos com essa leitura teórica. O art. 149, VII, abarca todas as modalidades de simulação, bastando que tenha sido realizada para falsear o fato gerador real e evadir tributos, com ou sem um segundo negócio jurídico subjacente. Ademais, essa exegese parece ser muito literal, pois se vincula fortemente ao verbo utilizado na lei. Mesmo nesse plano argumentativo, entretanto, pode-se defender que o verbo "dissimular" se refere ao "mascaramento do fato gerador com intenção de evadir tributo" e não à "ocultação de um segundo negócio jurídico subjacente e desejado", hipótese de simulação relativa. Desse modo, a simulação absoluta, na qual se simula sem haver ato jurídico ocultado, também estaria incluída tanto nos limites do art. 149, VII, como do analisado art. 116, parágrafo único, bastando, para tanto, que tenha provocado evasão de tributo. Em síntese, este dispositivo – novo – tratou de matéria que já estava suficientemente regulada por aquele – existente desde a gênese do CTN. Apenas veio reforçar um poder que já era detido pelo Fisco brasileiro, qual seja, de desconsideração de negócios jurídicos fraudados e/ou simulados:

> Não há dúvidas de que o parágrafo único ao art. 116 do Código Tributário Nacional comparece como uma norma de reforço às disposições que dantes

---

[126] Nesse sentido, por exemplo: GONÇALVES, Mario Thurmann. **O dolo, a fraude e a simulação no lançamento por homologação.** RTFP vol. 65/2005, p. 276-292. São Paulo: RT, Nov-Dez/2005; e CARBONI, Mario Augusto. **Concepções hermenêuticas a respeito do propósito negocial como elemento da elisão tributária no direito brasileiro.** Revista da PGFN, Ano III, N. 2, 2013, julho/dezembro, p. 117-137.

RESPONSABILIDADE TRIBUTÁRIA DE GRUPOS ECONÔMICOS

já se continham no ordenamento jurídico nacional, como é o caso do próprio art. 149, VII, do Código Tributário Nacional [...].[127]

Também se posiciona dessa forma o Professor Paulo de Barros Carvalho,

'Simular' significa disfarçar uma realidade jurídica, encobrindo outra que é efetivamente praticada. Nas palavras de Marcos Bernardes de Mello, 'o que caracteriza a simulação é, precisamente, o ser não verdadeira, intencionalmente, a declaração de vontade. Na simulação quer-se o que não aparece, não se querendo o que efetivamente aparece'. Além disso, para que o ocultamento da realidade seja considerado um defeito, é imprescindível haver intenção de prejudicar terceiros ou de violar disposição de lei, isto é, dolo.

[...]

A Lei Complementar nº 104/2001, acrescentando o parágrafo único ao art. 116 do Código Tributário Nacional, dispôs que 'a autoridade administrativa poderá desconsiderar atos ou negócios jurídicos praticados com a finalidade de dissimular a ocorrência do 'fato gerador' do tributo ou a natureza dos elementos constitutivos da obrigação tributária, observados os procedimentos a serem estabelecidos em Lei Ordinária'. A meu ver, porém, referido preceito não introduziu alteração alguma no ordenamento brasileiro, uma vez que este já autorizava a desconsideração de negócios jurídicos dissimulados, a exemplo do disposto no art. 149, VII, do Código Tributário Nacional. O enunciado acima transcrito veio apenas ratificar regra existente no direito pátrio.[128]

O parágrafo único do art. 116 do CTN exige – e exigia – complementação por lei ordinária. Tentou-se complementá-lo por meio da Medida Provisória (MP) 66, de 29.08.2002, publicada em 30.08.2002. Essa MP, que tratava de diversos temas tributários, estabeleceu complementação à Norma Geral Antielisiva do CTN nos seus originais arts. 13 a 19. Contudo, esses dispositivos da MP não foram mantidos na sua conversão para

---

[127] TÔRRES, Heleno Taveira. Limites ao planejamento tributário – Normas antielusivas (gerais e preventivas) – A norma geral de desconsideração de atos ou negócios do direito brasileiro. *In*: MARINS, James (coord.). **Tributação e antielisão**, Livro 3, 1ª edição – 2ª tiragem. Curitiba: Juruá, 2003, p. 76.

[128] CARVALHO, Paulo de Barros. **Livre Iniciativa no Direito Tributário Brasileiro**: Análise do artigo 116 do Código Tributário Nacional. Repertório de Jurisprudência IOB, 13/2011, Vol. 1, p. 434-435.

a Lei 10.637, de 30.12.2002, publicada em 31.12.2002.[129] A MP foi convertida nessa mencionada lei, mas todos os artigos que tratavam da Norma Geral Antielisiva restaram suprimidos sem qualquer explicação formal. Registre-se que a complementação da MP tratava a figura de *dissimulação* como algo diferente do dolo, da fraude e da simulação já previstos no art. 149, VII, do CTN. Impende transcrever o art. 13, parágrafo único, da redação original dessa MP:

> Art. 13. Os atos ou negócios jurídicos praticados com a finalidade de dissimular a ocorrência de fato gerador de tributo ou a natureza dos elementos constitutivos de obrigação tributária serão desconsiderados, para fins tributários, pela autoridade administrativa competente, observados os procedimentos estabelecidos nos arts. 14 a 19 subseqüentes.
>
> **Parágrafo único. O disposto neste artigo não inclui atos e negócios jurídicos em que se verificar a ocorrência de dolo, fraude ou simulação.** (Grifo nosso).

Como sinalado há pouco, discorda-se dessa compreensão do tema. A conduta de *dissimulação* já estava incluída no art. 149, VII, do CTN. Considera-se, portanto, que andou bem o Legislador em não consagrar esse entendimento por meio da conversão desse artigo em dispositivo de lei ordinária. Outrossim, insta ainda ter em conta que o parágrafo único do art. 116 do CTN é objeto da Ação Direta de Inconstitucionalidade (ADIN) 2.446, de 2001, que pende de julgamento no Supremo Tribunal Federal.[130/131]

Pode-se asseverar, de todo o exposto, que o art. 149, VII, que existe desde o advento do CTN (1966), com suas três figuras (dolo, fraude e simulação), constitui uma ferramenta fiscal similar, por natureza, à *Business Purpose Doctrine* estadunidense. No caso *Gregory v. Helvering*, os julgadores desconsideraram o negócio jurídico simulado e perceberam que carecia de propósito negocial e de substância econômica. A contribuinte americana tinha praticado fraude contra a lei, tinha simulado negócios jurídicos,

---

[129] BRASIL. Lei 10.637, de 30.12.2002. Brasília, DF: Presidência da República, 2002. Disponível em: http://www4.planalto.gov.br/legislacao/. Acesso em: 05 dez. 2019.

[130] ABRAHAM, Marcus. **Os 10 anos da norma geral antielisiva e as cláusulas do propósito negocial e da substância sobre a forma presentes no direito brasileiro.** RDDT, São Paulo, 192, set. 2011, p. 79.

[131] Elemento temporal da pesquisa: set. 2019.

tudo com a intenção dolosa de pagar menos tributo de uma forma ilícita. É justamente para essa finalidade material que o examinado dispositivo original do CTN permite que o Fisco pátrio examine a conduta do contribuinte e revise o lançamento tributário. Ademais, conclui-se, com fundamento no art. 149, VII, do CTN, que a autoridade fiscal brasileira pode exercer um controle racional sobre os procedimentos prévios de apuração de tributos do sujeito passivo (lançamentos por declaração e por homologação) para verificar se foram realizados com dolo, fraude ou simulação e com a intenção de evadir tributos. Nesse caso, o Fisco pode desconsiderar os atos e negócios forjados e aplicar a regra tributária adequada à realidade.

4.2. OCDE e o projeto "Erosão de base tributária e desvio de lucros"

A renomada Organização para a Cooperação e Desenvolvimento Econômico (OCDE) – *Organization for Economic Cooperation and Development* (OECD) – também está preocupada com a substância econômica e o propósito negocial das transações internacionais e das políticas adotadas pelos associados em seus mercados internos.

Em razão disso, criou o projeto "Erosão de base tributária e desvio de lucros", ou, em Inglês, *Base Erosion and Profit Shifting – BEPS*:

> O BEPS foi uma iniciativa da OCDE e dos líderes do G20 para endereçar preocupações do governo com o intuito de encerrar as práticas abusivas de planejamentos tributários internacionais.
>
> O principal objetivo do BEPS é obter antecipadamente, informações acerca de planejamentos tributários a serem realizados que podem ser considerados abusivos ou fraudulentos [...].
>
> Ao assinar o acordo do BEPS, o Brasil tornou-se ciente de que a erosão de base tributária e desvio de lucro é um problema global e se comprometeu a envidar seus esforços para combatê-la, bem como, intentar o ajuste de suas normas e legislações internas para esse novo contexto.[132]

A Ação 05 do Projeto BEPS, que trata de práticas fiscais abusivas dos contribuintes (*Countering Harmful Tax Practices More Effectively, Taking Into Account Transparency and Substance*), visa combater estruturas e operações

---

[132] STARK, João Ricardo Barbieri; VITA, Jonathan Barros. **Ação 05 do BEPS e sua aplicabilidade no planejamento tributário brasileiro.** RDTC, vol. 5, ano 2, p.17-38. São Paulo: Ed. RT, mar./abr. 2017, p. 20.

negocias artificiais cujo único objetivo seja remeter lucros para países com tributação mínima ou zerada. Além disso,

> [...] a referida ação busca também avaliar a substância econômica das operações e negócios empresariais analisando se efetivamente o lucro está sendo tributado no lugar de sua origem, bem como analisar a transparência fiscal de suas operações e do governo ao tratar de políticas fiscais.[133]

Nesse quadro, percebe-se que os fatores "substância econômica" e "propósito negocial" estão sendo levados em conta pela OCDE para enquadrar um planejamento tributário como abusivo, ou não.

Note-se que o G-20, com a participação do Brasil, é parceiro da OCDE no Projeto BEPS:

> A OCDE e o G-20 trabalham com um grupo impressionante que inclui os 34 membros da OCDE, outros oito países membros do G-20 (Brasil, China, Índia, Rússia, África do Sul Indonésia, Arábia Saudita e Argentina), e Colômbia e Letônia (que devem ingressar na OCDE), um total de 44 países participantes no Projeto, que representam mais de 90% da economia mundial.[134]

Isso evidencia que há uma preocupação global com práticas fraudulentas vazias que apenas objetivam a evasão de tributos.

4.3. Por que buscar uma abordagem pragmática?

Sobre o tema da responsabilidade tributária de grupos econômicos, preocupa-nos, sobremaneira, a questão da segurança jurídica. Entendemos que os cidadãos e os operadores do Direito Tributário possuem o direito de receberem e de compreenderem os signos das relações jurídico-tributárias de uma forma racional, objetiva e compreensível, de modo a minorar e reduzir os custos de transação cotidianos de suas vidas. Segurança jurídica e custos de transação são conceitos que se relacionam.

Ronald Coase, no afamado estudo *The Nature of the firm*, de 1937, verificou que a firma (ou a empresa) era mais do que um receptáculo de atividade

---

[133] STARK, João Ricardo Barbieri; VITA, Jonathan Barros. **Ação 05 do BEPS e sua aplicabilidade no planejamento tributário brasileiro**. RDTC, vol. 5, ano 2, p.17-38. São Paulo: Ed. RT, mar./abr. 2017, p. 20.

[134] TAVARES, Romero J. S. **Política tributária internacional**: OCDE, BEPS e Brasil. Como deve se posicionar o setor industrial brasileiro? Revista Brasileira de Comércio Exterior (RBCE), Brasília, n. 121. Outubro – Dezembro de 2014, p. 55.

RESPONSABILIDADE TRIBUTÁRIA DE GRUPOS ECONÔMICOS

tecnológica de transformação de produto; a firma era e ainda é um feixe complexo de contratos que regem relações e transações cotidianas.[135] Essas relações e transações que possibilitam a existência da empresa "custam":

> Como ponto de partida, Coase identificou que as trocas, o estabelecimento de acordos ou qualquer resultado de uma transação entre os agentes econômicos apresentavam custos. Estes poderiam ser: a) custos de coleta de informações; e b) custos de negociação e estabelecimento de acordo entre as partes, tendo sido genericamente denominados por custos de transação. [...]
> Com seu argumento, Coase colocou em cena as restrições às transações econômicas cujos custos não mais poderiam ser impunemente considerados como negligenciáveis.[136]

Em um ambiente com segurança jurídica, os cidadãos e os operadores do mercado podem fazer suas escolhas da forma que lhes seja mais favorável, cenário que provavelmente coincidirá – se a decisão for racional – com a opção pelo menor custo de transação.

Sobre a segurança jurídica no Direito Tributário, pontifica o Professor Paulo de Barros Carvalho,

> Não há por que confundir a *certeza do direito* naquela acepção de índole sintática, com o cânone da *segurança jurídica*. Aquele é atributo essencial, sem o que não se produz enunciado normativo com *sentido deôntico*; este último é decorrência de fatores sistêmicos que utilizam o primeiro de modo racional e objetivo, mas dirigido à implantação de um valor específico, qual seja o de coordenar o fluxo das interações inter-humanas, no sentido de propagar no seio da comunidade social o sentimento de previsibilidade quanto aos efeitos jurídicos da regulação da conduta. Tal sentimento tranquiliza os cidadãos, abrindo espaço para o planejamento de ações futuras, cuja disciplina jurídica conhecem, confiantes que estão no modo pelo qual a aplicação das normas do direito se realiza.[137]

---

[135] Referência do trabalho: COASE, Ronald. *The nature of the firm (1937)*. In: **The firm, the market, and the law**. Chicago: University of Chicago Press, 1988.

[136] AZEVEDO, Paulo Furquim de. Organização industrial. *In*: GREMAUD, Amauri Patrick e outros (autores). Diva Benevides Pinho e Marco Antonio Sandoval de Vasconcellos (org.). **Manual de economia**. – 5. ed. – São Paulo: Saraiva, 2004. p. 208-209.

[137] CARVALHO, Paulo de Barros. **Curso de Direito Tributário**. 7. ed. atual. – São Paulo: Saraiva, 1995, p. 92.

A respeito, também doutrina o Professor Humberto Ávila,

> Na perspectiva da espécie normativa que a exterioriza, a segurança jurídica tem dimensão normativa preponderante ou sentido normativo direto de *princípio*, na medida em que estabelece o dever de buscar um ideal de *estabilidade, confiabilidade, previsibilidade e mensurabilidade* na atuação do Poder Público.[138]

Acreditamos que a segurança jurídica gera efeitos no desenvolvimento sócio-econômico da Sociedade, que precisa estar preocupada e organizada com o seu custeio. Na vida e no mercado, tudo depende de custos de transação. Como as organizações e firmas se organizam, onde se instalam, como os arranjos contratuais são elaborados, quem são os fornecedores, como se dá a relação capital-trabalho ou se um investimento vai ser levado a cabo ou não. A tributação certamente é um custo de transação, que é mensurado pelos empreendedores no momento do investimento:

> A tributação pode ser entendida como um *custo de transação em sentido restrito*, na medida em que se constitui em um custo para a formalização de um negócio jurídico, assim, em uma operação em que a mercadoria custa 1000 e o imposto incidente sobre a operação de circulação é de 10%, o custo adicional para a realização do negócio é 100, totalizando 1100.
>
> De outra parte, a tributação pode ser entendida também como sendo um *custo de transação em sentido amplo*, ou seja, conforme o teorema de *Coase*. Nesse caso, a tributação pode ser considerada um custo a ser verificado na utilização dos mecanismos de mercado. As **inseguranças** decorrentes de um sistema tributário imperfeito e ineficiente **implicam em maior incerteza na contratação e, portanto, em um custo de transação maior**.[139] (Grifos nossos).

Assim, pretendemos delinear uma proposta de abordagem pragmática que sirva aos cidadãos e às organizações no seu cotidiano e que colabore com a segurança jurídica de nossa Sociedade e, por consequência, com a redução de seus custos de transação. Não deve haver preconceito em se utilizar a teoria para o alcance desse intento. Acreditamos que se pode e que se deve utilizar a teoria para resolverem-se problemas práticos. Não

---

[138] ÁVILA, Humberto. **Sistema Constitucional Tributário**: de acordo com a Emenda Constitucional n. 51, de 14.02.2006. 2. ed. rev. e atual. – São Paulo: Saraiva, 2006, p. 303.

[139] CALIENDO, Paulo. **Direito tributário e análise econômica do direito**: uma visão crítica. Rio de Janeiro: Elsevier, 2009, p. 22.

se deve ter constrangimento em buscar-se soluções pragmáticas, dês que respeitadas a Constituição e as Leis.

4.4. Proposta de uma abordagem pragmática da responsabilidade tributária de grupos econômicos

A sujeição passiva tributária e a responsabilidade tributária estão disciplinadas no Título II ("OBRIGAÇÃO TRIBUTÁRIA"), Capítulos IV e V, do CTN, arts. 121 a 138. A revisão do lançamento tributário por dolo, fraude ou simulação está prevista no Título III ("CRÉDITO TRIBUTÁRIO") do CTN, no seu art. 149, VII, como já visto. Mesmo não estando no seu Título II, a revisão do lançamento tributário por dolo, fraude ou simulação (art. 149, VII, do CTN) tem profunda ligação lógica e sistemática com o assunto da sujeição passiva tributária.

Quando um grupo econômico, seja de direito, seja de fato, realiza negócios jurídicos, por meio de suas sociedades integrantes, com dolo, fraude ou simulação e com a intenção de evadir tributos, os lançamentos tributários respectivos gerados podem ser examinados e revistos de ofício pelo Fisco com base no art. 149, VII, do CTN. Constatados esses vícios jurídicos no lançamento tributário examinado, o Fisco deve fazer o consequente lançamento de ofício, registrando os fatos, os atos e os negócios jurídicos conforme se mostrarem à luz da realidade. Disso, no mundo fenomênico, exsurgem os verdadeiros sujeitos passivos da obrigação tributária. Se o verdadeiro sujeito passivo for alguma outra sociedade terceira que integre o grupo econômico de direito ou de fato, a autoridade fiscal possui o poder-dever de constatar tal situação e retratá-la fiel e objetivamente no novo lançamento corrigido. E tudo isso é feito com base no art. 149, VII, do CTN, que é, por natureza, lei complementar tributária.

Essa alternativa de abordagem parece-nos muito similar, por natureza e estrutura lógica, com o que as Cortes estadunidenses vêm fazendo há décadas com a utilização da *The Business Purpose Doctrine*. Lá, os negócios jurídicos fraudados ou simulados com a intenção de evasão são desconsiderados para que o Fisco possa tributar os verdadeiros. Aqui, com base no art. 149, VII, do CTN, o Fisco faz, vem fazendo e pode fazer a mesma coisa, tudo com respeito aos nossos preceitos da legalidade e da reserva de lei complementar.

Essa possibilidade de sujeição passiva tributária, em nosso entender, coloca a sociedade terceira integrante do grupo econômico, revelada pelo trabalho do Fisco, como contribuinte diretamente ligada ao fato gerador. Logo, sua sujeição passiva tributária tem fundamento no art. 121, parágrafo único, I, do CTN. Mas não é só. Também deve incidir o art. 124, I, do CTN, que trata da solidariedade das pessoas que tenham interesse comum no fato gerador. Isso é uma decorrência lógica do que aqui se defende, pois a nova devedora "deve" de forma solidária com a devedora original que tenha participado do negócio jurídico realizado com dolo, com fraude ou com simulação. Ambas, ou todas, se mais de duas, são contribuintes com responsabilidade solidária frente ao Fisco. Em conclusão, a sujeição passiva tributária ora desvelada nesta alternativa de abordagem tem o seguinte fundamento legal: art. 121, parágrafo único, I, combinado com o art. 124, I, e combinado com o art. 149, VII, todos do CTN. Para destacar essa conjuntura, faz-se oportuno colacionar novamente esses dispositivos legais:

Art. 121. Sujeito passivo da obrigação principal é a pessoa obrigada ao pagamento de tributo ou penalidade pecuniária.

Parágrafo único. O sujeito passivo da obrigação principal diz-se:

I – contribuinte, quando tenha relação pessoal e direta com a situação que constitua o respectivo fato gerador;

II – responsável, quando, sem revestir a condição de contribuinte, sua obrigação decorra de disposição expressa de lei.

[...]

Art. 124. São solidariamente obrigadas:

I – as pessoas que tenham interesse comum na situação que constitua o fato gerador da obrigação principal;

II – as pessoas expressamente designadas por lei.

Parágrafo único. A solidariedade referida neste artigo não comporta benefício de ordem.

[...]

Art. 149. O lançamento é efetuado e revisto de ofício pela autoridade administrativa nos seguintes casos:

[...]

VII – quando se comprove que o sujeito passivo, ou terceiro em benefício daquele, agiu com dolo, fraude ou simulação;

[...].

Compreende-se que com a utilização desse ferramental jurídico se pode conferir o tratamento adequado que a questão da responsabilidade tributária de grupos econômicos exige. Em uma espécie de "joeiramento prévio",[140] não se utiliza nenhuma outra norma que não seja o próprio CTN. Especificamente, não se utiliza o art. 50 do Código Civil em um tema tributário protegido pela reserva de lei complementar (já tratado, acima, neste trabalho). Todavia, o resultado final e prático é o mesmo, mas com um suporte jurídico que nos parece mais sólido. A propósito, esta abordagem é completamente compatível com o resultado final e prático que vem sendo gerado pelo posicionamento do Superior Tribunal de Justiça sobre o assunto. A "ferramenta jurídica" que aqui se utilizaria seria a "revisão de ofício do lançamento tributário por dolo, fraude ou simulação do art. 149, VII, do CTN", e não a "desconsideração da personalidade jurídica do art. 50 do Código Civil". Aqui, os "vícios jurídicos" que funcionariam como condição para a utilização dessa ferramenta seriam o "dolo", a "fraude" e a "simulação" (nas dimensões absoluta e relativa) com a intenção de evasão tributária (art. 149, VII, do CTN), e não mais o "abuso de personalidade jurídica", o "desvio de finalidade" e a "confusão patrimonial" (art. 50 do Código Civil). Até podem restar configurados esses vícios do abuso de personalidade jurídica, do desvio de finalidade e da confusão patrimonial, mas, para serem considerados e gerarem efeitos tributários, deverão estar inseridos, contidos ou consumidos em atos de dolo, de fraude ou de simulação e com a intenção de evadir tributos. Por fim, os "elementos fáticos" ou "pontos de contato" caraterizadores do dolo, da fraude ou da simulação são e devem ser os mesmos utilizados nos diversos julgados do Superior Tribunal de Justiça, os quais já foram arrolados neste trabalho.

Entende-se que, com esta abordagem, diminui-se o espaço de dúvida ou de "zona cinzenta" a que estão submetidos os contribuintes e os operadores do Direito Tributário, pois tudo que não for dolo, fraude ou simulação (com intenção de evasão) é permitido, em favor da livre iniciativa e da segurança jurídica. Com isso, minoram-se custos de transação. Entretanto,

---

[140] Expressão haurida do seguinte trabalho do Professor Éderson Garin Porto: PORTO, Éderson Garin. **Fundamentos teóricos para uma crítica à jurisprudência das cortes superiores**. RIDB – Revista do Instituto do Direito Brasileiro [Faculdade de Direito da Universidade de Lisboa], Ano 2, n. 14, p. 17.431-17.472, 2013, p. 17.467.

ABORDAGEM PRAGMÁTICA DA RESPONSABILIDADE TRIBUTÁRIA DE GRUPOS...

por outro lado, não se permite que atos dolosos, fraudulentos ou simulados praticados por sonegadores criem prejuízos ao custeio do Estado Social e Democrático de Direito.

Esta abordagem possui total relação com o tema do planejamento tributário, que foi tratado na parte inicial deste trabalho. A utilização do grupo econômico é decidida e executada, muitas vezes, no âmbito de um anterior planejamento tributário feito por seus gestores. Lá, como aqui, está-se propondo uma abordagem alternativa mais objetiva, que coopere com a construção de um ambiente econômico mais seguro, estável e acessível. Se a atuação empresarial for ilícita pela utilização de dolo, fraude ou simulação, ter-se-á evasão; em caso contrário, sendo lícita, ter-se-á elisão, sendo existentes, válidos e eficazes os negócios jurídicos realizados. Também se compreende que esta abordagem disponibiliza uma postura estatal de maior respeito para com a "responsabilidade limitada", que somente viria a ser afastada em situações ilícitas previstas no CTN.

Gize-se que a aplicação da norma jurídica não é uma atividade exata. Exige interpretação de textos, escolha de valores e ponderação entre princípios. Conceitos normativos são defrontados e preenchidos com valores do intérprete e da Sociedade que o abriga. Todavia, na abordagem ora proposta, a avaliação da responsabilidade tributária de grupos econômicos é depurada de alguns percalços mais evidentes, como, por exemplo, o da utilização de uma lei ordinária não-tributária (Código Civil) para tratar de tema reservado à lei complementar tributária (como impõe a CRFB/88). Está-se propondo que se maneje apenas elementos do CTN, e, dessa forma, tudo o que não for dolo, fraude ou simulação (com intenção de evasão), será existente, válido e eficaz. É claro que sempre haverá algum conceito a ser interpretado, o que é próprio da aplicação do Direito e da própria atividade dos operadores jurídicos. Neste tema da responsabilidade tributária de grupos econômicos, restará, a cada caso concreto, o exame dos fenômenos fáticos e a verificação de seus enquadramentos nos moldes civilísticos do dolo, da fraude ou da simulação, e, também, da presença do elemento subjetivo da intenção de praticar evasão. Para realizar esse mister, o intérprete terá à sua disposição as normas tributárias que tratam de interpretação – arts. 107 a 112 do CTN – e todo o universo do Direito Civil (como ramo do Direito Privado que conceitua dolo, fraude e simulação). Inobstante, o jurista nunca escapará da atividade exegética e de ter dúvidas no momento de exercê-la. Note-se, a respeito

[...] que o uso da linguagem, sobretudo a linguagem jurídica, empregada no discurso jurídico, seja através da legislação, seja através da jurisprudência, é incapaz de prever antecipadamente todas as particularidades e complexidades da existência humana. Por mais ampla e generalizante que a linguagem empregada possa ser, ou, ao revés, por mais minucioso e detalhado que seja o enunciado normativo, jamais se eliminará a dúvida, assim como jamais se alcançará todas as vicissitudes da existência humana.[141]

Ademais, esta alternativa de abordagem pragmática ora proposta, como já visto, possui assento em doutrina autorizada dos Professores Heleno Taveira Tôrres e Paulo de Barros Carvalho, os quais, há muito, já haviam percebido que a Norma Geral Antielisão inserida no art. 116 do CTN, parágrafo único, acenou com uma possibilidade de atuação fiscal que já era plenamente possibilitada pelo antigo art. 149, VII, também do CTN. Cumpre citar novamente trechos de lições desses Juristas:

> Não há dúvidas de que o parágrafo único ao art. 116 do Código Tributário Nacional comparece como uma norma de reforço às disposições que dantes já se continham no ordenamento jurídico nacional, como é o caso do próprio art. 149, VII, do Código Tributário Nacional [...].[142]
>
> [...]
>
> 'Simular' significa disfarçar uma realidade jurídica, encobrindo outra que é efetivamente praticada. Nas palavras de Marcos Bernardes de Mello, 'o que caracteriza a simulação é, precisamente, o ser não verdadeira, intencionalmente, a declaração de vontade. Na simulação quer-se o que não aparece, não se querendo o que efetivamente aparece'. Além disso, para que o ocultamento da realidade seja considerado um defeito, é imprescindível haver intenção de prejudicar terceiros ou de violar disposição de lei, isto é, dolo.[143]

---

[141] PORTO, Éderson Garin. **Fundamentos teóricos para uma crítica à jurisprudência das cortes superiores.** RIDB – Revista do Instituto do Direito Brasileiro [Faculdade de Direito da Universidade de Lisboa], Ano 2, n. 14, 2013, p. 17.443.

[142] TÔRRES, Heleno Taveira. Limites ao planejamento tributário – Normas antielusivas (gerais e preventivas) – A norma geral de desconsideração de atos ou negócios do direito brasileiro. *In:* MARINS, James (coord.). **Tributação e antielisão**, Livro 3, 1ª edição – 2ª tiragem. Curitiba: Juruá, 2003, p. 76.

[143] CARVALHO, Paulo de Barros. **Livre Iniciativa no Direito Tributário Brasileiro:** Análise do artigo 116 do Código Tributário Nacional. Repertório de Jurisprudência IOB, 13/2011, Vol. 1, p. 434-435.

[...]

A Lei Complementar nº 104/2001, acrescentando o parágrafo único ao art. 116 do Código Tributário Nacional, dispôs que 'a autoridade administrativa poderá desconsiderar atos ou negócios jurídicos praticados com a finalidade de dissimular a ocorrência do 'fato gerador' do tributo ou a natureza dos elementos constitutivos da obrigação tributária, observados os procedimentos a serem estabelecidos em Lei Ordinária'. A meu ver, porém, referido preceito não introduziu alteração alguma no ordenamento brasileiro, uma vez que este já autorizava a desconsideração de negócios jurídicos dissimulados, a exemplo do disposto no art. 149, VII, do Código Tributário Nacional. O enunciado acima transcrito veio apenas ratificar regra existente no direito pátrio.[144]

A abordagem pragmática ora sugerida está plenamente de acordo, também, com o entendimento consolidado da Primeira Seção do Superior Tribunal de Justiça, já citado aqui, de que a mera existência lícita de grupo econômico não gera responsabilidade tributária. Pelo contrário, é a participação ilícita e viciada no grupo econômico que a geraria. Cumpre relembrar julgado que retrata esse respeitável posicionamento do Superior Tribunal de Justiça:

> **PROCESSUAL CIVIL. EMBARGOS DE DIVERGÊNCIA NO RECURSO ESPECIAL. TRIBUTÁRIO. ISS. EXECUÇÃO FISCAL. PESSOAS JURÍDICAS QUE PRETENCEM AO MESMO GRUPO ECONÔMICO. CIRCUNSTÂNCIA QUE, POR SI SÓ, NÃO ENSEJA SOLIDARIEDADE PASSIVA.**
>
> **1. O entendimento prevalente no âmbito das turmas que integram a Primeira Seção desta Corte é no sentido de que o fato de haver pessoas jurídicas que pertençam ao mesmo grupo econômico, por si só, não enseja a responsabilidade solidária, na forma prevista no art. 124 do Código Tributário Nacional. Ressalte-se que a solidariedade não se presume (art. 265 do Código Civil/2002), sobretudo em sede de direito tributário.**
>
> **2. Embargos de divergência não providos.** (STJ, Primeira Seção, EDivREsp 834.044-RS, Rel. Min. Mauro Campbell Marques, Sessão de 08.09.2010, DJe de 29.09.2010).

---

[144] CARVALHO, Paulo de Barros. **Livre Iniciativa no Direito Tributário Brasileiro**: Análise do artigo 116 do Código Tributário Nacional. Repertório de Jurisprudência IOB, 13/2011, Vol. 1, p. 434-435.

RESPONSABILIDADE TRIBUTÁRIA DE GRUPOS ECONÔMICOS

Ademais, já se anotou que a abordagem ora proposta possui conteúdo de natureza similar à *The Business Purpose Doctrine*. Pode-se asseverar, demais disso, que ela se mostra alinhada à mencionada Ação 05 do Projeto BEPS da OCDE.

Assim, entendemos que cumprimos, mesmo de forma imperfeita, nosso objetivo de propor uma alternativa de abordagem pragmática, com assento teórico, ao tema da responsabilidade tributária de grupos econômicos no Direito Tributário brasileiro. Mas há mais algumas ponderações complementares a serem elaboradas.

4.5. A questão da responsabilidade tributária de grupos econômicos pela exação de contribuições previdenciárias estabelecida no art. 30, IX, da Lei 8.212/91

Como dantes apontado neste trabalho, a Lei 8.212, de 24.07.1991, contém cânone que prevê a responsabilidade tributária solidária entre empresas integrantes de grupos econômicos, no que toca à exação de contribuições previdenciárias. Cumpre citar novamente seu art. 30, IX:

> Art. 30. A arrecadação e o recolhimento das contribuições ou de outras importâncias devidas à Seguridade Social obedecem às seguintes normas:
>
> [...]
>
> IX – as empresas que integram grupo econômico de qualquer natureza respondem entre si, solidariamente, pelas obrigações decorrentes desta Lei;
>
> [...].

A Instrução Normativa RFB 971, de 13.11.2009, da Receita Federal do Brasil,[145] regulamenta esse dispositivo legal nos seguintes termos:

> CAPÍTULO III
> DO GRUPO ECONÔMICO
> Art. 494. Caracteriza-se grupo econômico quando 2 (duas) ou mais empresas estiverem sob a direção, o controle ou a administração de uma delas, compondo grupo industrial, comercial ou de qualquer outra atividade econômica.
> Art. 495. Quando do lançamento de crédito previdenciário de responsabilidade de empresa integrante de grupo econômico, as demais empresas do

---

[145] BRASIL. Instrução Normativa da RFB 971, de 13.11.2009. Brasília, DF: Receita Federal do Brasil, 2009. Disponível em: http://normas.receita.fazenda.gov.br/sijut2consulta/consulta.action. Acesso em: 05 dez. 2019.

ABORDAGEM PRAGMÁTICA DA RESPONSABILIDADE TRIBUTÁRIA DE GRUPOS...

grupo, responsáveis solidárias entre si pelo cumprimento das obrigações previdenciárias na forma do inciso IX do art. 30 da Lei nº 8.212, de 1991, serão cientificadas da ocorrência.

A Doutrina Tributária nacional, de forma majoritária, vem obtemperando que o art. 30, IX, da Lei 8.212/91 é inconstitucional por afrontar a reserva de lei complementar, prevista no art. 146, III, da CRFB:

> Art. 146. Cabe à lei complementar:
>
> [...]
>
> III – estabelecer normas gerais em matéria de legislação tributária, especialmente sobre:
>
> [...]
>
> b) obrigação, lançamento, crédito, prescrição e decadência tributários;
>
> [...].

Argumenta-se que as normas gerais sobre responsabilidade tributária de terceiros estão previstas no CTN, que é a lei complementar de regulamentação dos ditames tributários da CRFB. E, no CTN, não haveria disposição alguma que possibilitasse ou que amparasse a responsabilização tributária de empresas apenas pelo fato de serem integrantes de grupo econômico da sociedade originariamente devedora. Nesse sentido:

> Como visto, a existência de lei imputando a responsabilidade tributária, ainda que de forma solidária, deve respeitar os parâmetros do art. 128 do CTN, sendo equivocado sustentar a possiblidade de responsabilização solidária das sociedades integrantes de grupo econômico no art. 124, II, do CTN, entendendo que o mesmo permitiria a eleição indiscriminada de responsáveis solidários por simples disposição de lei.
>
> Concluímos, então, pela invalidade do expediente administrativo, cuja prática é recorrente, de responsabilizar sociedades do mesmo grupo, apenas pelo seu pertencimento ao referido grupo, como responsáveis solidárias por créditos tributários constituídos contra outra sociedade, fundando-se no art. 30, IX, a Lei 8.212/91.[146]

---

[146] BREYNER, Frederico Menezes. **Responsabilidade tributária das sociedades integrantes de grupo econômico.** RDDT, São Paulo, 187, abr. 2011, p. 76.

Relembre-se que o Supremo Tribunal Federal já decidiu, por seu Plenário e em regime de repercussão geral, que lei ordinária não pode dispor sobre normas gerais atinentes a temas de responsabilidade tributária. Fixou-se a tese de que lei ordinária não pode ampliar as hipóteses de responsabilidade tributária de terceiros previstas no CTN, lei complementar por natureza, nem por meio da regulação do tema da solidariedade tributária: STF, RE 562.276-PR, Plenário, Rel. Min. Ellen Gracie, Sessão de 03.11.2010, DJe de 09.02.2011, julgado em repercussão geral. Cumpre citar a ementa desse precedente:

DIREITO TRIBUTÁRIO. RESPONSABILIDADE TRIBUTÁRIA. **NORMAS GERAIS DE DIREITO TRIBUTÁRIO. ART 146, III, DA CF.** ART. 135, III, DO CTN. SÓCIOS DE SOCIEDADE LIMITADA. ART. 13 DA LEI 8.620/93. INCONSTITUCIONALIDADES FORMAL E MATERIAL. REPERCUSSÃO GERAL. **APLICAÇÃO DA DECISÃO PELOS DEMAIS TRIBUNAIS.**

1. Todas as espécies tributárias, entre as quais as contribuições de seguridade social, estão sujeitas às normas gerais de direito tributário.

2. O Código Tributário Nacional estabelece algumas regras matrizes de responsabilidade tributária, como a do art. 135, III, bem como diretrizes para que o legislador de cada ente político estabeleça outras regras específicas de responsabilidade tributária relativamente aos tributos da sua competência, conforme seu art. 128.

3. **O preceito do art. 124, II, no sentido de que são solidariamente obrigadas 'as pessoas expressamente designadas por lei', não autoriza o legislador a criar novos casos de responsabilidade tributária sem a observância dos requisitos exigidos pelo art. 128 do CTN,** tampouco a desconsiderar as regras matrizes de responsabilidade de terceiros estabelecidas em caráter geral pelos arts. 134 e 135 do mesmo diploma. A previsão legal de solidariedade entre devedores – de modo que o pagamento efetuado por um aproveite aos demais, que a interrupção da prescrição, em favor ou contra um dos obrigados, também lhes tenha efeitos comuns e que a isenção ou remissão de crédito exonere a todos os obrigados quando não seja pessoal (art. 125 do CTN) – pressupõe que a própria condição de devedor tenha sido estabelecida validamente.

4. A responsabilidade tributária pressupõe duas normas autônomas: a regra matriz de incidência tributária e a regra matriz de responsabilidade tributária, cada uma com seu pressuposto de fato e seus sujeitos próprios. A

ABORDAGEM PRAGMÁTICA DA RESPONSABILIDADE TRIBUTÁRIA DE GRUPOS...

referência ao responsável enquanto terceiro (*dritter Persone, terzo ou tercero*) evidencia que não participa da relação contributiva, mas de uma relação específica de responsabilidade tributária, inconfundível com aquela. O 'terceiro' só pode ser chamado responsabilizado na hipótese de descumprimento de deveres próprios de colaboração para com a Administração Tributária, estabelecidos, ainda que a *contrario sensu*, na regra matriz de responsabilidade tributária, e desde que tenha contribuído para a situação de inadimplemento pelo contribuinte.

5. O art. 135, III, do CTN responsabiliza apenas aqueles que estejam na direção, gerência ou representação da pessoa jurídica e tão-somente quando pratiquem atos com excesso de poder ou infração à lei, contrato social ou estatutos. Desse modo, apenas o sócio com poderes de gestão ou representação da sociedade é que pode ser responsabilizado, o que resguarda a pessoalidade entre o ilícito (mal gestão ou representação) e a conseqüência de ter de responder pelo tributo devido pela sociedade.

6. O art. 13 da Lei 8.620/93 não se limitou a repetir ou detalhar a regra de responsabilidade constante do art. 135 do CTN, tampouco cuidou de uma nova hipótese específica e distinta. **Ao vincular à simples condição de sócio a obrigação de responder solidariamente pelos débitos da sociedade limitada perante a Seguridade Social, tratou a mesma situação genérica regulada pelo art. 135, III, do CTN, mas de modo diverso, incorrendo em inconstitucionalidade por violação ao art. 146, III, da CF.**

7. O art. 13 da Lei 8.620/93 também se reveste de inconstitucionalidade material, **porquanto não é dado ao legislador estabelecer confusão entre os patrimônios das pessoas física e jurídica, o que, além de impor desconsideração *ex lege* e objetiva da personalidade jurídica, descaracterizando as sociedades limitadas, implica irrazoabilidade e inibe a iniciativa privada, afrontando os arts. 5º, XIII, e 170, parágrafo único, da Constituição.**

8. Reconhecida a inconstitucionalidade do art. 13 da Lei 8.620/93 na parte em que determinou que os sócios das empresas por cotas de responsabilidade limitada responderiam solidariamente, com seus bens pessoais, pelos débitos junto à Seguridade Social.

9. Recurso extraordinário da União desprovido.

10. Aos recursos sobrestados, que aguardavam a análise da matéria por este STF, aplica-se o art. 543-B, § 3º, do CPC. (STF, RE 562.276-PR, Plenário, Rel. Min. Ellen Gracie, Sessão de 03.11.2010, DJe de 09.02.2011, julgado em repercussão geral).

Temos que o art. 30, IX, da Lei 8.212/91 somente pode ter validade se for interpretado juntamente com as normas gerais de sujeição passiva tributária dispostas no CTN. Sendo assim, o fator indutor de responsabilidade da empresa terceira não pode ser apenas o aspecto de pertencer, licitamente, ao mesmo grupo econômico da sociedade originariamente devedora. É preciso mais. É necessário, em verdade, que a empresa terceira avaliada tenha tido contato direto com o fato gerador, juntamente com a devedora original, tornando-se contribuinte, nos termos do art. 121, parágrafo único, I, do CTN, e de forma solidária, nos moldes previstos no art. 124, I, também do CTN. E que tenha, inicialmente, de forma ilícita, tentando escapar de sua responsabilidade solidária. Isso significa, na prática, o mesmo que já se referiu neste trabalho quanto aos grupos econômicos envolvidos em exações de natureza geral. Ou seja, o art. 30, IX, da Lei 8.212/91 seria despiciendo, pois essa responsabilidade de exação previdenciária já seria atendida pelo substrato normativo do art. 121, parágrafo único, I, c/c o art. 124, I, e c/c o art. 149, VII, todos do CTN.

Depois de criticar fortemente o art. 30, IX, da Lei 8.212/91, o Professor Humberto Ávila faz ressalva que parece estar alinhada com esse nosso posicionamento, a qual indica a possibilidade de responsabilização tributária de grupo econômico no caso de fraude ou de simulação:

> [...] Embora se discuta no âmbito do Direito Tributário, especificamente no que se refere a planejamento tributário, a importância do propósito negocial e a relação entre propósito negocial, simulação, dissimulação e fraude, no caso da responsabilidade dos grupos econômicos não há nenhuma hipótese de desconsideração seja da personalidade jurídica, seja dos atos nos negócios jurídicos praticados pelo contribuinte. **Salvo uma hipótese flagrante de fraude**, que inclusive é mencionada na própria pergunta como sendo uma ressalva, a mera ingerência de uma pessoa jurídica na outra, ou o mero controle de uma pessoa jurídica sobre outra, de nenhuma forma configura simulação, dissimulação ou fraude. **Simulação só aconteceria se o particular tivesse dito que tinha feito alguma coisa, que na verdade não tinha feito. Dissimulação só aconteceria se ele tivesse dito que tinha feito uma coisa e na verdade tinha feito outra. E fraude à lei, obedecendo à letra da lei, só aconteceria se ele tivesse desconsiderado a finalidade cogente dessa mesma lei.** A mera participação acionária, **sem esses elementos que traduzem vícios**

ABORDAGEM PRAGMÁTICA DA RESPONSABILIDADE TRIBUTÁRIA DE GRUPOS...

dos negócios jurídicos, não pode, em hipótese nenhuma, significar responsabilidade de grupo econômico.[147] (Grifos nossos).

Cita-se mais uma doutrina favorável à essa interpretação conforme à Constituição ora ventilada,

> Poder-se-ia sustentar que o fundamento de legitimidade do art. 30, IX, da Lei 8.212/1991 não é a autorização veiculada pelo inciso II do art. 124, senão a regra constante no inciso precedente, que estabelece a obrigação solidária das *'pessoas que tenham interesse comum na situação que constitua o fato gerador da obrigação principal'.*
>
> Essa tese não apenas afastaria o vício de inconstitucionalidade do dispositivo da Lei de Custeio da Seguridade Social, mas também indicaria um fundamento geral para a responsabilidade tributária das empresas integrantes de grupos econômicos, suficiente, por si só, para configurar o vínculo obrigacional.
>
> A linha argumentativa é correta, porém não sustenta a responsabilidade pela mera existência do grupo econômico ou pela simples participação acionária. Isso porque *'interesse comum na situação que constitua o fato gerador'* somente há, em princípio, nas situações de coparticipação no fato imponível.
>
> Configurada tal coparticipação, como se verifica quando evidenciado o desempenho conjunto da atividade empresarial, o art. 124, I, do CTN implicaria a responsabilidade tributária de empresas integrantes de grupos econômicos.[148]

Não se conhece julgado do Superior Tribunal de Justiça[149] em que o tema do art. 30, IX, da Lei 8.212/91 tenha sido tratado diretamente. Há um julgado em que o tema foi referido apenas no relatório, mas não foi diretamente enfrentado no voto condutor: STJ, Primeira Turma, AREsp 1.035.029-SP, Sessão de 27.05.2019, DJe de 30.05.2019).

---

[147] ÁVILA, Humberto. **Grupos econômicos**. Transcrição de palestra publicada na Revista Fórum de Direito Tributário – RFDT. Belo Horizonte, ano 14, n. 82, p. 9-22, jul./ago. 2016, p. 19-20.

[148] VELLOSO, Andrei Pitten. Desconsideração da personalidade jurídica no direito tributário: a responsabilização pela baixa de empresas e pela participação em grupos econômicos. *In*: QUEIROZ, Mary Elbe (coordenadora), **Tributação em foco**: a opinião de quem pensa, faz e aplica o direito tributário. São Paulo: Focofiscal, 2015, v. 2, p. 36.

[149] Elemento temporal da pesquisa: set. 2019.

Há pouco,[150] a Corte Especial do Tribunal Regional Federal da 4ª Região (TRF4) julgou arguição de inconstitucionalidade sobre o assunto, a qual foi rejeitada por maioria. Impende colacionar a ementa desse julgado:

> CONSTITUCIONAL. TRIBUTÁRIO. GRUPO ECONÔMICO. RESPONSABILIDADE DE TODOS OS INTEGRANTES. ARTIGO 30, INCISO IX, LEI Nº 8.212/91. CONSTITUCIONALIDADE.
>
> 1. Não procede a posição que sustenta que a Constituição Federal condiciona a responsabilidade tributária à veiculação de lei complementar. O regramento da Lei Maior apenas disciplina que tal veículo normativo é indispensável ao estabelecimento de normas gerais em matéria de legislação tributária, especialmente, dentre outros tantos aspectos, sobre obrigação, aí incluído o trato jurídico na definição do sujeito passivo e da responsabilidade tributária.
>
> A implementação de novas hipóteses de responsabilidade tributária, portanto, não ficou adstrita à reserva da Lei Complementar. Desde que não colida com os princípios extraídos do Código Tributário Nacional e também da Constituição Federal, o legislador ordinário está autorizado a disciplinar e inovar a matéria, amparado pelo disposto no art. 128 do CTN, segundo o qual 'sem prejuízo do disposto neste capítulo, a lei pode atribuir de modo expresso a responsabilidade pelo crédito tributário a terceira pessoa, vinculada ao fato gerador da respectiva obrigação, excluindo a responsabilidade do contribuinte ou atribuindo-a a este em caráter supletivo do cumprimento total ou parcial da referida obrigação'.
>
> No mesmo sentido, a disposição contida no art. 124, II, do CTN, onde se confere ao legislador ordinário a possibilidade de imputar responsabilidade solidária a determinadas pessoas e na qual se amolda a solidariedade das empresas que integram o mesmo grupo econômico, *ex vi* do art. 30, IX, da Lei nº 8.212/91. Assim, ressalve-se que tal possibilidade em nada se assemelha ao julgamento da 1ª Seção do Superior Tribunal de Justiça no REsp. 717717/SP (DJU 08.05.2006), cujo substrato direcionava-se à investigação da validade do art. 13 da Lei nº. 8.620/93 (responsabilidade solidária dos sócios de empresas por cotas de responsabilidade limitada e o titular de firma individual pelos débitos havidos pela pessoa jurídica junto à Seguridade Social).
>
> Da mesma forma, reputo inexistir a alegada inconstitucionalidade material. A existência de lei imputando a responsabilidade tributária, ainda que

---

[150] Elemento temporal da pesquisa: set. 2019.

ABORDAGEM PRAGMÁTICA DA RESPONSABILIDADE TRIBUTÁRIA DE GRUPOS...

de forma solidária, deve respeitar os parâmetros do art. 128 do CTN, não se podendo sustentar a possibilidade de responsabilização solidária das sociedades integrantes de grupo econômico no art. 124, II, do CTN, entendendo que o mesmo permitiria a indiscriminada responsabilização solidária por simples disposição de lei.

Assim, a responsabilização das sociedades do mesmo grupo, apenas pelo seu pertencimento ao mesmo grupo econômico, como responsáveis solidárias por créditos tributários constituídos contra outra sociedade, fundando-se no art. 30, IX, da Lei 8.212/91, depende de fundamentação, lastreada em provas, cujo ônus é da Fazenda Pública (arts. 142 e 149 do CTN), de que o grupo ou sociedade controladora atuou concretamente na realização do fato gerador e no descumprimento da obrigação tributária, vinculando-se assim ao fato gerador da obrigação tributária (art. 128 do CTN).

No caso do art. 30, IX, da Lei 8.212/91, tenho que a forma de interpretá-lo validamente é compreendê-lo segundo certos parâmetros. Ou seja, o art. 30, IX, da Lei 8.212/91 apenas pode ser utilizado para impor a responsabilidade tributária solidária à sociedade controladora ou ao órgão de direção do grupo, com fundamento nos arts. 124, II, e 128 do CTN, quando constatado, mediante provas concretas a cargo do Fisco, que elas atuaram concretamente junto à sociedade contribuinte de forma a determinar a realização do fato gerador e decidir pelo cumprimento das obrigações tributárias.

Assim, a interpretação do art. 30, IX, da Lei 8.212/91 deve se dar em conformidade com as normas constitucionais de imposição do encargo tributário e com o CTN (art. 124, II, c/c art. 128), para admitir que esse dispositivo legal possa imputar responsabilidade solidária apenas às sociedades de um mesmo grupo que concretamente participaram da ocorrência do fato gerador e do cumprimento das respectivas obrigações tributárias, por meio de determinações concretas junto à sociedade contribuinte tomadas na qualidade de controladora das decisões, não bastando, para tanto, a atuação meramente diretiva e indicativa dos objetivos do grupo sem interferência direta na administração das sociedades integrantes.

2. Incidente de arguição de inconstitucionalidade a que se julga improcedente. (TRF4, IAI 5010683-32.2018.4.04.0000, Corte Especial, Relator Des. Fed. Rômulo Pizzolatti, Relator para o Acórdão Des. Fed. Carlos Eduardo Thompson Flores Lenz, Sessão de 27.09.2018).

RESPONSABILIDADE TRIBUTÁRIA DE GRUPOS ECONÔMICOS

Desse julgado, haure-se o entendimento de que o Tribunal Regional Federal da 4ª Região considera constitucional o estabelecimento da responsabilização tributária delineada no art. 30, IX, da Lei 8.212/91. Note-se que o voto vencido do Relator original professava a inconstitucionalidade desse artigo:

> Assim, o inciso II do art. 124 do CTN (diploma legal que, lembre-se, foi recepcionado pela Constituição de 1988 com o status de lei complementar), deve atualmente ser entendido como referindo-se à lei complementar, e não à lei ordinária, sendo certo que esta última não pode dispor sobre normas gerais em matéria de legislação tributária (CF/1988, art. 146, III), entre as quais se inclui o tema da responsabilidade tributária (CTN, Livro Segundo: Normas Gerais de Direito Tributário).
>
> Nessas condições, tem-se que a figura da responsabilidade tributária solidária das empresas que integram grupo econômico pela obrigação tributária de uma delas, prevista no inciso IX do art. 30 da Lei nº 8.212, de 1991, é inconstitucional, por haver invadido essa lei ordinária o campo normativo reservado à lei complementar, demarcado pelo artigo 146, III, da Constituição.

Nosso posicionamento já externado neste item coaduna-se com o entendimento que regeu o voto vencido desse referido precedente.

4.6. Protocolo de avaliação da responsabilidade tributária de grupos econômicos

Tratar-se-á, neste item, da elaboração de um protocolo escrito de avaliação da responsabilidade tributária de grupos econômicos.

4.6.1. *Protocolo: ponderações iniciais*

A ciência da Administração vem se preocupando em como auxiliar as empresas a atingirem seus objetivos sociais da forma mais racional possível. Um dos caminhos arquitetados pelos cientistas da Administração foi a construção da ferramenta do "planejamento estratégico", que deve funcionar como um documento escrito que mapeie os propósitos e metas da sociedade e que guie seus líderes e gestores na busca de sua realização. A respeito da utilidade de documentos escritos na Administração, cumpre colacionar ensinamento do Doutor José Garcia Leal Filho, contidos no livro "Gestão Estratégica participativa":

ABORDAGEM PRAGMÁTICA DA RESPONSABILIDADE TRIBUTÁRIA DE GRUPOS...

Para que o conhecimento explícito se torne tácito, são necessárias a verbalização e a diagramação do conhecimento sob a forma de documentos, manuais ou histórias orais. A documentação ajuda os indivíduos a internalizarem suas experiências, aumentando seu conhecimento tácito. Documentos ou manuais facilitam a transferência do conhecimento explícito para outras pessoas, ajudando-as a vivenciar indiretamente as experiências dos outros.[151]

Contudo, esses documentos escritos que auxiliam os colaboradores no cotidiano devem ser objetivos, práticos, devem apresentar empatia para com quem vai realizar as tarefas técnicas no "dia-a-dia", no mundo dos fatos. Devem tentar desenvolver o "passo-a-passo" da atividade a ser realizada, tudo com o objetivo de que resultados efetivos possam ser entregues ao final. Sobre o tema, anotam Larry Bossidy e Ram Charan, no livro "Execução: a disciplina para atingir resultados":

> Os líderes em uma cultura de execução elaboram estratégias que são mais roteiros do que fórmulas rígidas endeusadas em grandes livros de planejamento. Dessa forma, eles podem responder rapidamente quando o inesperado acontece. Suas estratégias são elaboradas para ser implementadas.[152]
>
> [...]
>
> Poucos entendem que um bom processo de planejamento estratégico também requer um enfoque nos *comos* da execução da estratégia. Uma estratégia consistente não é uma compilação de números ou o que equivale a uma previsão astrológica quando as empresas extrapolam os números ano após ano nos próximos dez anos. Seu cerne e detalhes devem se originar na mente das pessoas que estão mais próximas da ação e que entendem seus mercados, seus recursos e seus pontos fortes e fracos.[153]

Nessa linha de ideias, surgiu o objetivo de se construir um protocolo de "como" um operador jurídico-tributário poderia ou deveria proceder para avaliar a caracterização, ou não, de responsabilidade tributária de grupos econômicos no mundo dos fatos. Para tanto, antes de tudo, foi importante procurar compreender diversos conceitos e institutos que compõem o tema

---

[151] LEAL FILHO, José Garcia. **Gestão Estratégica participativa**. Curitiba: Juruá, 2007, p. 53.
[152] BOSSIDY, Larry; CHARAN, Ram; BURCK, Charles. **Execução**: a disciplina para atingir resultados. Rio de Janeiro: Elsevier, 2005, p. 7.
[153] *Idem. Ibidem*, p. 173.

analisado. É o que se procurou fazer até aqui neste trabalho. Igualmente se mostra pertinente refletir, brevemente, sobre o prisma dos operadores jurídicos que trabalham com a questão no cotidiano. Nesse intento, decidiu-se utilizar a Ferramenta Gerencial 5W2H a fim de se analisar, de forma panorâmica, quatro pontos subjetivos de observação: o da "autoridade fiscal", o do "procurador da fazenda pública", o do "advogado tributarista" e o do "magistrado com competência tributária". Fazendo isso, entendemos que se terá melhores condições para, um pouco à frente, construirmos um protocolo pragmático de avaliação da responsabilidade tributária de grupos econômicos, levando-se em conta o que já se reuniu neste trabalho.

Sobre a ferramenta 5W2H, faz-se oportuno registrar:

> Esta ferramenta é utilizada principalmente no mapeamento e padronização de processos, na elaboração de planos de ação e no estabelecimento de procedimentos associados a indicadores. É de cunho basicamente gerencial e busca fácil entendimento através da definição de responsabilidades, métodos, prazos, objetivos e recursos associados.

> O 5W2H representa as iniciais das palavras, em inglês, *why* (por que), *what* (o que), *where* (onde), *when* (quando), *who* (quem), *how* (como) e *how much* (quanto custa). Surgiu no mercado uma variação dessa ferramenta, que passou a se chamar 5W3H, correspondendo o terceiro H a *how many* (quantos).[154]

Tendo em conta, então, os pontos de vista da autoridade fiscal, do procurador da fazenda pública, do advogado tributarista e do magistrado com competência tributária, a abordagem pragmática da responsabilidade tributária de grupos econômicos sugerida neste trabalho (com fundamento normativo no art. 121, parágrafo único, I, combinado com o art. 124, I, e combinado com o art. 149, VII, todos do CTN) pode ser representada de forma sinótica como consta nos seguintes quatro quadros:

---

[154] MARSHALL JUNIOR, Isnard, e outros. **Gestão da qualidade**. 10. ed. – Rio de Janeiro: Editora FGV, 2010, 204 p., p. 114-115.

ABORDAGEM PRAGMÁTICA DA RESPONSABILIDADE TRIBUTÁRIA DE GRUPOS...

Quadro 1 – Ponto de vista da autoridade fiscal

Ferramenta 5W2H	Autoridade fiscal
What? O que?	Verificação de ocorrência, ou não, de responsabilidade tributária de grupos econômicos na sua área própria de atuação.
Who? Quem?	Autoridade fiscal.
When? Quando?	Momento inicial. Quando for avaliar a situação fiscal de empresa integrante de grupo econômico com indícios de irregularidade. Quando for avaliar lançamento feito pelo próprio contribuinte.
Where? Onde?	Sede do Fisco. Sede de empresa fiscalizada.
Why? Por que?	Cumprir a lei fiscal. Evitar evasão. Garantir custeio do estado social e democrático de direito.
How? Como?	Avaliar a existência, ou não, dos elementos fáticos ou pontos de contato. Avaliar a caracterização, ou não, dos vícios de dolo, fraude ou simulação com intenção de evasão. Avaliar a utilização, ou não, da ferramenta jurídica da revisão do lançamento tributário do art. 149, VII, do CTN. Em caso positivo, caracterizar a empresa terceira integrante do grupo econômico como contribuinte solidária, com base nos arts. 121, § único, I, c/c 124, I, do CTN. Providenciar inscrição do crédito tributário verificado em dívida ativa.
How much? Quanto custa?	Custo da estrutura estatal fiscal.

Quadro 2 – Ponto de vista do procurador da fazenda pública

Ferramenta 5W2H	Procurador da fazenda pública
What? O que?	Verificação de ocorrência, ou não, de responsabilidade tributária de grupos econômicos na sua área própria de atuação.
Who? Quem?	Procurador da fazenda pública.
When? Quando?	Momento intermediário. Quando for avaliar crédito tributário inscrito em dívida ativa. Quando for avaliar a situação fiscal de empresa integrante de grupo econômico com indícios de irregularidade.
Where? Onde?	Sede da procuradoria da fazenda pública. Sede de unidade do Poder Judiciário.
Why? Por que?	Cumprir a lei fiscal. Evitar evasão. Garantir custeio do estado social e democrático de direito.
How? Como?	Avaliar a existência, ou não, dos elementos fáticos ou pontos de contato. Avaliar a caracterização, ou não, dos vícios de dolo, fraude ou simulação com intenção de evasão. Avaliar a utilização, ou não, da ferramenta jurídica da revisão do lançamento tributário do art. 149, VII, do CTN. Em caso positivo, caracterizar a empresa terceira integrante do grupo econômico como contribuinte solidária, com base nos arts. 121, § único, I, c/c 124, I, do CTN. Tomar as providências processuais cabíveis em cada caso concreto.
How much? Quanto custa?	Custo da estrutura estatal fiscal.

RESPONSABILIDADE TRIBUTÁRIA DE GRUPOS ECONÔMICOS

Quadro 3 – Ponto de vista do advogado tributarista

Ferramenta 5W2H	Advogado tributarista
What? O que?	Verificação de ocorrência, ou não, de responsabilidade tributária de grupos econômicos na sua área própria de atuação.
Who? Quem?	Advogado tributarista.
When? Quando?	Momento inicial. Quando for avaliar a situação fiscal de empresa integrante de grupo econômico com indícios de irregularidade ("compliance" e consultoria). Momento intermediário. Quando for preparar a defesa de empresa que tenha sido considerada responsável tributária (Contencioso administrativo e contencioso judicial).
Where? Onde?	Sede da empresa. Sede do Fisco. Sede da procuradoria da fazenda pública. Sede de unidade do Poder Judiciário.
Why? Por que?	Defender interesses privados do contribuinte. Defender legalidade, propriedade e livre iniciativa.
How? Como?	Avaliar a existência, ou não, dos elementos fáticos ou pontos de contato. Avaliar a caracterização, ou não, dos vícios de dolo, fraude ou simulação com intenção de evasão. Orientar o grupo econômico. Revisar posturas fiscais e contábeis. Estabelecer protocolos de atuação conforme à lei ("compliance" tributária). Providenciar defesa administrativa. Providenciar defesa judicial. Regularizar eventual situação ilícita junto ao Fisco. Tomar as providências advocatícias cabíveis em cada caso concreto.
How much? Quanto custa?	Remuneração do serviço de consultoria jurídica. Remuneração do serviço de advocacia privada. Despesas processuais.

Quadro 4 – Ponto de vista do magistrado com competência tributária

Ferramenta 5W2H	Magistrado com competência tributária
What? O que?	Verificação de ocorrência, ou não, de responsabilidade tributária de grupos econômicos na sua área própria de atuação.
Who? Quem?	Magistrado com competência tributária.
When? Quando?	Momento final. Quando for avaliar a situação fiscal de empresa que seja objeto de ação judicial. Provocação das partes. Execução fiscal ou ação judicial do contribuinte.
Where? Onde?	Sede de unidade do Poder Judiciário.
Why? Por que?	Sempre que provocado, aplicar o direito no caso concreto. Harmonizar os princípios constitucionais tensionados. Garantir às partes devido processo legal e contraditoriedade nas demandas tributárias.
How? Como?	Agir mediante provocação das partes. Avaliar os atos das partes. Avaliar a existência, ou não, dos elementos fáticos ou pontos de contato. Avaliar a caracterização, ou não, dos vícios de dolo, fraude ou simulação com intenção de evasão. Avaliar a utilização, ou não, da ferramenta jurídica da revisão do lançamento tributário do art. 149, VII, do CTN. Em caso positivo, acolher no processo judicial a caracterização da empresa terceira integrante do grupo econômico como contribuinte solidária, com base nos arts. 121, § único, I, c/c 124, I, do CTN. Em caso negativo, afastar no processo judicial a responsabilidade do grupo econômico eventualmente defendida pela procuradoria da fazenda pública.
How much? Quanto custa?	Custo da estrutura do Poder Judiciário.

ABORDAGEM PRAGMÁTICA DA RESPONSABILIDADE TRIBUTÁRIA DE GRUPOS...

Esses quadros sinóticos foram elaborados, com o critério subjetivo acima exposto, tão-somente com uma finalidade referencial inicial e apenas como um auxílio à análise deste aspecto da questão dentro do Direito Tributário. Feita essa anotação, pode-se registrar que o exame desses quadros evidencia que o campo de utilidade de um protocolo pragmático sobre o tema refere-se ao fator "How", isto é, ao modo de fazer, a "como" cada operador jurídico-tributário poderia ou deveria proceder – na prática – para realizar o seu mister da forma mais racional possível, aumentando a segurança jurídica e diminuindo custos de transação. Dos fatores "How" desses quatro quadros, percebe-se que o processo de avaliação da caracterização, ou não, de responsabilidade tributária de grupos econômicos é muito similar, no seu momento inicial, para as figuras da autoridade fiscal, do procurador da fazenda pública, do advogado tributarista e do magistrado com competência tributária. As diferenças surgem em um segundo momento, quando se torna necessário lidar com as conclusões técnicas verificadas.

Consideradas essas diferenças de providências posteriores dessas figuras subjetivas, o protocolo que será sugerido a seguir levará em conta o mister da autoridade fiscal, que é a primeira personagem, no *iter* lógico examinado, a entrar em contato com a necessidade de avaliar a existência, ou não, de responsabilidade tributária do grupo econômico. Depois de sua atuação, os demais sujeitos lidam, cada um no seu papel, com as decisões fiscais iniciais. Inobstante, entende-se que o conteúdo desse protocolo será útil para qualquer operador jurídico-tributário, que poderá manejar os resultados obtidos conforme a natureza de seu ofício e na sua realidade cotidiana.

4.6.2. *Proposta de um protocolo de avaliação da responsabilidade tributária de grupos econômicos*

O protocolo que ora se sugere corresponde à abordagem pragmática delineada neste trabalho e tem como fundamento normativo o art. 121, parágrafo único, I, combinado com o art. 124, I, e combinado com o art. 149, VII, todos do CTN. Segue a redação de protocolo sugerido:

PROTOCOLO DE AVALIAÇÃO DA EXISTÊNCIA, OU NÃO, DE RESPONSABILIDADE TRIBUTÁRIA DE GRUPOS ECONÔMICOS PELA AUTORIDADE FISCAL

1. O operador jurídico-tributário (autoridade fiscal) deve verificar se há "elementos fáticos" ou "pontos de contato" entre a empresa originariamente

RESPONSABILIDADE TRIBUTÁRIA DE GRUPOS ECONÔMICOS

devedora e as demais empresas integrantes do seu grupo econômico, seja de direito, seja de fato.

Deve ser avaliada a existência ou não dos seguintes pontos de contato:
– administração da empresa por procuração;
– administração familiar das empresas envolvidas;
– cessão de cotas a sócios com o fim de esvaziamento patrimonial;
– controle acionário unitário;
– identidade de denominação social;
– identidade de quadro societário;
– participação societária de uma pessoa jurídica na outra;
– separação societária apenas formal;
– vínculo entres os sócios das pessoas jurídicas envolvidas;
– continuidade da exploração da mesma atividade empresarial;
– empresas examinadas atuam no mesmo ramo;
– identidade de objeto social;
– coincidência de endereços das empresas examinadas;
– identidade de endereços de matriz e de filiais;
– unidade de instalações;
– identidade de serviços contábeis;
– movimentações conjuntas de contas bancárias;
– simulação de terceirização de mão-de-obra;
– transferência formal de funcionários da empresa principal para outra empresa do grupo que seja optante do Sistema SIMPLES a fim de diminuir os encargos tributários;
– unidade laboral;
– confusão entre as pessoas jurídicas envolvidas;
– prática conjunta de fato gerador;
– unidade gerencial;
– unidade patrimonial;
– criação de uma 'empresa-caixa', sem passivo, apenas com o ativo do grupo econômico;
– esvaziamento patrimonial da devedora originária em benefício de outra empresa do grupo econômico;
– manipulação de dados sobre patrimônio e funcionários das empresas;
– pessoas jurídicas utilizadas apenas para blindagem patrimonial;
– realização de investimentos no exterior pela utilização de empresas *off-shore*;

– sucessão de empresas no mesmo ramo de atividade; e

– transferência de bens da devedora original para o patrimônio particular de sócios e gestores.

Esse rol de elementos fáticos não é taxativo, é exemplificativo. Ele foi formado e organizado com base em julgados do STJ de 2005 a 2019.[155] O operador jurídico deve levar em conta quaisquer pontos de contato entre as empresas avaliadas que sugiram alguma associação ilícita de esforços.

2. Verificada a existência de um ou mais desses elementos fáticos, o operador jurídico tributário deve examinar a configuração dos "vícios" de dolo, de fraude ou de simulação com a intenção de evadir tributos. É o conjunto dos elementos fáticos que poderá indicar a configuração desses vícios.

Os vícios de "abuso de personalidade jurídica", de "desvio de finalidade" e de "confusão patrimonial" até podem restar configurados, mas, para serem considerados e gerarem efeitos tributários, deverão estar inseridos e ou contidos em atos de dolo, de fraude ou de simulação com a intenção de evadir tributos.

3. Verificada a existência dos vícios de dolo, de fraude ou de simulação com a intenção de evadir tributos, o operador jurídico-tributário poderá-deverá utilizar a "ferramenta jurídica" da "revisão de ofício do lançamento tributário por dolo, fraude ou simulação do art. 149, VII, do CTN".

Em caso positivo de caracterização de responsabilidade tributária de grupo econômico, o operador jurídico-tributário deverá apontar formalmente a empresa terceira como contribuinte solidária, com base no art. 121, parágrafo único, I, combinado com o art. 124, I, e combinado com o art. 149, VII, todos do CTN. Deverá formular o lançamento tributário de ofício que decorrer dos atos, negócios e fatos jurídicos e da sujeição passiva tributária efetivamente verificados.

Por fim, todos os atos e os negócios jurídicos do contribuinte que não configurarem dolo, fraude ou simulação com a intenção de evasão de tributo, são lícitos, e, portanto, existentes, válidos e eficazes.

---

[155] Elemento temporal da pesquisa: set. 2019.

Esse protocolo pode ser representando graficamente pelo seguinte fluxograma:

Figura 1 – Fluxograma da responsabilização tributária de grupos econômicos

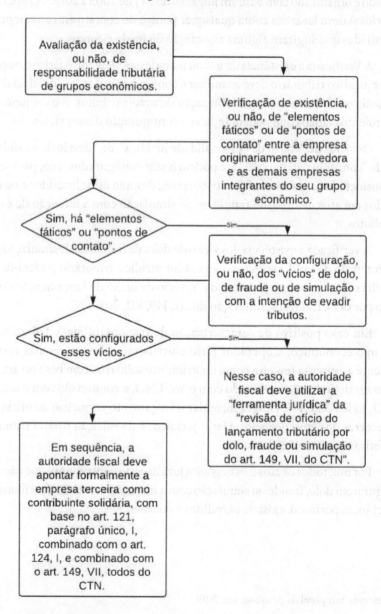

Como já se pontuou, frise-se que o processo de decisão registrado nesse protocolo e fluxograma podem colaborar com o processo de avaliação da responsabilidade tributária de grupos econômicos de qualquer operador jurídico-tributário.

4.7. IDPJ na execução fiscal com relação a grupos econômicos

Tratar-se-á, neste item, do tema da aplicação do Incidente de Desconsideração da Personalidade Jurídica (IDPJ) do CPC/15 na execução fiscal relativa a grupos econômicos.

4.7.1. *IDPJ: Por que falar disso?*

Como este trabalho possui natureza pragmática, mostra-se natural tecer algumas linhas sobre um dos aspectos processuais mais relevantes do seu tema, qual seja, como tratar a responsabilidade tributária de grupos econômicos em execuções fiscais já iniciadas.

Quando a responsabilidade tributária de grupos econômicos for reconhecida na esfera administrativa, a empresa terceira provavelmente constará na certidão de dívida ativa juntamente com a devedora originária. Aqui, não há problemas ou dissensos, pois a execução fiscal já começaria em litisconsórcio passivo necessário, isto é, contra todas as sociedades devedoras. Contudo, quando essa responsabilidade exsurgir depois do ajuizamento da respectiva execução fiscal, emerge a questão de como se dar adequado tratamento ao novo elemento subjetivo que passa a também ser apontado como devedor e executado. O novel Incidente de Desconsideração da Personalidade Jurídica (IDPJ) do CPC/15 tem relação estreita com esse assunto.[156]

4.7.2. *Inserção de terceiros no polo passivo da execução fiscal no regime processual anterior ao CPC/15*

O cotidiano forense das execuções fiscais ajuizadas contra pessoas jurídicas, desde 1980 (gênese da Lei 6.830, de 22.09.1980, Lei de Execução Fiscal – LEF[157]), revelou situações nas quais se mostrou necessária a inclu-

---

[156] Já tivemos oportunidade de escrever sobre o tema: BENITES, Nórton Luís. **Incidente de desconsideração da personalidade jurídica na execução fiscal**. Revista de Direito da Empresa e dos Negócios da UNISINOS. V.1, N. 2, 2017. São Leopoldo/RS.

[157] BRASIL. Lei 6.830, de 22.09.1980. **Lei de Execução Fiscal – LEF**. Brasília, DF: Presidência da República, 1980. Disponível em: http://www4.planalto.gov.br/legislacao/. Acesso em: 05 dez. 2019.

são, no seu polo passivo, de pessoas físicas e jurídicas depois de iniciado o processo executivo.

Inicialmente, esses novos integrantes do polo passivo eram os sócios e gerentes que agiam com excesso de poderes ou com infração de lei, de contrato social ou de estatuto, isto é, eram os terceiros responsáveis por aplicação dos já examinados arts. 134 e 135 do CTN.

A situação mais comum encontrada na jurisdição era a da dissolução irregular da empresa. Nesses casos, os sócios-gerentes não procediam ao devido e formal encerramento da sociedade, trocando de endereço comercial de forma velada, deixando o Fisco, fornecedores e clientes em situação de incerteza, e dividindo eventual ativo sobrante da sociedade entre os sócios, em prejuízo de eventuais credores e em violação ao contrato social.

Essa conjuntura foi sendo, gradativamente, considerada ilícita pela jurisprudência nacional, o que atraiu a aplicação dos arts. 134 e 135 do CTN. Nos casos de execuções fiscais já ajuizadas, surgiu o problema processual de se inserir essas pessoas no polo passivo da ação, o que foi operado pelo mecanismo pretoriano denominado "redirecionamento". O Fisco começou a apontar a situação de ilicitude e de responsabilidade dessas pessoas; presentes os requisitos dos arts. 134 e 135 do CTN, os juízes determinaram a inclusão dessas pessoas no polo passivo da execução; elas passaram a ser citadas para pagar ou para opor embargos à execução, momento processual no qual exerciam seu direito de defesa.

Esse panorama tornou-se comum e chegou ao Superior Tribunal de Justiça, que editou súmula a respeito do tema, admitindo a inclusão dessas pessoas na execução fiscal. Trata-se de sua Súmula n. 435:

> Súmula 435 – Presume-se dissolvida irregularmente a empresa que deixar de funcionar no seu domicílio fiscal, sem comunicação aos órgãos competentes, legitimando o redirecionamento da execução fiscal para o sócio-gerente. (STJ, Súmula 435, PRIMEIRA SEÇÃO, Sessão de 14.04.2010, DJe 13.05.2010).

Há pouco tempo, como já exaustivamente visto neste trabalho, a inclusão de terceiros na execução fiscal iniciada passou a envolver empresas integrantes do mesmo grupo econômico da sociedade devedora original. Começaram a surgir nas execuções fiscais situações trazidas pelo Fisco referentes à existência de grupos econômicos fraudulentos, sem propósito negocial, que existiam apenas para a evasão de tributos. As empresas executadas quedavam-se sem patrimônio, sem condições de solver dívidas, enquanto empresas do mesmo grupo econômico concentravam os ativos. Os magistrados passaram a incluir essas empresas terceiras no polo passivo das execuções fiscais dirigidas originariamente contra a devedora integrante do mesmo grupo econômico. A partir desse ponto, o rito pretoriano adotado foi o mesmo do redirecionamento para sócios-gestores: inclusão da empresa terceira no polo passivo e citação para pagar ou para opor embargos à execução, momento processual no qual exercia seu direito de defesa. Nessas duas situações – redirecionamento para sócios-gerentes e reconhecimento da responsabilidade tributária de grupo econômico –, a inclusão de terceiro vinha sendo realizada nos próprios autos da execução fiscal e sem um procedimento prévio que garantisse contraditório e oportunidade de argumentar a favor de sua ilegitimidade para figurar como responsável tributário. Foram situações criadas de forma pretoriana por força de uma necessidade processual advinda do mundo real. Todavia, com o advento do Código de Processo Civil de 2015 (CPC/15), esse panorama mudou. Agora, tem-se – para utilização nessas situações – o Incidente de Desconsideração da Personalidade Jurídica (IDPJ).

4.7.3. IDPJ do CPC/15

No seu título referente à intervenção de terceiros, o CPC/15 instituiu o IDPJ. Faz-se oportuno citar os artigos que desenham esse inédito instituto processual:

Art. 133. O incidente de desconsideração da personalidade jurídica será instaurado a pedido da parte ou do Ministério Público, quando lhe couber intervir no processo.

§ 1º O pedido de desconsideração da personalidade jurídica observará os pressupostos previstos em lei.

§ 2º Aplica-se o disposto neste Capítulo à hipótese de desconsideração inversa da personalidade jurídica.

Art. 134. O incidente de desconsideração é cabível em todas as fases do processo de conhecimento, no cumprimento de sentença e na execução fundada em título executivo extrajudicial.

§ 1º A instauração do incidente será imediatamente comunicada ao distribuidor para as anotações devidas.

§ 2º Dispensa-se a instauração do incidente se a desconsideração da personalidade jurídica for requerida na petição inicial, hipótese em que será citado o sócio ou a pessoa jurídica.

RESPONSABILIDADE TRIBUTÁRIA DE GRUPOS ECONÔMICOS

§ 3º A instauração do incidente suspenderá o processo, salvo na hipótese do § 2º.

§ 4º O requerimento deve demonstrar o preenchimento dos pressupostos legais específicos para desconsideração da personalidade jurídica.

Art. 135. Instaurado o incidente, o sócio ou a pessoa jurídica será citado para manifestar-se e requerer as provas cabíveis no prazo de 15 (quinze) dias.

Art. 136. Concluída a instrução, se necessária, o incidente será resolvido por decisão interlocutória.

Parágrafo único. Se a decisão for proferida pelo relator, cabe agravo interno.

Art. 137. Acolhido o pedido de desconsideração, a alienação ou a oneração de bens, havida em fraude de execução, será ineficaz em relação ao requerente.

Antes desse inovador incidente, não havia no direito processual brasileiro um procedimento prévio para incluir-se um terceiro no polo passivo de uma ação, inclusão essa decorrente de desconsideração da personalidade jurídica. Antes, essa inclusão era feita com contraditório certamente abreviado, dependendo da ação principal considerada, do contexto do processo, dos advogados e do juiz, dentre outras variáveis; ou seja, era pautada pelas circunstâncias do caso concreto. O exame dos elementos subjetivos do agir do novo integrante do polo passivo certamente restava prejudicado, mesmo que parcialmente.

Com esse instituto, a pretensão de desconsideração deve ser formulada em instrumento próprio, se não for requerida na petição inicial da ação principal. Sua instauração suspenderá o processo principal. Deve haver citação do requerido para apresentação de resposta. Pode haver instrução. O incidente será resolvido por decisão interlocutória, que poderá ser agravada.

Questão muito relevante, a pretensão deverá ser resolvida levando-se em conta os requisitos da hipótese de desconsideração da personalidade jurídica do direito material tratado na ação principal. O CPC/15 não elege os requisitos da desconsideração da personalidade jurídica, o que é tema do direito material subjacente à ação.

O IDPJ é aplicável a todas "as fases do processo de conhecimento, no cumprimento de sentença e na execução fundada em título executivo extrajudicial" (art. 134, *caput*, do CPC/15), isso no que se refere às ações e aos procedimentos previstos no próprio CPC.

160

Afigura-se como aspecto inquestionável o fato de o CPC/15 ser a regra reitora geral do macrossistema processual brasileiro. Seu art. 1º dispõe que o "processo civil será ordenado, disciplinado e interpretado conforme os valores e as normas fundamentais estabelecidos na Constituição da República Federativa do Brasil, observando-se as disposições deste Código." Por isso, o IDPJ é aplicável subsidiariamente às demais ações de conhecimento e de execução que sejam disciplinadas em leis próprias, isso se for casuisticamente compatível com esses eventuais ritos especiais.

Por expressa disposição do CPC/15, o IDPJ é aplicável às ações dos juizados especiais: art. 1.062.

Todas aquelas hipóteses de direito material de desconsideração da personalidade jurídica que foram abordadas neste trabalho poderão ser versadas no IDPJ. Por ora, apenas se ressalva dessa afirmação a execução fiscal, que será tratada no próximo subitem.

4.7.4. O IDPJ seria aplicável à ação da LEF?

É indubitável que a LEF foi editada, em 1980, com a finalidade de imprimir um ritmo mais efetivo à cobrança da dívida pública. Todavia, restou formulada de maneira compatível e integrada com o Código de Processo Civil de 1973 (CPC/73), que era a nossa norma geral processual então vigente. Isso ressai já de seu art. 1º:

> Art. 1º – A execução judicial para cobrança da Dívida Ativa da União, dos Estados, do Distrito Federal, dos Municípios e respectivas autarquias será regida por esta Lei e, subsidiariamente, pelo Código de Processo Civil.

Nesse caminho, a leitura da exposição de motivos da LEF deixa extremamente claro que se adotou uma técnica legislativa de integração da nova lei especial – LEF – com a anterior lei geral – CPC/73. Essa exposição de motivos foi veiculada na Mensagem n. 87, de 23.06.1980, de cujo teor reproduzimos alguns trechos[158]:

> [...]
> 12. É oportuno relatar que a orientação adotada no anteprojeto resultou do confronto e da análise das três alternativas que se depararam ao Grupo de Trabalho, com tarefa preminar e decisiva para a definição que melhor se

---

[158] Texto haurido do voto do relator do seguinte julgado do STJ: STJ, REsp n. 1.272.827-PE, 1ª Seção, Rel. Min. Mauro Campbell Marques, Sessão de 22.05.2013, DJe de 31.05.2013.

RESPONSABILIDADE TRIBUTÁRIA DE GRUPOS ECONÔMICOS

ajustasse aos objetivos visados: 1ª) elaboração de um texto paralelo e, no que coubesse, repetitivo do Código de Processo Civil, regulando completamente a execução fiscal, a exemplo do Decreto-lei n.° 960, de 17 de dezembro de 1938, e demais leis pertinentes, cujas normas de natureza adjetiva se acham revogadas pelo estatuto processual de 1973; 2ª) anteprojeto de alteração direta e parcial do próprio texto desse Código, para nele incorporar as normas tradicionais de garantias e privilégios da Fazenda Pública em Juízo, bem como aquelas que ensejassem maior dinamização da cobrança da Dívida Ativa; e **3ª) adoção de anteprojeto de lei autônoma, contendo, apenas normas especiais sobre a cobrança da Dívida Ativa, que, no mais, teria o suporte processual das regras do Código.**

[...]

14. A terceira alternativa mereceu preferência, porque, a par de não revogar as linhas gerais e a filosofia do Código, disciplina a matéria no essencial, para assegurar não só os privilégios e garantias da Fazenda Pública em Juízo, como também a agilização e racionalização da cobrança da Dívida Ativa.

[...]

18. Cabe ressaltar, no respeitante às normas processuais propriamente ditas, que o anteprojeto contém certo número de **disposições de mera adaptação do sistema implantado pelo novo Código às necessidades próprias da execução fiscal,** regulando-se, no mais, pela lei adjetiva civil.

[...]

22. Com o objetivo de assegurar à realização da receita pública os melhores meios da execução judicial, **o anteprojeto de lei acompanha o sistema processual do Código,** acrescentando disposições capazes de conferir condições especiais para a defesa do interesse público, como é tradição em nosso Direito, desde o Império.

[...]

23. **O texto proposto concilia-se com os princípios e normas genéricas do Código,** cuja filosofia e campo de aplicação constituem as premissas da projetada ordenação, embora esta se volte, especificamente e no essencial, para aspectos singulares da dinâmica processual, tendo em vista o interesse da realização da receita pública.

[...]

26, O art. 1.° estabelece que a execução judicial da Dívida Ativa da União Federal, dos Estados, do Distrito Federal, dos Municípios, respectivas autarquias e empresas públicas será regida pela nova lei **e, subsidiariamente, pelo Código de Processo Civil.**

[...]. (Grifos nossos).

Deveras, fica transparente que a LEF foi editada apenas para regular no essencial a execução do crédito público, adaptando-se e integrando-se de resto às normas gerais processuais do CPC/73 (então vigente). Nessa linha:

> A Lei n. 6.830/80, ao regular a cobrança pela Fazenda Pública dos créditos integrantes da dívida ativa, manteve a inserção deste procedimento especial dentro dos quadrantes do processo de execução, regido pelo Estatuto Processual, que, assim, lhe serve de fonte subsidiária. É bem de ver, portanto, que, ainda quando inexistisse comando expresso neste sentido, a aplicação subsidiária das normas processuais comuns seria de rigor, porquanto a Lei n. 6.830/80, como lei processual especial, restringe seu universo normativo às regras específicas da cobrança judicial da dívida ativa, filiando-se ao Direito Processual Comum, que lhe empresta apoio para a regulação do procedimento no que não desfigure a sua singularidade, através de evidente relação de espécie e gênero.[159]

O CPC/73 foi revogado e substituído pelo CPC/15, que passou a ser a norma geral reitora do sistema de processo civil brasileiro. O CPC/15 é norma geral com relação à LEF, assim como o era o CPC/73, isso nos termos do art. 2º, § 2º, do Decreto-Lei n. 4.657, de 04.09.1942.[160/161] O CPC/15, como norma geral, não afeta as disposições específicas da execução fiscal contidas na LEF, mas passa a reger, de forma subsidiária, os demais institutos processuais que lhe são afetos e lhe dão sustentação.

---

[159] SOUZA, Maria Helena Rau de, *et al.* **Execução fiscal: doutrina e jurisprudência.** Vladimir Passos de Freitas, coordenador, Manoel Álvares, Heraldo Garcia Vitta, Maria Helena Rau de Souza, Miriam Costa Rebollo Câmera e Zuudi Sakakihara, outros autores. São Paulo: Saraiva, 1998, p. 3.

[160] "Art. 2º Não se destinando à vigência temporária, a lei terá vigor até que outra a modifique ou revogue. § 1º A lei posterior revoga a anterior quando expressamente o declare, quando seja com ela incompatível ou quando regule inteiramente a matéria de que tratava a lei anterior. § 2º A lei nova, que estabeleça disposições gerais ou especiais a par das já existentes, não revoga nem modifica a lei anterior. § 3º Salvo disposição em contrário, a lei revogada não se restaura por ter a lei revogadora perdido a vigência."

[161] BRASIL. Decreto-Lei 4.657, de 04.09.1942. **Lei de Introdução às normas do Direito Brasileiro.** Brasília, DF: Presidência da República, 1942. Disponível em: http://www4.planalto.gov.br/legislacao/. Acesso em: 05 dez. 2019.

Nesse panorama, conclui-se que o IDPJ do CPC/15 é plenamente compatível com a LEF no plano jurídico-processual. A LEF não prevê, especificamente, um procedimento para inserção de terceiros no polo passivo da sua ação. Sua nova norma reitora geral, o CPC/15, prevê procedimento dessa natureza, devendo, portanto, ser aplicado subsidiária e automaticamente (art. 1º da LEF).

Gize-se que não há entrechoque de dispositivos concretos conflitantes entre a lei especial anterior e a lei geral posterior. As relações de especialidade e de subsidiariedade previstas, respectivamente, no art. 1º da LEF e no art. 2º, § 2º, do Decreto-Lei n. 4.657/42 solvem, sem arestas, a aplicação sistemática das duas normas consideradas. Não há antinomias. Esse panorama favorável torna desnecessárias a busca e a utilização de outros mecanismos teóricos que já foram ministrados na superação de antinomias de normas aparentemente conflitantes, como, por exemplo, a "Teoria do Diálogo das Fontes".[162]

Assentada essa compatibilidade normativa, entendemos que é positivo que o IDPJ venha trazer um maior cuidado, uma maior cautela no mecanismo de inclusão de terceiros no polo passivo das execuções fiscais. Até então, esse procedimento vinha sendo realizado, como visto, de maneira casuística, sem rito definido, com algum prejuízo ao contraditório e à ampla defesa, valores constitucionais.

Obtempera-se que essa contraditoriedade viria a ser garantida nos embargos à execução, isso se fossem opostos, de modo diferido. Contudo, comparando-se com a situação vivida pelo executado que já era sujeito passivo na relação tributária administrativa, temos que se imprimia um déficit de defesa em desfavor do novel executado, que se descobria devedor do Fisco no meio de uma execução já em curso.

Note-se que parte da Doutrina Tributária, até hoje, defende que apenas a autoridade administrativa poderia incluir um terceiro na relação jurídico-tributária, isso com base no art. 142 do CTN. Diz-se, ainda hoje, que

---

[162] Sobre o tema, vide: LUMMERTZ, Henry Gonçalves. **Do efeito suspensivo dos embargos à execução**: a inaplicabilidade do art. 739-A do CPC às execuções fiscais. Revista Tributária e de Finanças Públicas, vol. 108/2013, Jan-Fev/2013, São Paulo, Editora Revista dos Tribunais, p. 273-304; e MARQUES, Cláudia Lima. **Superação das antinomias pelo diálogo das fontes** – o modelo brasileiro de coexistência entre o Código de Defesa do Consumidor e o Código Civil de 2002. Revista de Direito do Consumidor, vol. 1, Abr/2011, São Paulo, Editora Revista dos Tribunais, p. 679-718.

somente a autoridade administrativa poderia constituir crédito tributário, não sendo essa uma tarefa para juízes.[163] Somente na esfera administrativa, o terceiro poderia exercer plenamente sua defesa para não ser responsabilizado pelo débito da pessoa jurídica devedora. Apesar disso, já com o mecanismo pretoriano do "redirecionamento", essa posição havia restado superada (Súmula n. 435 do STJ). Agora, com o IDPJ, essa linha de raciocínio perde sua força, pois o terceiro terá uma oportunidade formal e efetiva para defender-se da responsabilização tributária na esfera judicial.[164]

Demais disso, o contraditório é um imperativo constitucional que permeia todos os processos brasileiros.[165] [166] O CPC/15 deu relevante atenção ao contraditório em sua parte geral. Nesta quadra da história jurídica brasileira, o contraditório não se limita apenas ao binômio "conhecimento-reação". Atualmente, as partes devem poder exercer efetivamente "direito de influência" sobre a decisão do juiz.[167] Ademais, em homenagem a esse contraditório potencializado, o juiz não pode mais surpreender as partes. Hoje, a regra é que as decisões do juiz se apoiem em questões previamente debatidas pelas partes, admitidas exceções, é claro, como, por exemplo, nas tutelas provisórias de urgência. Cumpre citar os arts. 9º e 10º do CPC/15:

> Art. 9º Não se proferirá decisão contra uma das partes sem que ela seja previamente ouvida.
>
> Parágrafo único. O disposto no *caput* não se aplica:

---

[163] Nesse sentido: MACHADO SEGUNDO, Hugo de Brito. **Processo tributário**. 9. ed. rev. e atual. São Paulo: Atlas, 2017, p. 230; e PINTO, Edson Antônio Souza Pontes; GASPERIN, Carlos Eduardo Makoul. **É cabível a instauração do incidente de desconsideração da personalidade jurídica nos casos de responsabilidade tributária de terceiros?** Ainda sobre a incompatibilidade do novo instituto com o direito processual tributário. Revista dos Tribunais, vol. 983/2017, Set/2017, São Paulo, Editora Revista dos Tribunais, p. 291-309.

[164] Nesse sentido: MACHADO SEGUNDO, Hugo de Brito. **Processo tributário**. 9. ed. rev. e atual. São Paulo: Atlas, 2017, p. 233.

[165] Art. 5º, LV, da Constituição da República Federativa do Brasil de 1988 (CRFB/88): "[...] LV – aos litigantes, em processo judicial ou administrativo, e aos acusados em geral são assegurados o contraditório e ampla defesa, com os meios e recursos a ela inerentes; [...]."

[166] BRASIL. **Constituição da República Federativa do Brasil de 1988 (CRFB/88)**. Brasília, DF: Presidência da República, 1988. Disponível em: http://www4.planalto.gov.br/legislacao/. Acesso em: 05 dez. 2019.

[167] MARINONI, Luiz Guilherme. **Novo código de processo civil comentado**. Luiz Guilherme Marinoni, Sérgio Cruz Arenhart, Daniel Mitidiero. 2. ed. rev., atual. e ampl. São Paulo: Editora Revista dos Tribunais, 2016, p. 160-162.

I – à tutela provisória de urgência;

II – às hipóteses de tutela da evidência previstas no art. 311, incisos II e III;

III – à decisão prevista no art. 701.

Art. 10. O juiz não pode decidir, em grau algum de jurisdição, com base em fundamento a respeito do qual não se tenha dado às partes oportunidade de se manifestar, ainda que se trate de matéria sobre a qual deva decidir de ofício.

Calha colacionar doutrina que pontua essa nova dimensão do contraditório no processo civil brasileiro:

> Percebeu-se, muito por influência de estudos alemães sobre o tema, que o conceito tradicional de contraditório fundado no binômio 'informação + possibilidade de reação' garantia tão somente no aspecto formal a observação desse princípio. Para que seja substancialmente respeitado, não basta informar e permitir a reação, mas exigir que essa reação no caso concreto tenha real poder de influenciar o juiz na formação de seu convencimento. A reação deve ser apta a efetivamente influenciar o juiz na prolação de sua decisão, porque em caso contrário o contraditório seria mais um princípio 'para inglês ver', sem grande significação prática. O 'poder de influência' passa a ser, portanto, o terceiro elemento do contraditório, tão essencial quanto os elementos da informação e da reação.[168]

Voltando ao cerne da presente questão, deve-se aplicar o IDPJ à LEF para que se possa conduzir sua ação executiva com mais contraditoriedade e com um viés mais transparente para com o contribuinte-jurisdicionado. O Fisco continuará cobrando seu crédito de uma forma mais expedita, em um procedimento com prerrogativas processuais, mas o contribuinte não será aturdido com uma inclusão surpresa no polo passivo de uma ação de execução já em curso, sem que os elementos subjetivos de seu agir tenham sido considerados adequadamente. Isso em nada afetará as garantias e prerrogativas de cobrança do crédito público, que continuarão sendo pilares finalísticos da LEF. Sobre esse ponto, ainda se pode ponderar que não

> [...] é difícil imaginar que possa haver resistência na adoção de tal incidente no âmbito da execução fiscal, ao argumento de que sua instauração poderia

---

[168] NEVES, Daniel Amorim Assumpção. **Novo código de processo civil comentado artigo por artigo**. 2. ed. rev. e atual. Salvador: Editora JusPodivm, 2017, 1.920 p., p. 41.

ABORDAGEM PRAGMÁTICA DA RESPONSABILIDADE TRIBUTÁRIA DE GRUPOS...

frustrar a efetividade da execução, permitindo que o terceiro, ao ser citado, esvazie suas contas bancárias ou desvie seus bens para escapar de eventual ou futura execução. Tal argumento não deve ser utilizado para afastar a adoção do referido incidente. Primeiro, porque qualquer alienação feita pelo terceiro será ineficaz se sua responsabilidade vier a ser reconhecida (CPC, arts. 137, 790, 792, § 3º). Ademais, é possível, no incidente de desconsideração da personalidade jurídica, haver a concessão de tutela provisória, seja de urgência, seja de evidência.[169]

Sendo assim, o juiz, no IDPJ, a pedido do exequente, poderá conceder tutela provisória para, por exemplo, determinar desde já bloqueio de ativos do terceiro a fim de garantir futura penhora em caso de sua eventual procedência.

Por derradeiro, anote-se que já há manifestações de doutrinadores nacionais que defendem a aplicação do IDPJ à LEF no mesmo sentido adotado neste trabalho.[170]

---

[169] CUNHA, Leonardo Carneiro da. **A fazenda pública em juízo**. 12. ed., São Paulo: Dialética, 2016, p. 415-416.

[170] Nesse sentido: ASSIS, Araken de. **Manual da execução**. 18. ed. rev., atual. e ampl. São Paulo: Editora Revista dos Tribunais, 2016, p. 1456; COUTINHO, Sheyla Yvette Cavalcanti Ribeiro. **O art. 135, III, do CTN e o CPC/2015: o direito tributário ancorado na principiologia de Robert Alexy**. Revista Tributária e de Finanças Públicas, vol. 132/2017, Jan-Fev/2017, São Paulo, Editora Revista dos Tribunais, p. 239-261; CUNHA, Leonardo Carneiro da. **A fazenda pública em juízo**. 12. ed., São Paulo: Dialética, 2016, p. 412-417; LAGASSI, Veronica; GOES, Valdilea. **Desconsideração da personalidade jurídica face ao novo CPC e sua aplicação no processo tributário**. Revista Tributária e de Finanças Públicas, vol. 129/2016, Jul-Ago/2016, São Paulo, Editora Revista dos Tribunais, p. 263-285; LOUBET, Leonardo Furtado. O Novo CPC e seus reflexões no contencioso judicial tributário, inclusive na lei de execuções fiscais. *In*: SANTANA, Alexandre Ávalo *et al.* **Novo CPC e o processo tributário: impactos da nova lei processual**. 1ª ed., Campo Grande: Editora Contemplar, 2016, p. 141-176; MACHADO SEGUNDO, Hugo de Brito. **Processo tributário**. 9. ed. rev. e atual. São Paulo: Atlas, 2017, p. 233; PINTO, Edson Antônio Souza Pontes; GASPERIN, Carlos Eduardo Makoul. **É cabível a instauração do incidente de desconsideração da personalidade jurídica nos casos de responsabilidade tributária de terceiros?** Ainda sobre a incompatibilidade do novo instituto com o direito processual tributário. Revista dos Tribunais, vol. 983/2017, Set/2017, São Paulo, Editora Revista dos Tribunais, p. 291-309; e MENKE, Cassiano; LERINA, Louise. **IDPJ: por que aplicá-lo aos casos de redirecionamento da execução fiscal baseado no art. 135, III, do CTN?**. Revista da EMAGIS do TRF4, Ano 5, Número 12, 2019, Porto Alegre/RS, TRF4, p. 269-311.

4.7.5. *IDPJ na hipótese de grupo econômico*

Já foi pontuado aqui que a "ferramenta jurídica" da revisão de ofício do lançamento tributário por dolo, fraude ou simulação do art. 149, VII, do CTN, contém similitudes com a utilização que o Direito Tributário estadunidense faz com a *The Business Purpose Doctrine*. Além disso, também entendemos que a utilização dessa ferramenta jurídica brasileira – do art. 149, VII, do CTN – contém pontos de contato com a original *Disregard of Legal Entity Doctrine* do Direito Estadunidense, que igualmente já foi tratada neste trabalho. Quando a autoridade fiscal revisa um lançamento feito pelo contribuinte original e identifica outros atos e sujeitos passivos, há, inegavelmente, uma atitude estatal de se levantar o véu do que aparece (porque assim se desejava publicar ou mostrar) para enxergar a realidade, que é única (a qual se desejava esconder). Relembre-se que outra denominação dessa doutrina é *Piercing The Veil Doctrine*. Levantado o véu e identificados elementos fáticos suspeitos ou ilícitos, que configurem dolo, fraude ou simulação com intenção de evasão de tributos, desconsidera-se a personalidade jurídica da sociedade devedora original para estender-se a sujeição passiva tributária às novas contribuintes solidárias. Mostra-se límpido, assim, o ato estatal de *Disregard of Legal Entity*. Cabe relembrar o "Teste dos Dez Fatores" das Cortes de Nova Iorque, igualmente já mencionado neste trabalho. Esse protocolo escrito americano contém elementos que fazem referência direta à utilização da *Disregard of Legal Entity Doctrine* nas hipóteses de grupos econômicos. Por exemplo, os seus seguintes fatores fáticos revelam esse aspecto:

- ausência de formalidade corporativa sobre a sociedade dominada;
- se as companhias envolvidas compartilham escritório e números de telefone;
- quais os limites da discricionariedade da direção da companhia filial;
- se as sociedades se relacionam de forma íntima;
- se as sociedades são tratadas como centro de lucros independentes;
- se o pagamento das dívidas da sociedade controlada é feito pelas controladoras; e
- se o patrimônio da controlada é usado pela controladora como se seu fosse.

No Brasil, o CDC tratou da responsabilidade do grupo econômico no mesmo tempo e espaço em que cuidou da desconsideração da personalidade jurídica. Cabe citar novamente seu art. 28:

Art. 28. O juiz poderá **desconsiderar a personalidade jurídica da sociedade** quando, em detrimento do consumidor, houver abuso de direito, excesso de poder, infração da lei, fato ou ato ilícito ou violação dos estatutos ou contrato social. A desconsideração também será efetivada quando houver falência, estado de insolvência, encerramento ou inatividade da pessoa jurídica provocados por má administração.

§ 1º (Vetado).

§ 2º As sociedades integrantes dos **grupos societários** e as **sociedades controladas**, são subsidiariamente responsáveis pelas obrigações decorrentes deste código.

§ 3º As **sociedades consorciadas** são solidariamente responsáveis pelas obrigações decorrentes deste código.

§ 4º As **sociedades coligadas** só responderão por culpa.

§ 5º Também poderá ser desconsiderada a pessoa jurídica sempre que sua personalidade for, de alguma forma, obstáculo ao ressarcimento de prejuízos causados aos consumidores. (Grifos nossos).

O Código Civil de 2002, inicialmente, não continha disposição sobre a responsabilidade de grupos econômicos no seu renomado art. 50. Contudo, como visto, esse dispositivo foi alterado em 2019 (Lei da Liberdade Econômica – Lei 13.874, de 20.09.2019) para, justamente, inserir a disciplina da responsabilidade de grupos econômicos no mesmo feixe normativo que regra a desconsideração da personalidade jurídica:

Art. 50. Em caso de abuso da personalidade jurídica, caracterizado pelo desvio de finalidade ou pela confusão patrimonial, pode o juiz, a requerimento da parte, ou do Ministério Público, quando lhe couber intervir no processo, desconsiderá-la para que os efeitos de certas e determinadas relações de obrigações sejam estendidos aos bens particulares de administradores ou de sócios da pessoa jurídica beneficiados direta ou indiretamente pelo abuso.

§ 1º Para os fins do disposto neste artigo, desvio de finalidade é a utilização da pessoa jurídica com o propósito de lesar credores e para a prática de atos ilícitos de qualquer natureza.

§ 2º Entende-se por confusão patrimonial a ausência de separação de fato entre os patrimônios, caracterizada por:

I – cumprimento repetitivo pela sociedade de obrigações do sócio ou do administrador ou vice-versa;

II – transferência de ativos ou de passivos sem efetivas contraprestações, exceto os de valor proporcionalmente insignificante; e

III – outros atos de descumprimento da autonomia patrimonial.

§ 3º O disposto no *caput* e nos § § 1º e 2º deste artigo também se aplica à extensão das obrigações de sócios ou de administradores à pessoa jurídica.

§ 4º A mera existência de grupo econômico sem a presença dos requisitos de que trata o *caput* deste artigo não autoriza a desconsideração da personalidade da pessoa jurídica.

§ 5º Não constitui desvio de finalidade a mera expansão ou a alteração da finalidade original da atividade econômica específica da pessoa jurídica. (Grifos nossos).

Desse quadro, haure-se que, quando as autoridades fiscal ou judiciária lançam mão da "ferramenta jurídica" da revisão de ofício do lançamento tributário por dolo, fraude ou simulação do art. 149, VII, do CTN, estão realizando, em certa medida, um ato de desconsideração de personalidade jurídica da sociedade devedora original. Em razão disso, nos mesmíssimos moldes do redirecionamento para sócios e administradores fundado nos arts. 134 e 135 do CTN, deve-se aplicar o IDPJ para processar e avaliar a pretensão – do Fisco – de inclusão de empresa terceira integrante de grupo econômico no polo passivo de execução fiscal já instaurada contra a sociedade devedora original.

4.7.6. *Outros posicionamentos relevantes sobre o IDPJ*

Assim como há manifestações favoráveis, também há posicionamentos contrários ao entendimento de que se deve aplicar o IDPJ à LEF.

Um dos argumentos contrários funda-se na redação do art. 790, incisos II e VII, do CPC/15, a qual indicaria a desnecessidade lógica de se aplicar o IDJP na LEF.[171] Esse artigo trata dos bens que estão sujeitos à execução

---

[171] BOMFIM, Gilson Pacheco; BERTAGNOLLI, Ilana. **Da não aplicação do incidente de desconsideração da personalidade jurídica aos casos de responsabilização tributária por ato ilícito.** Revista de Direito Privado, vol. 78/2017, Jun/2017, São Paulo, Editora Revista

disciplinada no CPC. Na argumentação, o artigo seria aplicável à LEF, contra o que não há oposição. No inciso II do artigo, apontam-se os bens do sócio e, no inciso VII, os do responsável decorrente da desconsideração da personalidade jurídica. Argumenta-se que, se o sócio já está arrolado no inciso II (pelo apontamento de seus bens), não haveria razão lógica para incluí-lo na execução fiscal por meio da desconsideração da personalidade jurídica, tratada no inciso VII (onde estão indicados os bens do responsável apontado pela mencionada desconsideração). Ora, esse problema, se existente, não seria apenas da execução fiscal e do Direito Tributário. Seria de todas as hipóteses de desconsideração da personalidade jurídica existentes no direito material brasileiro, inclusive a do art. 50 do Código Civil. Não obstante, em uma interpretação sistemática desses dispositivos, pensamos que a referência do inciso II diz respeito ao sócio que já é executado de início por alguma solidariedade existente no direito material subjacente à ação. Neste caso, desde a gênese da execução, o sócio já figuraria como executado. De forma diferente, o inciso VII regula a hipótese do sócio que passaria a ser executado por decorrência direta da desconsideração da personalidade jurídica judicial, operada no curso da execução. Por fim, como exemplo de solidariedade de sócio que se enquadraria diretamente no mencionado inciso II, pode-se aludir, no Direito Empresarial, o da sociedade em nome coletivo, prevista no art. 1.039 do Código Civil.[172]

Aqui exsurge um aspecto nodal sobre a questão e aproveitaremos a oportunidade para registrá-lo. No direito material brasileiro, como visto, há desconsiderações de personalidade jurídica que exigem decisão judicial e, outras, que decorrem diretamente da lei, já podendo ser manejadas pela parte contrária na própria fase extrajudicial, como, por exemplo, a dos arts. 134 e 135 do CTN ou a recém citada do art. 1.039 do CPC. Inobstante a isso, continuam tendo a natureza jurídica de *Disregard of Legal Entity*. Nessas hipóteses, se a ação for ajuizada apenas contra o devedor original, o autor, quando desejar incluir no polo passivo o terceiro devedor solidário, deverá utilizar o IDPJ, mesmo que, inicialmente na fase pré-processual, sua sujeição não dependesse de decisão judicial.

dos Tribunais, p. 169-188; e CONRADO, Paulo Cesar. **Execução fiscal**. 2ª ed., São Paulo: Noeses, 2015, p. 65-66.

[172] NEVES, Daniel Amorim Assumpção. **Novo código de processo civil comentado artigo por artigo**. 2. ed. rev. e atual. Salvador: Editora JusPodivm, 2017, 1.920 p., p. 1.274.

Também já se alinhou argumento de que o IDPJ inseriria uma nova causa de suspensão na execução fiscal não prevista na LEF (art. 134, § 3º, do CPC/15), o que macularia as finalidades essenciais de agilidade da cobrança do crédito público.[173] Respeitosamente, temos que a lei processual geral pode inserir uma causa de suspensão na ação da lei especial, dês que isso não afete sua singularidade. Isso, na LEF, é admitido com maior extensão, porque, como visto, foi ela plasmada no alicerce geral do CPC/73. Outrossim, não é novidade a inclusão de uma causa suspensiva na LEF pela lei processual geral. Isso já aconteceu em 1994, quando se inseriu no CPC/73 o efeito suspensivo automático na oposição dos embargos à execução, o que inexistia até então. Feito isso, naquele momento histórico, passou-se a suspender as execuções fiscais na oposição de embargos à execução de forma automática, por aplicação do CPC/73 reformado.[174][175]

Sob outra perspectiva, há argumento contrário à aplicação do IDPJ fundado no aspecto de que teria sido criado por lei ordinária, o que ofenderia a reserva de lei complementar. Não concordamos em absoluto com essa linha de pensamento, a qual é rebatida de forma percuciente pelo Professor Éderson Garin Porto, a cujo pensamento nos alinhamos:

> Defendeu-se que as normas gerais de direito tributário devem ser tratadas por lei complementar e, portanto, não se poderia aplicar o IDPJ, uma vez que veiculado em lei ordinária. O argumento é relevante porque parcialmente procedente. De fato, normas gerais em matéria tributária estão reservadas à lei complementar (art. 146, III, CRFB). Ocorre que o incidente não versa sobre direito material que continua a ser tratado pelo Código Tributário Nacional. Significa dizer que o meio processual para debater a responsabilidade de terceiros deve ser o IDPJ, e os critérios de atribuição de responsabilidade devem ser evidentemente aqueles fixados no Código Tributário Nacional. Para se demonstrar a fragilidade do argumento, a própria Lei de Execuções Fiscais

---

[173] Julgado do TRF4: TRF4, AI n. 5021094-71.2017.4.04.0000/SC, 1ª Turma, Sessão de 21.06.2017.

[174] O efeito suspensivo automático dos embargos à execução foi inserido no CPC/73 pela Lei n. 8.953, de 13.12.1994.

[175] Em razão de uma reforma processual operada, no CPC/73, pela Lei n. 11.382, de 06.12.2006, os embargos à execução deixaram de possuir efeito suspensivo automático, o que passou a ser aplicado às execuções fiscais por força de entendimento pacificado no STJ: STJ, REsp n. 1.272.827-PE, 1ª Seção, Rel. Min. Mauro Campbell Marques, Sessão de 22.05.2013, DJe de 31.05.2013.

é lei ordinária, o que importaria em reconhecer que ela não poderia ser aplicada aos créditos tributários em face da reserva de lei complementar. A toda evidência que o raciocínio é absurdo.[176]

O tema do IDPJ na execução fiscal ainda não chegou ao conhecimento do STF. Foi realizada pesquisa jurisprudencial no *site* do STF e nenhum resultado foi encontrado.[177] Foram pesquisadas as seguintes palavras[178]: *tributário e incidente de desconsideração da personalidade jurídica*.

Por outro lado, hodiernamente,[179] o tema começou a ser conhecido e julgado pelo Superior Tribunal de Justiça. A Primeira Turma, uma das duas com competência tributária, julgou dois processos sobre o tema na Sessão de 21.02.2019. O cotejo desses dois julgados indica, em nossa compreensão, que essa Turma entende que o IDPJ não deve ser admitido nas seguintes situações, em síntese: a) casos de redirecionamento da execução fiscal para sócio-gerente; b) casos de inclusão de empresa do grupo econômico – no polo passivo da execução fiscal – que já tenha constado na certidão de dívida ativa; e c) casos de inclusão de empresa do grupo econômico – no polo passivo da execução fiscal – nos quais, apesar de não ter constado na certidão de dívida ativa, o Fisco tenha demonstrado sua responsabilidade tributária com base nos arts 134 e 135 do CTN. Por outro lado, deve ser utilizado o IDPJ nos casos em que se pretende a inclusão de empresa do grupo econômico – no polo passivo da execução fiscal – que não tenha constado na certidão de dívida ativa e cuja responsabilidade decorra de argumentos fundados no art. 50 do Código Civil. Cumpre citar a ementa desses dois julgados:

> PROCESSUAL CIVIL E TRIBUTÁRIO. EXECUÇÃO FISCAL. REDIRECIONAMENTO. **GRUPO ECONÔMICO.** INCIDENTE DE DESCONSIDERAÇÃO DA PERSONALIDADE DA PESSOA JURÍDICA. FUNDAMENTO INVOCADO PARA ATRIBUIÇÃO DA RESPONSABILIDADE E À NATUREZA E À ORIGEM DO DÉBITO COBRADO. EXAME. NECESSIDADE. ACÓRDÃO. CASSAÇÃO.

---

[176] PORTO, Éderson Garin. **Manual da execução fiscal.** 3. ed., rev., atual. e ampl. – Porto Alegre: Livraria do Advogado, 2019, p. 237-238.

[177] Elemento temporal da pesquisa: 01 out. 2019.

[178] *Site* da pesquisa: http://www.stf.jus.br/portal/jurisprudencia/pesquisarJurisprudencia.asp.

[179] Elemento temporal da pesquisa: set. 2019.

RESPONSABILIDADE TRIBUTÁRIA DE GRUPOS ECONÔMICOS

1. 'O agravo poderá ser julgado, conforme o caso, conjuntamente com o recurso especial ou extraordinário, assegurada, neste caso, sustentação oral, observando-se, ainda, o disposto no regimento interno do tribunal respectivo' (art. 1.042, § 5º, do CPC/2015).

2. A atribuição, por lei, de responsabilidade tributária pessoal a terceiros, como no caso dos sócios-gerentes, autoriza o pedido de redirecionamento de execução fiscal ajuizada contra a sociedade empresária inadimplente, **sendo desnecessário o incidente de desconsideração da personalidade jurídica estabelecido pelo art. 134 do CPC/2015.**

3. Hipótese em que o TRF da 4ª Região decidiu pela desnecessidade do incidente de desconsideração, com menção aos arts. 134 e 135 do CTN, inaplicáveis ao caso, e sem aferir a atribuição de responsabilidade pela legislação invocada pela Fazenda Nacional, que requereu a desconsideração da personalidade da pessoa jurídica para alcançar outra, integrante do mesmo grupo econômico.

4. Necessidade de cassação do acórdão recorrido para que o Tribunal Regional Federal julgue novamente o agravo de instrumento, com atenção aos argumentos invocados pela Fazenda Nacional e à natureza e à origem do débito cobrado.

5. Agravo conhecido. Recurso especial provido. (STJ, AREsp 1173201/SC, Primeira Turma, Rel. Ministro Gurgel de Faria, Sessão de 21.02. 2019, DJe de 01.03.2019). (Grifos nossos).

[...]

PROCESSUAL CIVIL E TRIBUTÁRIO. EXECUÇÃO FISCAL. REDIRECIONAMENTO A PESSOA JURÍDICA. **GRUPO ECONÔMICO "DE FATO".** INCIDENTE DE DESCONSIDERAÇÃO DA PERSONALIDADE JURÍDICA. CASO CONCRETO. **NECESSIDADE.**

1. O incidente de desconsideração da personalidade jurídica (art. 133 do CPC/2015) não se instaura no processo executivo fiscal nos casos em que a Fazenda exequente pretende alcançar pessoa jurídica distinta daquela contra a qual, originalmente, foi ajuizada a execução, mas cujo nome consta na Certidão de Dívida Ativa, após regular procedimento administrativo, ou, mesmo o nome não estando no título executivo, o fisco demonstre a responsabilidade, na qualidade de terceiro, em consonância com os artigos 134 e 135 do CTN.

2. Às exceções da prévia previsão em lei sobre a responsabilidade de terceiros e do abuso de personalidade jurídica, o só fato de integrar grupo econô-

174

ABORDAGEM PRAGMÁTICA DA RESPONSABILIDADE TRIBUTÁRIA DE GRUPOS...

mico não torna uma pessoa jurídica responsável pelos tributos inadimplidos pelas outras.

3. O redirecionamento de execução fiscal a pessoa jurídica que integra o mesmo grupo econômico da sociedade empresária originalmente executada, mas que não foi identificada no ato de lançamento (nome na CDA) ou que não se enquadra nas hipóteses dos arts. 134 e 135 do CTN, depende da comprovação do abuso de personalidade, caracterizado pelo desvio de finalidade ou confusão patrimonial, tal como consta do art. 50 do Código Civil, daí porque, nesse caso, é necessária a instauração do incidente de desconsideração da personalidade da pessoa jurídica devedora.

4. Hipótese em que o TRF4, na vigência do CPC/2015, preocupou-se em aferir os elementos que entendeu necessários à caracterização, de fato, do grupo econômico e, entendendo presentes, concluiu pela solidariedade das pessoas jurídicas, fazendo menção à legislação trabalhista e à Lei n. 8.212/1991, dispensando a instauração do incidente, por compreendê-lo incabível nas execuções fiscais, decisão que merece ser cassada.

5. Recurso especial da sociedade empresária provido. (STJ, REsp 1775269/PR, Primeira Turma, Rel. Ministro Gurgel de Faria, Sessão de 21.02.2019, DJe de 01.03.2019). (Grifos nossos).

De seu turno, a Segunda Turma do Superior Tribunal de Justiça, desde fevereiro de 2019, vem se posicionando de forma contrária à aplicação do IDPJ à execução fiscal. Cumpre citar a ementa de um recente[180] julgado sobre o tema:

REDIRECIONAMENTO DA EXECUÇÃO FISCAL. SUCESSÃO DE EMPRESAS. **GRUPO ECONÔMICO DE FATO.** CONFUSÃO PATRIMO-NIAL. INSTAURAÇÃO DE INCIDENTE DE DESCONSIDERAÇÃO DA PERSONALIDADE JURÍDICA. DESNECESSIDADE. VIOLAÇÃO DO ART. 1.022, DO CPC/2015. INEXISTÊNCIA.

I – Impõe-se o afastamento de alegada violação do art. 1.022 do CPC/2015, quando a questão apontada como omitida pelo recorrente foi examinada no acórdão recorrido, caracterizando o intuito revisional dos embargos de declaração.

II – Na origem, foi interposto agravo de instrumento contra decisão, em via de execução fiscal, em que foram reconhecidos fortes indícios de forma-

---

[180] Elemento temporal da pesquisa: set. 2019.

RESPONSABILIDADE TRIBUTÁRIA DE GRUPOS ECONÔMICOS

ção de grupo econômico, constituído por pessoas físicas e jurídicas, e sucessão tributária ocorrida em relação ao [omitido nome da empresa] e demais empresas do [omitido nome do grupo], determinando, assim, o redirecionamento do feito executivo.

III – Verificada, com base no conteúdo probatório dos autos, a existência de grupo econômico de fato com confusão patrimonial, apresenta-se inviável o reexame de tais elementos no âmbito do recurso especial, atraindo o óbice da Súmula n. 7/STJ.

IV – A previsão constante no art. 134, caput, do CPC/2015, sobre o cabimento do incidente de desconsideração da personalidade jurídica, na execução fundada em título executivo extrajudicial, não implica a ocorrência do incidente na execução fiscal regida pela Lei n. 6.830/1980, verificando-se verdadeira incompatibilidade entre o regime geral do Código de Processo Civil e a Lei de Execuções que, diversamente da lei geral, não comporta a apresentação de defesa sem prévia garantia do juízo, nem a automática suspensão do processo, conforme a previsão do art. 134, § 3º, do CPC/2015. Na execução fiscal 'a aplicação do CPC é subsidiária, ou seja, fica reservada para as situações em que as referidas leis são silentes e no que com elas compatível' (REsp n. 1.431.155/PB, Rel. Ministro Mauro Campbell Marques, Segunda Turma, Dje 2/6/2014).

V – Evidenciadas as situações previstas nos arts. 124 e 133, do CTN, não se apresenta impositiva a instauração do incidente de desconsideração da personalidade jurídica, podendo o julgador determinar diretamente o redirecionamento da execução fiscal para responsabilizar a sociedade na sucessão empresarial. Seria contraditório afastar a instauração do incidente para atingir os sócios-administradores (art. 135, III, do CTN), mas exigi-la para mirar pessoas jurídicas que constituem grupos econômicos para blindar o patrimônio em comum, sendo que nas duas hipóteses há responsabilidade por atuação irregular, em descumprimento das obrigações tributárias, não havendo que se falar em desconsideração da personalidade jurídica, mas sim de imputação de responsabilidade tributária pessoal e direta pelo ilícito. Precedente: REsp n. 1.786.311/PR, Rel. Ministro Francisco Falcão, DJe 14/5/2019.

VI – Agravo conhecido para conhecer parcialmente do recurso especial e, nessa parte, negar provimento. (STJ, AREsp 1455240/RJ, Segunda Turma, Rel. Ministro Francisco Falcão, Sessão de 15.08.2019, DJe de 23.08.2019). (Grifos nossos).

A questão ainda não chegou ao conhecimento da Primeira Seção, Órgão colegiado do Superior Tribunal de Justiça com competência tributária, que congrega suas Primeira e Segunda Turmas.[181]

Outrossim, em 2016, o Tribunal Regional Federal da 4ª Região chegou a registrar julgado favorável à aplicação de IDPJ na LEF no caso de redirecionamento da execução a sócios-gerentes.[182] Contudo, acabou por consolidar a jurisprudência de suas duas Turmas com competência tributária (1ª e 2ª Turmas) em sentido diverso, editando sua Súmula n. 112:

> Súmula 112: A responsabilização dos sócios fundada na dissolução irregular da pessoa jurídica (art. 135 do CTN) prescinde de decretação da desconsideração de personalidade jurídica da empresa e, por conseguinte, inaplicável o incidente processual previsto nos arts. 133 a 137 do CPC/15.[183]

Insta registrar, de outra parte, que a Escola Nacional de Formação e Aperfeiçoamento de Magistrados (ENFAM) realizou o seminário "O Poder Judiciário e o novo CPC", no período de 26 a 28 de agosto de 2015. Nesse evento, foram lançados enunciados sobre o CPC/15 e o de número 53 pontifica posição contrária à aplicação do IDPJ à LEF:

> 53) O redirecionamento da execução fiscal para o sócio-gerente prescinde do incidente de desconsideração da personalidade jurídica previsto no art. 133 do CPC/2015.[184]

Em 2016, a Associação dos Juízes Federais do Brasil (AJUFE) realizou o II Fórum Nacional de Execução Fiscal (II FONEF), evento no qual se formularam dois enunciados sobre o tema do IDPJ na LEF[185]:

> Enunciado n. 20: O incidente de desconsideração da personalidade jurídica, previsto no art. 133 do NCPC, não se aplica aos casos em que há pedido de inclusão de terceiros no polo passivo da execução fiscal de créditos tribu-

---

[181] Elemento temporal da pesquisa: set. 2019.

[182] TRF4, AI n. 5021954-09.2016.4.04.0000/RS, 1ª Turma, Sessão de 27.07.2016.

[183] Fonte: https://www2.trf4.jus.br/trf4/controlador.php?acao=sumulas_trf4. Acesso em: 09.10.2019.

[184] Fonte: http://www.enfam.jus.br/2015/09/enfam-divulga-62-enunciados-sobre-a-aplicacao-do-novo-cpc/ . Acesso em: 09.10.2019.

[185] Fonte: https://www.ajufe.org.br/fonef/enunciados-fonef?filter_tag[0]=. Acesso em: 09.10.2019.

tários, com fundamento no art. 135 do CTN, desde que configurada a dissolução irregular da executada, nos termos da súmula 435 do STJ. (Aprovado no II FONEF).

[...]

Enunciado n. 21: O incidente de desconsideração da personalidade jurídica, previsto no art. 133 do NCPC, é aplicável aos casos em que há pedido de redirecionamento da execução fiscal da dívida ativa, com fundamento na configuração de grupo econômico, ou seja, nas hipóteses do art. 50 do CC. (Aprovado no II FONEF).

O posicionamento averbado no referido Enunciado n. 20 vai de encontro ao entendimento delineado neste trabalho. Entretanto, o conteúdo do Enunciado n. 21 mostra-se parcialmente de acordo com a compreensão aqui formulada no que atine à desconsideração da personalidade jurídica na responsabilização tributária de empresa terceira integrante de grupo econômico.

Neste item, apontaram-se diversos posicionamentos parcial ou totalmente contrários ao entendimento ora defendido. Este registro foi feito com a intenção de enriquecer a discussão do tema, que ainda é candente e polêmico[186], apesar de o novo CPC ter começado a gerar seus efeitos em 18.03.2016. Apesar da existência desses respeitáveis pensamentos divergentes, mantém-se a linha ora defendida com base nos argumentos acima alinhavados, no sentido de que o IDPJ deve ser aplicado à LEF.

---

[186] Elemento temporal da pesquisa: set. 2019.

CONCLUSÕES

A criação do conceito de pessoa jurídica foi de elevada importância para a evolução da humanidade. Talvez esteja entre as maiores colaborações do Direito para com a Ordem Social. Com a pessoa jurídica, surgiu o conceito de responsabilidade limitada, que possui centenas de anos e baseia o desenvolvimento econômico até os dias atuais. Sem a limitação de responsabilidade, as pessoas físicas detentoras de bens não colocariam em risco seus recursos já poupados na atividade produtiva.

Conforme o Código Civil, reputa-se empresária "a sociedade que tem por objeto o exercício de atividade própria de empresário sujeito a registro (art. 967); e, simples, as demais" (art. 982). Considera-se empresária apenas sociedade que tem por objeto a atividade típica da figura do empresário (arts. 982 e 967). O próprio Código Civil rege que se considera empresário "quem exerce profissionalmente atividade econômica organizada para a produção ou a circulação de bens ou de serviços" (art. 966). O Direito Brasileiro contém cinco espécies ou tipos de sociedades empresárias, que seriam justamente as pontuadas no art. 983 do Código Civil (arts. 1.039 a 1.092): a sociedade em nome coletivo, a sociedade em comandita simples, a sociedade limitada, a sociedade anônima e a sociedade em comandita por ações.

No século passado, a economia global atingiu uma complexidade de atividades e uma dimensão financeira tão grandiosa que a figura de empresa se tornou insuficiente. As atividades empresariais tornaram-se efetivamente globais. Os produtos e serviços multiplicaram-se, assim como os meios de produzi-los e de prestá-los. As pessoas envolvidas nesse processo gigantesco passaram a ter, além de funções, culturas diferentes. Exsurgiu

RESPONSABILIDADE TRIBUTÁRIA DE GRUPOS ECONÔMICOS

a necessidade de criação de alguma nova estrutura que pudesse lidar com os múltiplos elementos desse processo e que, de preferência, diminuísse custos de transação. As empresas passaram a se organizar e produzir em grupos econômicos.

O Direito Empresarial brasileiro prevê legalmente a constituição de grupo econômico formal de empresas, o qual seria instituído por convenção pública e teria como objeto a evolução do desempenho coletivo das sociedades empresárias envolvidas. Contudo, atualmente, não é o grupo econômico de direito que viceja em nosso País; o modelo que ressaiu vitorioso foi o da coligação de empresas, sem convenção registrada, que se verifica por meio de controle acionário ou de quotas, o qual tem sido chamado de grupo econômico de fato. O mercado brasileiro possui muitos grupos econômicos. E a quase totalidade deles está organizada de modo informal, constituindo grupos econômicos de fato pelo controle acionário ou de quotas. No grupo econômico de direito, os sócios minoritários ficam protegidos, podendo exercer sua opção de retirada. Também haveria mais proteção aos credores em geral, porque o Direito Brasileiro possui dispositivos de direito material que colocam o grupo econômico como responsável subsidiário ou solidário com relação às suas empresas integrantes. Para o grupo de direito, há disposição legal expressa que determina o dever de controle permanente por parte da sociedade controladora: art. 265, § 1º, da Lei 6.404/76. Logo, estando formalizada a situação grupal, essa responsabilização restaria facilitada. Há previsão legal de responsabilização de grupos econômicos no Direito do Trabalho, no Direito do Consumidor, no Direito Econômico, no Direito Tributário e, contemporaneamente, no sistema brasileiro de Direito Civil e de Direito Empresarial composto no Código Civil de 2002. Sejam de direito ou de fato, os grupos econômicos podem ser submetidos a extensões de responsabilidade de direito material de naturezas diversas. Sendo de direito, o liame de responsabilidade pode ser mais facilmente estabelecido, pois se torna evidente diante do registro na junta comercial. Não obstante, mesmo sendo de fato, o grupo econômico tem sua responsabilidade tratada e reconhecida pelo Direito Brasileiro.

Há dezenas de anos, verificou-se a necessidade de superação da autonomia patrimonial da empresa em situações excepcionais caracterizadas pelo agir fraudulento, pelo abuso de personalidade jurídica, pelo desvio de sua finalidade ou pela confusão patrimonial com seus sócios ou com outras empresas do seu grupo econômico. Em tais casos, a esfera de pro-

CONCLUSÕES

teção patrimonial constituída pela empresa começou a ser superada em benefício da contraparte ludibriada. Registra a Doutrina que a desconsideração da personalidade jurídica teve início no direito anglo-saxão, especialmente no estadunidense, quando foi denominada de *Disregard Doctrine*, sendo também conhecida como *Disregard of Legal Entity Doctrine, Lifting the Veil Doctrine* ou *Piercing the Veil Doctrine*. O Direito Brasileiro contém diversas hipóteses de desconsideração da personalidade jurídica. Em síntese, no Direito Tributário, têm-se as situações dos arts. 134 e 135 do CTN; no Direito do Consumidor, as do art. 28 do CDC; no Direito Ambiental, a do art. 4º da Lei 9.605/98; no Direito Civil, as tradicionais hipóteses do art. 50 do Código Civil; e, no Direito Econômico, têm-se a do art. 34 da Lei 12.529/11. Ao tratar da responsabilidade de terceiros, o CTN disciplina situações nas quais sócios, mandatários, prepostos, empregados, diretores, gerentes e representantes de pessoas jurídicas podem ser responsabilizados pelas obrigações tributárias destas. E isso pode acontecer quando tais personagens praticam atos em excesso de poderes ou quando cometem infração de lei, de contrato social ou de estatuto. Nesses casos mencionados, a regra tributária determina que se supere a autonomia patrimonial da pessoa jurídica devedora para que se alcance o patrimônio das pessoas físicas com ela envolvidas e que tiveram direta participação nos ilícitos cometidos, mormente de sócios e gerentes. Essa responsabilidade tributária por extensão das pessoas físicas relacionadas à empresa devedora está prevista: quanto aos sócios (de sociedade de pessoas), no art. 134, VII, c/c art. 135, I, do CTN; quantos aos mandatários, prepostos e empregados, no art. 135, II, do CTN; e quanto aos diretores, gerentes ou representantes, no art. 135, III, do CTN. Essa conjuntura caracteriza hipótese tributária de desconsideração da personalidade jurídica.

O CTN disciplina a sujeição passiva tributária a partir de seu art. 121. Ressai desse dispositivo a instituição de duas figuras tributárias: contribuinte e responsável tributário. Contribuinte é a pessoa física ou jurídica que tenha relação pessoal e direta com o fato gerador. É o autor do ato ou está imbrincado na sua realização. O responsável tributário não precisa ter essa proximidade toda com o fato gerador, apesar de, geralmente, estar próximo. Para que se coloque nessa situação jurídica, é necessário que a lei tributária assim preveja. Os arts. 134 e 135 do CTN elencam diversas situações que situam terceiros nessa categoria jurídica de responsável tributário. O CTN também trata da responsabilidade tributária solidária, no seu art. 124. Distingue o CTN duas situações de solidariedade. Na primeira, a do inciso I do referido art. 124, fica claro que o responsável deve apresentar proximidade ao fato gerador. Utiliza-se a expressão "interesse comum" para caracterizar essa situação. Esse interesse comum deve significar uma relação direta com a situação do fato gerador. Ele deve ressair imediatamente do fato gerador, sem a necessidade de intermediações, como, por exemplo, de definição específica na lei instituidora do tributo. É chamada de "solidariedade de fato". A solidariedade decorrente de lei já é objeto do inciso II desse artigo 124. Ela necessita de intermediação da lei tributária, que dispõe um terceiro como responsável pelo pagamento do tributo. É chamada de "solidariedade de direito".

O CTN disciplina o procedimento de elaboração do crédito fiscal por meio do lançamento tributário. Esse ato administrativo fiscal é essencial à caracterização da relação jurídica material que vincula Estado e contribuinte, a qual se denomina obrigação tributária. Fisco e contribuinte possuem participação na sua formação. Depois de elaborado o lançamento, pode ser revisado pelo Fisco em circunstâncias arroladas pelo CTN, em seu art. 149. Uma dessas conjecturas é a possibilidade de revisão do lançamento tributário em razão de ocorrência de dolo, fraude ou simulação praticada pelo contribuinte ou por terceiro em seu favor: art. 149, VII, do CTN. O CTN prevê três espécies ou modalidades de lançamento tributário: lançamento por declaração, lançamento de ofício e lançamento por homologação. Estão previstos, respectivamente, nos arts. 147, 149 e 150. Afigura-se relevante a hipótese de revisão, pela autoridade fiscal, do lançamento tributário feito pelo sujeito passivo que contenha dolo, fraude ou simulação, cenário que é cuidado pelo inciso VII do art. 149. Se o sujeito passivo da obrigação realizou seu ato prévio de apuração do tributo utilizando dolo, fraude ou simulação com a intenção de evasão, o Fisco pode revisar plenamente essa situação para lançar de ofício e buscar o montante adequado. O espectro desse poder-dever de revisão do ato do sujeito passivo é amplo. Pode desdobrar-se da revisão de uma simples omissão de um pequeno aspecto do fato gerador até a desconsideração, por dolo, fraude ou simulação, de algum negócio jurídico sem propósito negocial que tenha sido realizado para mascarar o fato real e gerar evasão do tributo devido.

No Direito Civil, o "dolo" é um dos defeitos ou vícios que podem estar presentes nos negócios jurídicos. Segundo o art. 147 do Código Civil, os

CONCLUSÕES

negócios jurídicos são anuláveis por dolo, quando este for a sua causa. O dolo é expediente ou estratégia astuciosa direcionada no sentido de induzir alguém à prática de um ato que lhe pode causar prejuízos, em benefício de quem realiza a ação intencional de engodo ou em benefício de terceiro a quem o ato viciado possa interessar. No Direito Tributário, a utilização do conceito normativo de dolo tem o significado de adjetivar a postura do sujeito passivo na apresentação do fato gerador e na apuração do seu tributo devido no sentido de minorá-lo em prejuízo do Fisco. Para tanto, utiliza-se de artimanha, engodo ou qualquer estratagema que falseie a realidade. Quando isso acontecer, a autoridade fiscal tem o poder-dever de revisar o procedimento apuratório prévio do sujeito passivo e efetuar lançamento de ofício com a inteireza correta do tributo devido. Com a edição do Código Civil de 2002, o Direito Brasileiro passou a garantir os limites legais da autonomia privada com uma regra de combate à "fraude" contra a lei em geral, presente no art. 166, VI, que a pune com nulidade. A noção de fraude à lei é usada na acepção de violações indiretas de normas, encobertas por outras normas, de forma ardilosa, mediante atos unilaterais ou bilaterais, de tal modo que o sujeito possa fugir à aplicação de normas imperativas. No Direito Tributário, quando o sujeito passivo mascarar e manobrar o fato gerador de forma artificiosa e maliciosa e com a intenção de evadir tributo, ter-se-á a caracterização da fraude prevista no art. 149, VII, do CTN. Nessa hipótese, a autoridade fiscal tem o poder--dever de revisar o procedimento apuratório prévio do sujeito passivo e efetuar lançamento de ofício com a inteireza correta do tributo devido, nos mesmos moldes da ocorrência de dolo. A "simulação" é um vício social do negócio jurídico. É a declaração enganosa da vontade, visando a produzir efeito diverso do ostensivamente indicado. Busca-se iludir alguém por meio de uma falsa aparência que encobre a verdadeira feição do negócio jurídico. Caracteriza-se pelo intencional desacordo entre a vontade interna e a declarada, no sentido de criar, aparentemente, um negócio jurídico que, na realidade, não existe, ou então oculta, sob determinada aparência, o negócio realmente desejado. No Direito Tributário, quando o sujeito passivo falsear a realidade para ocultar a ocorrência de fato gerador, de forma total ou parcial, com a intenção de evadir tributo, ter-se-á a simulação delineada no art. 149, VII, do CTN. Aqui, seja absoluta (falseamento) ou relativa (dissimulação), a simulação interessa para fins fiscais. Nessa hipótese, a autoridade fiscal tem o poder-dever, mais uma vez, de revisar o procedimento apuratório prévio do sujeito passivo e efetuar lançamento de ofício com a inteireza correta do tributo devido.

O planejamento tributário pode ser entendido como uma técnica preventiva de organização dos negócios do contribuinte com o objetivo de se alcançar uma economia lícita de tributos. Essa técnica é amparada pela liberdade de livre iniciativa do contribuinte, que pode escolher os negócios jurídicos que sejam mais adequados à sua realidade e que possam gerar uma menor onerosidade fiscal. Quando o contribuinte opera essa técnica por meios lícitos, ele pratica "elisão fiscal". Seu proceder é conforme ao direito e deve ser acatado pelo fisco. Por outro lado, quando ele opera essa técnica por meios ilícitos, ele pratica "evasão fiscal", podendo ser fiscalizado e sancionado pela administração. Assim, entende-se que os meios ilícitos se verificam quando o contribuinte realiza o seu planejamento tributário com dolo, fraude ou simulação e com a intenção de evadir tributos. Esses vícios jurídicos – dolo, fraude e simulação – estão previstos expressamente no art. 149, VII, do CTN – recebido como lei complementar tributária pela CRFB/88. Presentes esses vícios jurídicos, configura-se evasão fiscal para fins tributários. Nessas hipóteses, o Fisco está autorizado a intervir, fiscalizar, desconsiderar os atos fraudados e ou simulados, considerar e realidade, anular o lançamento original e lançar o tributo efetivamente devido.

O tema da responsabilidade tributária de grupos econômicos chegou ao Poder Judiciário de forma consistente. Seja por atuação comissiva do Fisco em execuções fiscais, seja em postura de defesa dos contribuintes em ações tributárias de conhecimento, o Poder Judiciário foi provocado a se manifestar sobre o assunto, o qual, depois de tramitar em primeira e segunda instâncias, chegou ao Superior Tribunal de Justiça, que é o tribunal brasileiro com competência para harmonizar e pacificar a jurisprudência nacional sobre a legislação infraconstitucional. Mostra-se relevante conhecer o atual entendimento do Superior Tribunal de Justiça a respeito. Da pesquisa jurisprudencial realizada neste trabalho, podem ser extraídas as seguintes definições já fixadas pelo Superior Tribunal de Justiça sobre o tema:

– A situação de empresas integrarem, de forma lícita, o mesmo grupo econômico não enseja a responsabilidade tributária solidária prevista no art. 124, I, do CTN (interesse comum).

– Verifica-se responsabilidade tributária de grupo econômico quando as empresas integrantes agem de forma ilícita com a intenção de praticar evasão de tributos. Esse quadro de ilicitude é representado pelos "vícios jurídicos" de "confusão patrimonial", de "fraude", de "abuso de direito" e de "má-fé".

– Esses "vícios jurídicos", de seu turno, são evidenciados na realidade por "elementos fáticos" ou "pontos de contato" como os seguintes (lista com trinta elementos fáticos): – "continuidade da exploração da mesma atividade empresarial"; – "pessoas jurídicas utilizadas apenas para blindagem patrimonial"; – "sucessão de empresas no mesmo ramo de atividade"; – "administração da empresa por procuração"; – "administração familiar das empresas envolvidas"; – "coincidência de endereços das empresas examinadas"; – "confusão entre as pessoas jurídicas envolvidas"; – "controle acionário unitário"; – "empresas examinadas atuam no mesmo ramo"; – "identidade de denominação social"; – "identidade de endereços de matriz e de filiais"; – "identidade de objeto social"; – "identidade de quadro societário"; – "identidade de serviços contábeis"; – "movimentações conjuntas de contas bancárias"; – "participação societária de uma pessoa jurídica na outra"; – "prática conjunta de fato gerador"; – "separação societária apenas formal"; – "simulação de terceirização de mão-de-obra"; – "unidade de instalações"; – "unidade gerencial"; – "unidade laboral"; – "unidade patrimonial"; – "vínculo entres os sócios das pessoas jurídicas envolvidas"; – "cessão de cotas a sócios com o fim de esvaziamento patrimonial"; – "criação de uma 'empresa-caixa', sem passivo, apenas com o ativo do grupo econômico"; – "esvaziamento patrimonial da devedora originária em benefício de outra empresa do grupo"; – "realização de investimentos no exterior pela utilização de empresas *off-shore*"; – "transferência de bens da devedora original para o patrimônio particular de sócios e gestores"; e – "manipulação de dados sobre patrimônio e funcionários das empresas".

– Esse quadro de ilicitude possibilitaria a utilização da "ferramenta jurídica" da "desconsideração da personalidade jurídica" para ir-se além da empresa devedora original, alcançando-se o patrimônio das demais empresas integrantes do grupo econômico.

– Esse quadro de ilicitude também evidenciaria o interesse comum do grupo econômico e de suas demais empresas integrantes no fato gerador do tributo evadido, caracterizando-se a responsabilidade tributária solidária do art. 124, I, do CTN.

A Doutrina de Direito Tributário posiciona-se, majoritariamente, de forma contrária à extensão da responsabilidade fiscal às demais empresas integrantes do grupo econômico da sociedade devedora original (conforme avaliado no item 3.2). Argumenta-se, em síntese, que o Direito Tributário está jungido ao princípio da legalidade, à tipicidade cerrada e à reserva de lei complementar, não havendo no CTN hipótese de responsabilização de grupo econômico.

Com relação ao posicionamento que vem sendo construído ao longo dos anos no Superior Tribunal de Justiça, tem-se reserva científica no que atine à utilização da "ferramenta jurídica" da "desconsideração da personalidade jurídica do art. 50 do Código Civil". Quando aplica a responsabilidade tributária de grupos econômicos, o Superior Tribunal de Justiça, como relatado, perscruta a existência do "vício jurídico" da "confusão patrimonial", que é uma das condições do também "vício jurídico" do "abuso de personalidade jurídica", pressuposto maior e autorizador da utilização da "ferramenta jurídica" de sua "desconsideração", tudo previsto no mencionado art. 50 do Código Civil. Todavia, entendemos que uma lei ordinária de fora do Direito Tributário não poderia ser utilizada para reger um tema de obrigação tributária, o qual é protegido pela reserva de lei complementar, prevista na CRFB/88, art. 146, III, "b". Não se pode compreender o art. 50 do Código Civil como norma complementar dos preceitos tributários da CRFB/88. Não há mínima compatibilidade com sua natureza. Igualmente não se pode interpretar o mesmo art. 50 do Código Civil como norma regulamentadora do CTN, recebido com natureza de lei complementar pela CRFB/88. Em resumo, o Código Civil não é norma tributária e nem a Constituição, nem o CTN preveem expressamente a responsabilidade tributária de grupos econômicos. Por outro lado, cremos que a utilização do grupo econômico de forma ilícita e com a intenção de prática de evasão tributária não pode ser admitida pelo Direito Brasileiro, exatamente na linha em que o Superior Tribunal de Justiça vem decidindo. Os direitos constitucionais de liberdade, de livre iniciativa e de propriedade e o próprio princípio da legalidade devem conviver harmonicamente com o princípio constitucional da solidariedade, que permeia a construção do nosso Estado Social e Democrático de Direito. O Estado Social gera políticas públicas, que exigem custeio. O Estado Social é pago pelo Estado Fiscal.

Frente a essa tensão de princípios constitucionais e de conceitos de Direitos Público e Privado, criou-se, neste trabalho, uma abordagem cien-

CONCLUSÕES

tífica e conciliadora, que preserva os primados de legalidade do Direito Tributário, mas que também reprime as situações nas quais agentes sonegadores utilizem indevidamente a figura do grupo econômico. Essa alternativa tem natureza pragmática, pois visa auxiliar os operadores jurídicos no seu cotidiano, de forma racional e colaborando com a construção de um ambiente de segurança jurídica no Direito Tributário brasileiro, que estimule a diminuição dos custos de transação no ambiente econômico.

O CTN sofreu alteração, em 2001, para receber uma regra que foi chamada de Norma Geral Antielisiva. Foi incluído um parágrafo único ao seu art. 116, o qual trata do fato gerador da obrigação tributária. Isso se deu por meio da Lei Complementar 104/2001. Essa nova regra brasileira foi inspirada na doutrina estadunidense do propósito negocial: *The Business Purpose Doctrine*. Essa linha teórica tem por finalidade rejeitar a aplicação de benefícios fiscais às transações realizadas simplesmente com o intuito de evitar tributação e sem nenhum propósito econômico ou negocial. Mesmo antes da criação do parágrafo único do art. 116 do CTN, de inspiração norte-americana, a autoridade fiscal brasileira já podia desconsiderar negócio jurídico simulado (falso) para levar em conta o negócio jurídico dissimulado (verdadeiro), com fundamento legal no art. 149, VII, também do CTN. O parágrafo único do art. 116 não inovou. Ele pretendeu instrumentalizar o direito pátrio com uma ferramenta que já estava à disposição dos operadores jurídicos brasileiros.

A renomada Organização para a Cooperação e Desenvolvimento Econômico (OCDE) – *Organization for Economic Cooperation and Development (OECD)* – também está preocupada com a substância econômica e o propósito negocial das transações internacionais e das políticas adotadas por seus associados em seus mercados internos. Em razão disso, criou o projeto "Erosão de base tributária e desvio de lucros", ou, em Inglês, *Base Erosion and Profit Shifting – BEPS*. O G-20, com a participação do Brasil, é parceiro da OCDE no Projeto BEPS.

Sobre o tema da responsabilidade tributária de grupos econômicos, a questão da segurança jurídica é muito relevante. Os cidadãos e os operadores do Direito Tributário possuem o direito de receberem e de compreenderem os signos das relações jurídico-tributárias de uma forma racional, objetiva e compreensível, de modo a minorar e reduzir os custos de transação cotidianos de suas vidas. A segurança jurídica gera efeitos no desenvolvimento sócio-econômico da Sociedade, que precisa estar preocupada

RESPONSABILIDADE TRIBUTÁRIA DE GRUPOS ECONÔMICOS

e organizada com o seu custeio. Na vida e no mercado, tudo depende de custos de transação. Como as organizações e firmas se organizam, onde se instalam, como os arranjos contratuais são elaborados, quem são os fornecedores, como se dá a relação capital-trabalho ou se um investimento vai ser levado a cabo ou não. A tributação certamente é um custo de transação, que é levado em conta pelos empreendedores no momento do investimento.

Diante de todo esse panorama, elaborou-se uma abordagem pragmática da responsabilidade tributária de grupos econômicos, nos seguintes termos:

- A sujeição passiva tributária e a responsabilidade tributária estão disciplinadas no Título II ("OBRIGAÇÃO TRIBUTÁRIA"), Capítulos IV e V, do CTN, arts. 121 a 138. A revisão do lançamento tributário por dolo, fraude ou simulação está prevista no Título III ("CRÉDITO TRIBUTÁRIO") do CTN, no seu art. 149, VII, como já visto. Mesmo não estando no seu Título II, a revisão do lançamento tributário por dolo, fraude ou simulação (art. 149, VII, do CTN) tem profunda ligação lógica e sistemática com o assunto da sujeição passiva tributária.

- Quando um grupo econômico, seja de direito, seja de fato, realiza negócios jurídicos, por meio de suas sociedades integrantes, com dolo, fraude ou simulação e com a intenção de evadir tributos, os lançamentos tributários respectivos gerados podem ser examinados e revistos de ofício pelo Fisco com base no art. 149, VII, do CTN. Constatados esses vícios jurídicos no lançamento tributário examinado, o Fisco deve fazer o consequente lançamento de ofício, registrando os fatos, os atos e os negócios jurídicos conforme se mostrarem à luz da realidade. Disso, no mundo fenomênico, exsurgem os verdadeiros sujeitos passivos da obrigação tributária. Se o verdadeiro sujeito passivo for alguma outra sociedade terceira que integre o grupo econômico de direito ou de fato, a autoridade fiscal possui o poder--dever de constatar tal situação e retratá-la fiel e objetivamente no novo lançamento corrigido. E tudo isso é feito com base no art. 149, VII, do CTN, que é, por natureza, lei complementar tributária.

- Essa possibilidade de sujeição passiva tributária coloca a sociedade terceira integrante do grupo econômico, revelada pelo trabalho do Fisco, como contribuinte diretamente ligada ao fato gerador. Logo, sua sujeição passiva tributária tem fundamento no art. 121, pará-

CONCLUSÕES

grafo único, I, do CTN. Também deve incidir o art. 124, I, do CTN, que trata da solidariedade das pessoas que tenham interesse comum no fato gerador. A sujeição passiva tributária ora desvelada tem o seguinte fundamento legal: art. 121, parágrafo único, I, combinado com o art. 124, I, e combinado com o art. 149, VII, todos do CTN.

– Com a utilização desse ferramental jurídico pode-se dar o tratamento adequado que a questão da responsabilidade tributária de grupos econômicos exige. Não se utiliza nenhuma outra norma que não seja o próprio CTN. Especificamente, não se utiliza o art. 50 do Código Civil. Todavia, o resultado final e prático é o mesmo, mas com um suporte jurídico que nos parece mais sólido. Esta abordagem é compatível com o resultado final e prático que vem sendo gerado pelo posicionamento do Superior Tribunal de Justiça sobre o assunto.

– Com essa abordagem, diminui-se o espaço de dúvida ou de "zona cinzenta" a que estão submetidos os contribuintes e os operadores do Direito Tributário, pois tudo que não for dolo, fraude ou simulação (com intenção de evasão) é permitido, em favor da livre iniciativa e da segurança jurídica. Com isso, minoram-se custos de transação. Entretanto, por outro lado, não se permite que atos dolosos, fraudulentos ou simulados praticados por sonegadores criem prejuízos ao custeio do Estado Social e Democrático de Direito.

O art. 30, IX, da Lei 8.212/91 somente pode ter validade se for interpretado juntamente com as normas gerais de sujeição passiva tributária dispostas no CTN. E, sendo assim, o fator indutor de responsabilidade da empresa terceira não pode ser apenas o aspecto de pertencer, licitamente, ao mesmo grupo econômico da sociedade originariamente devedora. É necessário que a empresa terceira avaliada tenha tido contato direto com o fato gerador, juntamente com a devedora original, tornando-se contribuinte, nos termos do art. 121, parágrafo único, I, do CTN, e de forma solidária, nos moldes previstos no art. 124, I, também do CTN. E que tenha, inicialmente, de forma ilícita, tentando escapar de sua responsabilidade solidária. Isso significa, na prática, o mesmo que já se referiu neste trabalho quanto aos grupos econômicos envolvidos em exações de natureza geral.

Um protocolo escrito com passos práticos de como se avaliar a responsabilidade tributária de grupos econômicos pode ser útil ao cotidiano dos operadores do Direito Tributário. Esse mister foi realizado e se encontra no subitem 4.6.2 deste trabalho. O protocolo sugerido corresponde à abordagem pragmática delineada neste estudo. Encadeia-se logicamente o exame de "elementos fáticos" (hauridos da pesquisa formulada nos julgados do STJ), que podem indicar a presença dos "vícios jurídicos" do dolo, da fraude ou da simulação, com intenção de evasão, os quais induziriam a utilização da "ferramenta jurídica" da revisão de ofício do lançamento tributário pela autoridade fiscal, tudo com fundamento normativo no art. 121, parágrafo único, I, combinado com o art. 124, I, e combinado com o art. 149, VII, todos do CTN.

Finalizando este trabalho, assevera-se que o IDPJ do CPC/15 é compatível com a LEF no plano jurídico-processual. A LEF não prevê, especificamente, um procedimento para inserção de terceiros no polo passivo da sua ação. Sua nova norma reitora geral, o CPC/15, prevê procedimento dessa natureza, devendo, portanto, ser aplicado subsidiária e automaticamente (art. 1º da LEF). Não há entrechoque de dispositivos concretos conflitantes entre a lei especial anterior e a lei geral posterior. As relações de especialidade e de subsidiariedade previstas, respectivamente, no art. 1º da LEF e no art. 2º, § 2º, do Decreto-Lei n. 4.657/42 solvem, sem arestas, a aplicação sistemática das duas normas consideradas. Não há antinomias. Deve-se aplicar o IDPJ à LEF para que se possa conduzir sua ação executiva com mais contraditoriedade e com um viés mais transparente para com o contribuinte-jurisdicionado. O Fisco continuará cobrando seu crédito de uma forma mais expedita, em um procedimento com prerrogativas processuais, mas o contribuinte não será aturdido com uma inclusão surpresa no polo passivo de uma ação de execução já em curso, sem que os elementos subjetivos de seu agir tenham sido considerados adequadamente. Isso em nada afetará as garantias e prerrogativas de cobrança do crédito público, que continuarão sendo pilares finalísticos da LEF. A "ferramenta jurídica" da revisão de ofício do lançamento tributário por dolo, fraude ou simulação do art. 149, VII, do CTN, contém similitudes com a utilização que o Direito Tributário estadunidense faz com a *The Business Purpose Doctrine*. Demais disso, a utilização dessa ferramenta jurídica brasileira – do art. 149, VII, do CTN – contém pontos de contato com a original *Disregard of Legal Entity Doctrine* do Direito Estadunidense. Quando a autoridade fiscal revisa um lançamento feito pelo contribuinte original e identifica outros atos e sujeitos passivos, há uma atitude estatal de se levantar o véu do que

CONCLUSÕES

aparece (porque assim se desejava publicar ou mostrar) para enxergar a realidade, que é única (a qual se desejava esconder). Nesse procedimento, está-se a realizar, em certa medida, um ato de desconsideração da personalidade jurídica da sociedade devedora original. Em razão disso, nos mesmos moldes do redirecionamento para sócios e administradores fundado nos arts. 134 e 135 do CTN, deve-se aplicar o IDPJ para processar e avaliar a pretensão – do Fisco – de inclusão de empresa terceira integrante de grupo econômico no polo passivo de execução fiscal já instaurada contra a sociedade devedora original.

REFERÊNCIAS

ABRAHAM, Marcus. **Os 10 anos da norma geral antielisiva e as cláusulas do propósito negocial e da substância sobre a forma presentes no direito brasileiro**. RDDT, São Paulo, 192, set. 2011, p. 79-93.

AGUIAR, Ana Lúcia de. **História dos Sistemas Jurídicos Contemporâneos**. São Paulo: Editora Pillares, 2010.

AMARO, Luciano. **Direito tributário brasileiro**. 11. ed. rev. e atual. – São Paulo: Saraiva, 2005.

ASSIS, Araken de. **Manual da execução**. 18. ed. rev., atual. e ampl. São Paulo: Editora Revista dos Tribunais, 2016.

ÁVILA, Humberto. **Grupos econômicos**. Transcrição de palestra publicada na Revista Fórum de Direito Tributário – RFDT. Belo Horizonte, ano 14, n. 82, p. 9-22, jul./ago. 2016.

_____. **Sistema Constitucional Tributário**: de acordo com a Emenda Constitucional n. 51, de 14.02.2006. 2. ed. rev. e atual. – São Paulo: Saraiva, 2006.

AZEVEDO, Paulo Furquim de. Organização industrial. *In*: GREMAUD, Amauri Patrick e outros (autores). Diva Benevides Pinho e Marco Antonio Sandoval de Vasconcellos (org.). **Manual de economia**. – 5. ed. – São Paulo: Saraiva, 2004. p. 203-226.

BALEEIRO, Aliomar. **Direito tributário brasileiro**. 7ª Ed. Rio de Janeiro: Forense, 1975.

BARBOSA FILHO, Marcelo Fortes e outros. **Código civil comentado**: doutrina e jurisprudência. Claudio Luiz Bueno de Godoy e outros. Cezar Peluso (coord.). 12. ed., rev. e atual. Barueri (SP): Manole, 2018. 2352 p.

BARG, Anderson. **A responsabilidade tributária de grupos econômicos na execução fiscal**. Revista da EMAGIS do TRF4, Ano 2, Número 4, 2016, Porto Alegre/RS, TRF4.

BASTOS, Celso Ribeiro. Celso Ribeiro Bastos e outro. **Comentários à constituição do Brasil**: promulgada em 5 de outubro de 1988. 7º Vol. São Paulo: Saraiva, 1988.

BENITES, Nórton Luís. **Incidente de desconsideração da personalidade jurídica na execução fiscal**. Revista de Direito da Empresa e dos Negócios da UNISINOS. V.1, N. 2, 2017. São Leopoldo/RS, UNISINOS.

_____. *The Business Purpose Doctrine*: Uma relevante doutrina tributária da *Common Law* Estadunidense. DIREITO FEDERAL, v. 1, p. 293-324, 2019. AJUFE. Brasília/DF.

BOMFIM, Gilson Pacheco; BERTAGNOLLI, Ilana. **Da não aplicação do incidente** de desconsideração da personalidade jurídica aos casos de responsabilização tributária por ato ilícito. Revista de Direito Privado, vol. 78/2017, Jun./2017, São Paulo: Editora Revista dos Tribunais, p. 169-188.

BORBA, José Edwaldo Tavares. **Direito societário**. 16. ed. – São Paulo: Atlas, 2018.

BOSSIDY, Larry; CHARAN, Ram; BURCK, Charles. **Execução**: a disciplina para atingir resultados. Rio de Janeiro: Elsevier, 2005.

BRASIL. **Constituição da República Federativa do Brasil de 1988 (CRFB/88)**. Brasília, DF: Presidência da República, 1988. Disponível em: http://www4.planalto.gov.br/legislacao/. Acesso em: 05 dez. 2019.

BRASIL. Decreto-Lei 4.657, de 04.09.1942. **Lei de Introdução às normas do Direito Brasileiro**. Brasília, DF: Presidência da República, 1942. Disponível em: http://www4.planalto.gov.br/legislacao/. Acesso em: 05 dez. 2019.

BRASIL. Instrução Normativa da RFB 971, de 13.11.2009. Brasília, DF: Receita Federal do Brasil, 2009. Disponível em: http://normas.receita.fazenda.gov.br. Acesso em: 05 dez. 2019.

BRASIL. Lei Complementar 104, de 10.01.2001. Brasília, DF: Presidência da República, 2001. Disponível em: http://www4.planalto.gov.br/legislacao/. Acesso em: 05 dez. 2019.

BRASIL. Lei Complementar 123, de 14.12.2006. **Institui o Estatuto Nacional da Microempresa e da Empresa de Pequeno Porte**. Brasília, DF: Presidência da República, 2006. Disponível em: http://www4.planalto.gov.br/legislacao/. Acesso em: 05 dez. 2019.

BRASIL. Lei Complementar 128, de 19.12.2008. Brasília, DF: Presidência da República, 2006. Disponível em: http://www4.planalto.gov.br/legislacao/. Acesso em: 05 dez. 2019.

BRASIL. Lei 5.172, de 25.10.1966. **Institui o Código Tributário Nacional (CTN)**. Brasília, DF: Presidência da República, 1966. Disponível em: http://www4.planalto.gov.br/legislacao/. Acesso em: 05 dez. 2019.

BRASIL. Lei 6.404, de 15.12.1976. **Dispõe sobre as Sociedades por Ações**. Brasília, DF: Presidência da República, 1976. Disponível em: http://www4.planalto.gov.br/legislacao/. Acesso em: 05 dez. 2019.

BRASIL. Lei 6.830, de 22.09.1980. **Lei de Execução Fiscal – LEF**. Brasília, DF: Presidência da República, 1980. Disponível em: http://www4.planalto.gov.br/legislacao/. Acesso em: 05 dez. 2019.

BRASIL. Lei 8.078, de 11.09.1990. Institui o **Código de Defesa do Consumidor**. Brasília, DF: Presidência da República, 1990. Disponível em: http://www4.planalto.gov.br/legislacao/. Acesso em: 05 dez. 2019.

BRASIL. Lei 8.212, de 24.07.1991. Brasília, DF: Presidência da República, 1991. Disponível em: http://www4.planalto.gov.br/legislacao/. Acesso em: 05 dez. 2019.

BRASIL. Lei 9.605, de 12.02.1988. Brasília, DF: Presidência da República, 1988. Disponível em: http://www4.planalto.gov.br/legislacao/. Acesso em: 05 dez. 2019.

BRASIL. Lei 10.406, de 10.01.2002. **Institui o Código Civil**. Brasília, DF: Presidência da República, 2002. Disponível em: http://www4.planalto.gov.br/legislacao/. Acesso em: 05 dez. 2019.

BRASIL. Lei 10.637, de 30.12.2002. Brasília, DF: Presidência da República, 2002. Disponível em: http://www4.planalto.gov.br/legislacao/. Acesso em: 05 dez. 2019.

REFERÊNCIAS

BRASIL. Lei 11.638, de 28.12.2007. Brasília, DF: Presidência da República, 2007. Disponível em: http://www4.planalto.gov.br/legislacao/. Acesso em: 05 dez. 2019.

BRASIL. Lei 12.441, de 11.07.2011. Brasília, DF: Presidência da República, 2011. Disponível em: http://www4.planalto.gov.br/legislacao/. Acesso em: 05 dez. 2019.

BRASIL. Lei 12.529, de 30.11.2011. **Estrutura o Sistema Brasileiro de Defesa da Concorrência.** Brasília, DF: Presidência da República, 2011. Disponível em: http://www4.planalto.gov.br/legislacao/. Acesso em: 05 dez. 2019.

BRASIL. Lei 13.105, de 16.03.2015. **Código de Processo Civil – CPC.** Brasília, DF: Presidência da República, 2015. Disponível em: http://www4.planalto.gov.br/legislacao/. Acesso em: 05 dez. 2019.L

BRASIL. Lei 13.874, de 20.09.2019. **Lei da Liberdade Econômica.** Brasília, DF: Presidência da República, 2019. Disponível em: http://www4.planalto.gov.br/legislacao/. Acesso em: 05 dez. 2019.

BRASIL. Medida Provisória 66, de 29.08.2002. Brasília, DF: Presidência da República, 2002. Disponível em: http://www4.planalto.gov.br/legislacao/. Acesso em: 05 dez. 2019.

BREYNER, Frederico Menezes. **Responsabilidade tributária das sociedades integrantes de grupo econômico.** RDDT, São Paulo, 187, abr. 2011, p. 68-81.

CALIENDO, Paulo. **Direito tributário e análise econômica do direito:** uma visão crítica. Rio de Janeiro: Elsevier, 2009.

CAMELO, Bradson Tibério Luna. **Solidariedade tributária de grupo econômico de fato.** RDDT, São Paulo, 170, nov. 2009, p. 16-22.

CARBONI, Mario Augusto. **Concepções hermenêuticas a respeito do propósito negocial como elemento da elisão tributária no direito brasileiro.** Revista da PGFN, Ano III, N. 2, 2013, julho/dezembro, p. 117-137.

CARVALHO, Paulo de Barros. **Curso de Direito Tributário.** 7. ed. atual. – São Paulo: Saraiva, 1995.

_____. **Livre Iniciativa no Direito Tributário Brasileiro:** Análise do artigo 116 do Código Tributário Nacional. Repertório de Jurisprudência IOB, 13/2011, Vol. 1, p. 432-439.

CERVÁSIO, Daniel Bucar. **Desconsideração da personalidade jurídica: panorama e aplicação do instituto no Brasil e nos Estados Unidos da América.** Revista de Direito Civil Contemporâneo, vol. 8/2016, Set. 2016, São Paulo, Editora Revista dos Tribunais, p. 91-113.

COASE, Ronald. _The nature of the firm (1937)._ _In: The firm, the market, and the law._ Chicago: University of Chicago Press, 1988.

CONRADO, Paulo Cesar. **Execução fiscal.** 2ª ed. São Paulo: Noeses, 2015, p. 64.

COUTINHO, Sheyla Yvette Cavalcanti Ribeiro. **O art. 135, III, do CTN e o CPC/2015: o direito tributário ancorado na principiologia de Robert Alexy.** Revista Tributária e de Finanças Públicas, vol. 132/2017, Jan-Fev/2017, São Paulo, Editora Revista dos Tribunais, p. 239-261.

CUNHA, Leonardo Carneiro da. **A fazenda pública em juízo.** 12. ed., São Paulo: Dialética, 2016.

DERZI, Misabel Abreu Machado. Constituição do crédito tributário. _In:_ MARTINS, Ives Gandra da Silva, e outros **Comentários ao código tributário nacional.** Rio de Janeiro: Forense, 1998.

DIFINI, Luiz Felipe Silveira. **Manual de Direito Tributário.** 4. ed. atual. São Paulo: Saraiva, 2008. 363 p.

_____. **Princípio do Estado Constitucional Democrático de Direito.** RIDB – Revista do Instituto do Direito Brasileiro

[Faculdade de Direito da Universidade de Lisboa], v. 1, n. 1, p. 143-183, 2012.

DINIZ, Maria Helena. **Curso de direito civil brasileiro**. 1º volume. 9ª edição aumentada e atualizada. São Paulo: Saraiva, 1993.

DUARTE, Nestor e outros. **Código civil comentado**: doutrina e jurisprudência. Claudio Luiz Bueno de Godoy e outros. Cezar Peluso (coord.). 13. ed., rev. e atual. Barueri (SP): Manole, 2019.

GAGGINI, Fernando Schwarz. **Peculiaridades do direito societário**: os tipos societários *versus* a situação das sociedades. Revista de Direito Empresarial, Ano 4, vol. 13, jan.-fev., 2016.

GODOY, Arnaldo Sampaio de. **Interpretação Econômica do Direito Tributário**: o Caso Gregory v. Helvering e as Doutrinas do Propósito Negocial (Business purpose) e da Substância sobre a Forma (Substance over Form). RFDT, Belo Horizonte, ano 8, n. 43, jan. 2010.

GONÇALVES, Mario Thurmann. **O dolo, a fraude e a simulação no lançamento por homologação**. RTFP vol. 65/2005, p. 276-292. São Paulo: RT, Nov-Dez/2005.

HARARI, Yuval Hoah. **Sapiens – Uma breve história da humanidade**. 19. ed. Porto Alegre, RS: L&PM, 2017.

IGREJA, Rebecca Lemos. O Direito como objeto de estudo empírico: o uso de métodos qualitativos no âmbito da pesquisa empírica em Direito. *In*: MACHADO, Maíra Rocha (Org.). **Pesquisar Empiricamente o Direito**. São Paulo: Rede de Estudos Empíricos em Direito, 2017, 428 p.

LAGASSI, Veronica; GOES, Valdilea. **Desconsideração da personalidade jurídica face ao novo CPC e sua aplicação no processo tributário**. Revista Tributária e de Finanças Públicas, vol. 129/2016, Jul-Ago/2016. São Paulo, Editora Revista dos Tribunais, p. 263-285.

LEAL FILHO, José Garcia. **Gestão Estratégica participativa**. Curitiba: Juruá, 2007.

LOUBET, Leonardo Furtado. O Novo CPC e seus reflexões no contencioso judicial tributário, inclusive na lei de execuções fiscais. *In*: SANTANA, Alexandre Ávalo *et al.*, **Novo CPC e o processo tributário: impactos da nova lei processual**, 1ª ed. Campo Grande: Editora Contemplar, 2016, p. 141-176.

LUMMERTZ, Henry Gonçalves. **Do efeito suspensivo dos embargos à execução**: a inaplicabilidade do art. 739-A do CPC às execuções fiscais. Revista Tributária e de Finanças Públicas, vol. 108/2013, Jan-Fev/2013. São Paulo, Editora Revista dos Tribunais, p. 273-304.

MACHADO SEGUNDO, Hugo de Brito. **Processo tributário**. 9. ed. rev. e atual. São Paulo: Atlas, 2017.

MARINONI, Luiz Guilherme. **Novo código de processo civil comentado**. Luiz Guilherme Marinoni, Sérgio Cruz Arenhart, Daniel Mitidiero. 2. ed. rev., atual. e ampl. São Paulo: Editora Revista dos Tribunais, 2016.

MARQUES, Cláudia Lima. **Superação das antinomias pelo diálogo das fontes** – o modelo brasileiro de coexistência entre o código de defesa do consumidor e o código civil de 2002. Revista de Direito do Consumidor, vol. 1, Abr/2011. São Paulo: Editora Revista dos Tribunais, 2011, p. 679-718.

MARSHALL JUNIOR, Isnard, e outros. **Gestão da qualidade**. 10. ed. – Rio de Janeiro: Editora FGV, 2010, 204 p.

MARTÍN, Nuria Gonzáles. *Sistemas jurídicos contemporáneos*. México D. F: Nostra Ediciones, 2010.

MARTINS, Fran. **Curso de direito comercial**. 41. ed. Rio de Janeiro: Ed. Forense, 2017.

REFERÊNCIAS

MARTINS, Ives Gandra da S. **Grupos econômicos e responsabilidade tributária.** Revista de Direito Bancário e do Mercado de Capitais: São Paulo, RDB, v. 18, n. 67, jan./mar. 2015.

_____. **Norma anti-elisão tributária e o princípio da legalidade, à luz da segurança jurídica.** RDDT, São Paulo, 119, ago. 2005, p. 120-134.

_____. **O Planejamento Tributário e a L. C. 104.** São Paulo: Dialética, 2001.

MEDEIROS, Rafael de Souza. **Responsabilidade tributária de grupo econômico.** Porto Alegre: Livraria do Advogado, 2019.

MENKE, Cassiano; LERINA, Louise. **IDPJ: por que aplicá-lo aos casos de redirecionamento da execução fiscal baseado no art. 135, III, do CTN?.** Revista da EMAGIS do TRF4, Ano 5, Número 12, 2019, Porto Alegre/RS, TRF4, p. 269-311.

NABAIS, José Casalta. **O dever fundamental de pagar impostos** – Contributo para a compreensão constitucional do estado fiscal contemporâneo. Coimbra: Almedina, 2004, 746 p.

NERY JUNIOR, Nelson. **Código civil comentado.** Nelson Nery Junior, Rosa Maria de Andrade Nery. 4. ed. rev., ampl. e atual. – São Paulo: RT, 2006.

NEVES, Daniel Amorim Assumpção. **Novo código de processo civil comentado artigo por artigo.** 2. ed. rev. e atual. Salvador: Editora JusPodivm, 2017, 1.920 p.

NUNES, Pedro dos Reis. **Dicionário de tecnologia jurídica.** 12ª ed. rev., ampliada e atualizada. Rio de Janeiro: Freitas Bastos, 1990.

PAULSEN, Leandro. **Direito processual tributário: processo administrativo fiscal e execução fiscal à luz da doutrina e da jurisprudência.** Leandro Paulsen, René Bergmann Ávila, Ingrid Schroder Sliwka. 4. ed. rev. atual. – Porto Alegre: Livraria do Advogado Ed., 2007a.

_____. **Direito Tributário: Constituição e Código Tributário à luz da Doutrina e da Jurisprudência.** 9. ed. rev. atual. – Porto Alegre: Livraria do Advogado: ESMAFE, 2007b.

PIKETTY, Thomas. **O capital no século XXI.** Tradução de Monica Baumgarten de Bolle. – 1. ed. – Rio de Janeiro: Intrínseca, 2014.

PINTO, Edson Antônio Souza Pontes; GASPERIN, Carlos Eduardo Makoul. **É cabível a instauração do incidente de desconsideração da personalidade jurídica nos casos de responsabilidade tributária de terceiros?** Ainda sobre a incompatibilidade do novo instituto com o direito processual tributário. Revista dos Tribunais, vol. 983/2017, Set/2017. São Paulo: Editora Revista dos Tribunais, p. 291-309.

PORTO, Éderson Garin. **Fundamentos teóricos para uma crítica à jurisprudência das cortes superiores.** RIDB – Revista do Instituto do Direito Brasileiro [Faculdade de Direito da Universidade de Lisboa], Ano 2, n. 14, p. 17.431-17.472, 2013.

_____. **Manual da execução fiscal.** 3. ed., rev., atual. e ampl. – Porto Alegre: Livraria do Advogado, 2019.

PRADO, Viviane Muller. **Grupos societários: análise do modelo da Lei 6.404/1976.** Revista Direito GV, São Paulo, v. 1, n. 2, jun-dez/2005, p. 05-27.

QUEIROZ, Mary Elbe. **Planejamento Tributário e a Norma Antielisiva** – Mesa de Debates. Revista de Direito Tributário 85, 2002, p. 78-98. São Paulo: Malheiros, 2002.

REQUIÃO, Rubens. **Abuso de direito e fraude através da personalidade jurídica.** Revista dos Tribunais, ano 58, vol. 410, Dez/1969. São Paulo: Editora Revista dos Tribunais, 1969, p. 12-24.

_____. **Curso de direito comercial**. Vol. 2: 20. ed. São Paulo: Saraiva, 1995.

RIBEIRO, Pedro Melo Pouchain. **As doutrinas judiciais no direito tributário norte-americano** – fundamentos para sua compreensão. Publicações da Escola da AGU, n. 12 setembro/outubro 2011, Brasília-DF, p. 311-324.

SALAMA, Bruno Meyerhof. **O fim da responsabilidade limitada no Brasil**. São Paulo: Malheiros Editores Ltda., 2014.

SOUZA, Maria Helena Rau de, *et al.* **Execução fiscal: doutrina e jurisprudência.** Vladimir Passos de Freitas, coordenador, Manoel Álvares, Heraldo Garcia Vitta, Maria Helena Rau de Souza, Miriam Costa Rebollo Câmera e Zuudi Sakakihara, outros autores. São Paulo: Saraiva, 1998.

STARK, João Ricardo Barbieri; VITA, Jonathan Barros. **Ação 05 do BEPS e sua aplicabilidade no planejamento tributário brasileiro**. RDTC, vol. 5, ano 2, p.17-38. São Paulo: Ed. RT, mar./abr. 2017.

TAKANO, Caio Augusto. **A relação entre o direito tributário e o direito privado e seus impactos nos limites ao planejamento tributário**. RDTC, vol. 4, ano 2, p. 39-66, São Paulo, Ed. RT, jan.-fev., 2017.

TARTUCE, Flávio. **Direito civil**. V. 1 Lei de Introdução e Parte Geral. 15. Rio de Janeiro Forense 2018 1 recurso online ISBN 9788530984052.

TAVARES, Romero J. S. **Política tributária internacional**: OCDE, BEPS e Brasil. Como deve se posicionar o setor industrial brasileiro? Revista Brasileira de Comércio Exterior (RBCE), Brasília, n. 121. Outubro – Dezembro de 2014.

THOMAS PIKETTY Is Back With a 1,200-Page Guide to Abolishing Billionaires. Reportagem do site Bloomberg, de 12 set. 2019. Disponível em: https://www.bloomberg.com/news/articles/2019-09-12/piketty-is-back-with-1-200-page-guide-to-abolishing-billionaires. Acesso em: 09 out. 2019.

TOMÉ, Fabiana Del Padre. **Considerações sobre a responsabilidade tributária de empresas pertencentes a grupo econômico**. RDTC, vol. 3, ano 1, p. 17-32. São Paulo: Ed. RT, nov./dez. 2016.

TÔRRES, Heleno Taveira. Limites ao planejamento tributário – Normas antielusivas (gerais e preventivas) – A norma geral de desconsideração de atos ou negócios do direito brasileiro. *In*: MARINS, James (coord.). **Tributação e antielisão**, Livro 3, 1ª edição – 2ª tiragem. Curitiba: Juruá, 2003, p. 19-101.

_____. **Teoria da simulação de atos e negócios jurídicos**. Revista dos Tribunais, São Paulo, vol. 849/2006, p. 11-56, jul. 2006.

VELLOSO, Andrei Pitten. **Constituição tributária interpretada**. – São Paulo: Atlas, 2007.

_____. Desconsideração da personalidade jurídica no direito tributário: a responsabilização pela baixa de empresas e pela participação em grupos econômicos. *In*: QUEIROZ, Mary Elbe (coordenadora), **Tributação em foco**: a opinião de quem pensa, faz e aplica o direito tributário. São Paulo: Focofiscal, 2015, v. 2, p. 21-38.

WAMBIER, Teresa Arruda Alvim *et al.* **Primeiros comentários ao novo código de processo civil: artigo por artigo**. Teresa Arruda Alvim Wambier, coordenadora, e Maria Lúcia Lins Conceição, Leonardo Ferres da Silva Ribeiro e Rogério Licastro Torres de Mello, outros autores. 2. ed. rev., atual. e ampl. São Paulo: Editora Revista dos Tribunais, 2016.

YEUNG, Luciana. Jurimetria ou Análise Quantitativa de Decisões Judiciais. *In*: MACHADO, Maíra Rocha (Org.). **Pesquisar Empiricamente o Direito**. São Paulo: Rede de Estudos Empíricos em Direito, 2017, 428 p.